有（与）存在

比较哲学视野中的中国『形而上』问题

（第二版）

伍晓明 著

北京大学出版社
PEKING UNIVERSITY PRESS

图书在版编目（CIP）数据

有（与）存在：比较哲学视野中的中国"形而上"问题 / 伍晓明著. —2版. —北京：北京大学出版社，2023.9
ISBN 978-7-301-34353-1

Ⅰ.①有… Ⅱ.①伍… Ⅲ.①哲学思想—研究—中国 Ⅳ.①B2

中国国家版本馆CIP数据核字(2023)第163737号

书　　　名	有（与）存在：比较哲学视野中的中国"形而上"问题（第二版） YOU（YU）CUNZAI：BIJIAO ZHEXUE SHIYE ZHONG DE ZHONGGUO "XING ER SHANG" WENTI（DI-ER BAN）
著作责任者	伍晓明　著
责任编辑	吴　敏
标准书号	ISBN 978-7-301-34353-1
出版发行	北京大学出版社
地　　　址	北京市海淀区成府路205号　100871
网　　　址	http://www.pup.cn　新浪微博：@北京大学出版社
电子邮箱	编辑部 wsz@pup.cn　总编室 zpup@pup.cn
电　　　话	邮购部 010-62752015　发行部 010-62750672 编辑部 010-62757065
印　刷　者	大厂回族自治县彩虹印刷有限公司
经　销　者	新华书店
	787毫米×1092毫米　16开本　21.5印张　296千字 2005年9月第1版 2023年9月第2版　2023年9月第1次印刷
定　　　价	79.00元

未经许可，不得以任何方式复制或抄袭本书之部分或全部内容。
版权所有，侵权必究
举报电话：010-62752024　电子邮箱：fd@pup.cn
图书如有印装质量问题，请与出版部联系，电话：010-62756370

谨以此书纪念我的父亲母亲

天下万物生于有，
　有生于无。
　　——《老子》

有不能以有为有，
　必出乎无有。
　而无有一无有。
　　——《庄子》

睹有者，昔之君子；
睹无者，天地之友。
　　——《庄子》

目 录

上篇　从西方的"存在"到中国的"有"

第一章　"语（言）（边）境"之上的"存在" ……………（003）
　一、"有存在" ……………………………………………（003）
　二、翻译"的"欲望 ……………………………………（018）
　三、"吸收"或"款待" …………………………………（026）

第二章　跨越"语（言）（边）境"的"存在" ……………（036）
　一、难以在汉语中款待的西方"存在" ………………（036）
　二、西方的"存在"（Sein/Being）与"是"（sein/be）的语法关系 …………………………………………（043）
　三、以汉语的"是"翻译名词性的"Being"的问题 ………（049）
　四、作为差异的"存在" …………………………………（058）
　五、"存在"这个词与西方形而上学传统 ………………（088）

第三章　汉语中的"有"："占有"与"存在" ……………（094）
　一、回到中国传统的"有" ………………………………（094）
　二、一身而二任的"有" …………………………………（100）
　三、"有"与"在" …………………………………………（107）
　四、作为语言事件而发生的物之原始性的因"占"而"有" ……………………………………………………（111）

五、人与物之互有或相有………………………………（121）

第四章　"有'有'也者"……………………………………（123）
　　一、有之成为万物的总名，以及有之有的遮蔽…………（123）
　　二、人不可能不有………………………………………（129）
　　三、"有"什么都不可能"是"……………………………（132）

第五章　"有生于无"………………………………………（137）
　　一、魏晋玄学所关心的无………………………………（141）
　　二、"以无为（本）体"还是"以无为用"？……………（149）
　　三、"崇有论"之何以非真崇有？………………………（160）

上篇结论　中国之"有"与西方之"存在"（Sein [Being]）……（170）

下篇　重读《老子》

第一章　"道可道……"……………………………………（186）
　　一、道"可道"，名"可名"………………………………（188）
　　二、"始"与"母"…………………………………………（197）
　　三、"故常无……"………………………………………（207）
　　四、天下万物"同"于有…………………………………（218）
　　五、玄同…………………………………………………（227）
　　六、众妙之门……………………………………………（230）

第二章　"虚"（之）"极"与"静"（之）"笃"………………（232）
　　一、引论…………………………………………………（233）

二、"虚"(之)"极" ……………………………………… (237)

三、"静"(之)"笃" ……………………………………… (243)

四、"物"之"命" ………………………………………… (249)

五、"常"之"常" ………………………………………… (255)

六、"道"之"久" ………………………………………… (258)

第三章 "道"何以"法自然"？ ……………………………… (262)

一、引言 …………………………………………………… (262)

二、"道法自然"的直接语境：《老子》第二十五章 ……… (264)

三、汉语语境中"道法自然"的若干传统与现代解释 …… (271)

四、"道法自然"的若干西方翻译 ……………………… (273)

五、王弼对"道法自然"的理解 ………………………… (281)

六、"道法自然"与"道生……万物" …………………… (285)

七、"道生……万物"的"具体"意义或方式 ……………… (289)

八、"道法自然"与圣人之"能辅万物之自然" ………… (293)

第四章 老子与海德格尔之近："道之为'物'"抑或"物之为'道'"？ ……………………………………… (296)

一、对海德格尔文本的阅读：物之为"道" ……………… (300)

二、对老子文本的阅读："道之为'物'"？ ……………… (311)

初版后记 ……………………………………………………… (331)

修订版后记 …………………………………………………… (335)

上 篇

从西方的"存在"到中国的"有"

第一章
"语（言）（边）境"之上的"存在"

一、"有存在"

有存在

让我就先这样写下这三个字。让我暂时不给它们加上任何可以形成和限制它们的可能意义的标点符号。

这，或这些，在某种意义上，也许就是本书所欲讨论或所欲加以问题化的基本东西。甚至全部！

但是，为了知道它们想表达什么，为了能够开始阅读它们，或为了让它们能够开始被阅读，这三个按照某种古汉语书写习惯不加标点地放在这里的汉字需要加以"句逗"，亦即，需要以某种现代的方式被标点。但是，以何种方式？根据什么来决定？显然，这里，在不受任何限制的情况下，我们有不止一种可能。

例如：有、存、在。

这样，它们也许就只是三个被列举出来的汉语字词或概念，其意义可在一本汉语词典或哲学词典中加以解释和规定的字词或概念。当然，词典所加以解释和规定的意义本身既来自字词的特定用法又限制着我们在不同语境中对它们的理解。

或者：……有，存，在。

我们读到被这样标点的"有存在"时也许会问，（是）什么东西（的）"有"或"存"或"在"？这样，它们就被理解为有所指涉或有所言说的"谓语"。它们指涉或言说的应该是有关由这里的省略号所指代的某一"什么"的虽然不同却可能相近或相继的情况或状态。说"相近"或"相继"是因为，这些字恰恰被分开它们的东西——逗号——联系在一起了。但是，它们描述的究竟是什么情况或状态？它们所表达的意义真的相近或相继吗？

或者：有。存。在。

这样，它们就可以被读为三个独立的语句。这在古汉语中是完全可以的。作为只有一个字的独立语句，它们可以是对三种"具体"或"抽象"的状态或情况的描述。但是，这些"具体"或"抽象"的情况或状态到底是什么？应该如何"想象"它们？它们完全一样吗？还是不完全一样，甚至完全不一样？我们真的知道和理解它们吗？

或者：有存在。

这样——，但这里已经没有任何简单的"这样"了，因为我们不知道这些字作为一个完整的陈述句想陈述什么，因为这里似乎至少有两种可能的读法，即以"有"为动词的"有存在"和以"存在"为动词的"有存在"。

或者：有存在！

这样，这些字就形成一个感叹句。这一语句也许是在表示某种强调，或某种必然如此。但既然我们不知道它表示的是对什么的强调，或哪种必然如此，这一语句也可能只是在对其本身所包含的结构性的语义两可表示感叹或无奈。

或者：有存在？

这样，这一表述就成为一个问题，但由于作为陈述句的"有存在"中所包含的语义两可，作为疑问句或反问句的"有存在"中的一个问题其实是两个问题：有存在吗？真有所谓"存在"（这样一个东西，若其可被说成一个"东西"的话）吗？或者，有存在吗？"有"（这样一个东西，若其也可被说成一个"东西"的话）真在某种意义上存在吗？

或者："有存在。"

这样，在引号的保护之下，"有存在"这一表述其实就只是某种引用，是我们的某种"述而不作"，于是也就使我们可以免于与"作"俱来的任何探索与创新所可能包含的风险。

当然，以上对"有存在"的不同标点及其所产生的不同读法其实只能增加读者的困惑。因为，为了知道我们的"有存在"究竟想说什么，或说的到底是什么——尽管这一"什么"并不一定要是一个单数，一个单一的意义——我们这里还缺点儿什么。缺什么呢？某种必要的上下文或语境。

的确，当我仅仅写下"有存在"这三个汉字的时候，当我将它们就这样孤零零抛出来的时候，由于还没有任何特定的上下文给读者提供理解"有存在"的各种可能的标点方式所可能表达的各种意义的任何线索，读者并不知道我正在说什么和将要说什么，甚至并不知道我其实首先只是在不加标记地引用，引用一部重要的二十世纪西方哲学著作——一本关于所谓"存在"问题的著作——中的话，一句以某种方式谈论"存在"之如何才可以"有"或"存在"之如何才有可能的话，如果我们可以这么说的话。①但是，所谓"存在"，这个被西方哲学如此看重和谈论的"存在"，究竟意味着什么，或究竟"是"什么，假如我们可以用汉语的"是"来这样发问的话？首先，这里需要明确的是，被汉语的"存在"一词所翻译者乃是德语的动词兼名词"Sein/sein"，或此词在其他印欧语中的对应词，例如英语的动词"to be"和动名词

---

① "有存在"是德国二十世纪哲学家海德格尔的一个表述的汉语翻译。见海德格尔：《存在与时间》，陈嘉映、王庆节译，北京：生活·读书·新知三联书店，1987年，第255页。海德格尔后来又在《论人道主义》之信和《存在与时间》中对这一表述做了专题评论和长篇分析。详见本书下文。

"being"，法语的动词兼名词"être"等。据说，这些被译为汉语的"存在"的西方语词所表达者乃是作为形而上学的西方哲学自始即已关注但却又在很长时间中遗忘的重要问题甚至唯一问题。于是这里就有了我们的第一个问题，一个似乎有理由在我们的汉语中提出的有关这一西方的"存在"的问题：在一个其中似乎找不到这些西方语词的令人满意的翻译的语言中，这一西方的"存在"也能成为一个重要的甚至唯一的哲学问题吗？或者，是否汉语思想中其实也自始即有对于同样问题的同样关注，但却采取了不同的语言形式，一种其中似乎并没有可以与西方的"存在"一词直接对应的语词和概念的语言形式，并且就正因为如此才使得这一在我们的时代被译为汉语之"存在"的西方哲学问题显得如此新鲜并且具有强大的思想吸引力？如果是这样的话，我们又应该如何在汉语中谈论和理解西方哲学所关注的这一至关重要的"存在"，并且在我们的汉语中做出相应的哲学回应？所以，读者，读到"有存在"这一令人困惑的表述的读者，在等待本书作者提供一个有助于理解这一有关"存在"的哲学语句和哲学问题的上下文或者语境。而这就是说，等待某种能够限制这一表述的意义疆域的界线或边境。

　　的确，在汉语中，"境"可以意味着"疆界"或者"边境"。所以，当缺乏足够的上下文时，当没有明确的意义界线来限制"语境"这一现代进口概念时，"语境"就很可以被解释或者被扩展甚至被扭曲为"语言的边境"。这就是说，被"语境"这个优美的汉语构造所翻译的"context"这一概念，这一我们出于弃俗取雅的学术口味而更倾向于选择"语境"而非"上下文"来翻译的概念，在走出它自己原来的context或语境而进入另一context或语境——汉"语"之"境"——之后，必然会开始具有某种由于脱离了原有语境的充分保护而发展起来的新的意义生命。人们似乎有充分理由怀疑或担心这样的意义生命的正常发展，但如果这里其实并没有任何先定的"正常"能限制其独立发展的话，那么这一生命也许有时恰恰会因为脱离"亲生父母"的充分的甚至过度的保护而发展得更加丰富多采。

而"存在"，这个现在常被我们以"存在"这一汉语词汇来翻译的西方哲学或形而上学的重要概念，这个在西方哲学传统中可以通过德语的"Sein"，或英语的"Being"，或法语的"Être"，或其他印欧语言中的对应词而一直追溯到古希腊语的"On"的基本形而上学概念，一个似乎既能激发很多哲学家的兴趣，又令很多哲学家厌倦的概念，一个最终也许可被表明其实并非通常意义上的"概念"的概念，当我们在汉语中对它的如此提及或谈论时，就必然已经这样地脱离了它原来的"语（言）（边）境"，而以某种形式进入了汉语的"语（言）（边）境"，并在其中开始了其意义生命的越境异域冒险。②

---

② 这里说"以某种形式"是因为，我们稍加思索就会感到，这一如此重要的西方形而上学概念现在之主要以"存在"这一汉语形式进入汉语的"语（言）（边）境"，似乎是有损于此概念之哲学或思想的"力量"的。这就好像是，一个最高级的客人却被给予了一种最普通的接待。的确，在汉语思想中，在与西方哲学遭遇以前，"存在"似乎从来不是一个重要的词，一个为关心根本问题的传统汉语学者所关心的词。《辞源》《大汉和辞典》和《汉语大词典》均在"存"字下单列"存在"一条，而以《礼记·仲尼燕居》中"如此而后君子知仁焉"句孔颖达之疏"仁犹存也。君子见上大飨四事，知礼乐所存在也"为此词的最早例句。但孔疏实仅以"在"字作为"存"的同义词而加强语气，而非将"存在"作为单一的严格概念使用（见《十三经注疏》，上海：上海古籍出版社，第 2589 页下栏）。《大汉和辞典》（卷三，第 820 页）引朱骏声《说文通训定声》："存。按从'在'省乔屖省声。本训当与'在'同，与'亡'为对文。"又引《尔雅·释训》："存存萌萌。在也"及其注"存。即在"。因此，以这样一个普通的汉语的"存在"作为一个重要的西方哲学概念"Sein"或"Being"的翻译，似乎有一种使环绕这一概念而发展的一个复杂的思想传统被大大简化的作用。因为，"存在"在汉语中原来享有的普通地位使作为翻译而存在的这一"存在"所提出的深刻问题并不显得具有什么哲学重要性，而汉语读者则总是能够通过汉字所允许的"望文生义"而曲解这一异己的"存在"，从而让这一异己的"存在"（Sein）与我们自己的汉语中的"存在"拉上某种思想近亲或者概念同源关系。就此而言，似乎越是好的意译就越是倾向于消灭所译外来概念的异己性，而纯粹的音译则似乎有可能在另一极端上让异己的概念保持其绝对的异己性。然而，也正是因为音译倾向于让异己的思想概念保持其纯粹的异己性，所以，作为这样的异己的纯粹代表，外来概念的音译其实很难在汉语这一接受语言里真正"存在"下来。我们也许可以通过对汉语翻译历史上音译概念的存活率的研究来勾勒汉语对于作为异己的外来概念的接受与抗拒史。

然而，根据某种哲学理想或者理想哲学，任何脱离了特定语境的表述在某种意义上都是没有合法父母庇护的孤儿甚至"野种"，而这里就存在（又是"存在"！）着德里达在西方哲学传统中发现的对书写或者文字的某种根本性的怀疑和贬低的形而上学原因，尽管实际上也许从来没有任何语境能够完全阻止一个表述或者一个文本越出自己本来的语言和意义的边境。因为，首先，任何一个可以相对分离出来的独立语境本身其实都必然已是另一表述或者另一文本，一个其本身也处于某种语境之中的表述或者文本。这就是说，对于一个语境本身的理解亦要求语境，所以任何语境本身都不可能完满和自足。"语境"没有"止境"。其次，如果没有脱离特定的语境而阅读的可能性，那就根本不可能有任何真正意义上的阅读。毫无疑问，我们当然必须尊重特定的语境，必须接受这些语境的严格约束，必须尽力在特定的语境——特定的语言、思想、传统、社会、政治、宗教、伦理、历史和文化语境——之中来理解一个表述，一种理论，一种思想，或者一种哲学，而这就是说，一个特定的文本。但是，如果这些"必须"或者这些在特定范围内完全合理的要求成为绝对的话，那么我们也许根本就还没有可能在这里——在我们的汉"语"之"境"内——引用"有存在"，并谈论现在已经以"存在"这一汉语词汇为汉语读者所知的这个非常重要的西方哲学问题，甚至也许连提到"存在"这个概念都还不太可能。因为，汉语的"存在"这一表述本身，作为对一个也许是——至少根据海德格尔这一在二十世纪重新提出并毕生致力于"存在的意义"问题的西方哲学家的看法——最基本、最重要因而也最有待于深思的西方哲学"概念"的某种翻译，就已经使这一概念越出了它本来的各种"边境"，而首先就是其产生并置身于其中的特定语言"边境"。③

---

③ 强调"某种形式"当然是因为还可以有其他可能的翻译，例如"存有"，或"有""存""在""是"等。

的确，被我们似乎无可奈何但也不无问题地译为汉语的"存在"的这个德语的"Sein"，或与之相应的英语的"Being"，或法语的"Être"等，现在确实已经成为一个汉语之中的"存在"，一个属于汉语的"存在"，尽管这一汉语翻译可能仍然远非令人满意。然而，如果没有某种在一定意义上或一定程度上脱离特定语境或者越出特定语境而阅读和讨论这个自其他"语（言）（边）境"之内而来的"存在"的可能性，汉语中也许根本就还不会有这样一个异己的"存在"，亦即，不会有"存在"这个作为翻译而存在的词和作为翻译而存在的西方哲学概念。当然，也不会有所谓"语境"，这个在某种意义上已经脱离了其原来的context的汉语词汇。但是，现在我们在说，在我们的汉语"语（言）（边）境"中说："有存在。"因此，在某种意义上，这一汉语表述本身就已经在为此处所欲阐明的我们在讨论所谓"存在"时所置身于其中的某种必然的困难处境作证：阅读，或者作为阅读的翻译，只能既充分尊重所读概念或文本的特定的意义边界或者"语（言）（边）境"，又必然在某种意义上越出特定的意义边界或者"语（言）（边）境"。否则就根本不可能有任何阅读，而这也就是说，不可能有任何翻译，因为翻译也是阅读，而且首先就是阅读，但却必然是一种在不止一种意义上的"越（出）（语）境"阅读。

从某种意义上说，翻译就是让一种语言在另一种语言中经受检验，而这一检验同时也必然是对于进行这一检验的语言本身的检验。在汉语的"语（言）（边）境"中阅读"有存在"这一由翻译而来的表述因而就意味着，让这一被译为汉语的德语表述在汉语中经受检验，经受汉语的检验，而这一检验同时却也必然就是对于汉语本身的检验。作为这样一个检验的某种形式操练，除了对"有存在"的上述标点方式之外，我们还可以将"有存在"不同地标点为"'有'存在"或"有'存在'"。这就是说，我们或者可以为其中的"存在"加上引号，或者可以为其中的"有"加上引号,或者甚至为其中的"有"和"存在"同时加上引号。其实,在《存在与时间》中,海德格尔就为这一表述中的"有"(es gibt)加上了引号。当然,对于意义的表达来说,不见于汉语书写传统的引号是个不无暧昧之处的多面的辅助表达工具。引号或者表示引述,或者表示提及,或者表示突出和强调。因此,在汉语中,被如此标点出来的"'有'存在"可以是对"有"的引述(例如,海德格尔可能想表示自己是在引述一个意味深长的德语习语)或提及,也可以是对"有"的突出和强调,而如此标点出来的"有'存在'"则可以是对"存在"的提及或引述,突出或强调。仅就"有'存在'"这一标点方式而论,如果加在"存在"上面的引号仅仅意在提及,那么我们所面对的可能就只是有关特定词汇的翻译问题。而作为一个有关特定词汇的翻译问题,"有'存在'"所说的也许就只是:汉语中已经有了"存在"这样一个词,有了这个现在作为西方哲学概念的某种翻译而存在着的"存在"。但是,说有了"存在"这么一个来自西方哲学的现代汉语翻译词汇,一个尽管远非令人满意但却已经在汉语中存在着并且生长着的"存在",并不等于说"有存在",说一个不加引号的"存在"。提出有关存在的意义这一据说有着根本重要性的哲学问题的海德格尔所反复强调的一直就是,存在问题所说的或者所关心的并不是或者不仅只是"存在"这个词的问题,尽管存在问题在某种非常重要的意义上又离不开"存在"一词本身。④ 因此,在海德格尔这里,"有存在"(Es gibt Sein⑤),亦即,"有"(Es gibt)一个没有被引号所限制的"存在"(Sein),说的就并不只是语言问题,并不只是某一特定的词或概念的有

---

④ 这是海德格尔最为坚持的思想。参见熊伟、王庆节译海德格尔《形而上学导论》,北京:商务印书馆,1996年,第88页。

⑤ 英译通常为"There is Being"。德语"Es gibt..."是一个表示"有……"的习语,相当于英语习语"There is...",但其字面意思是"它给予",即"It gives..."。海德格尔后来很强调这个"它给予"。详见下文有关注释。

或没有,也不只是任何特定语言中任何特定词语或者特定翻译的存在(或不存在),而是存在,纯粹的存在,或存在本身。

然而,什么才是这一"存在本身"?怎么才能"有"这样一个"存在"?或者,这样一个"存在"怎么才能"有"?而且,如果无论我们对"有存在"这一表述的"语(言)(边)境"做出怎样的严格限制,也始终无法完全避免这一汉语表述所包含的结构性的语义两可,那么我们就应该开始认真对待这一表述在汉语的"语(言)(边)境"之内为我们提供的不同的意义可能性:"有存在",这一在汉语中始终可以被理解为"'有'存在"或"有'存在'"的"有存在"!然而,对于可能还没有完全忘记中国传统中的有无之思的我们来说,难道"有"不似乎已经就是——如果允许我们暂时这样"翻译"的话——"存在",而"存在",这个现在已在西方意义上被理解的"存在",如果它在汉语中能够意味着任何东西的话,难道不已经似乎就是——如果这里也允许我们暂时这样"翻译"的话——"有"了吗?如果是这样,那么"有存在",这个作为翻译的"有存在",在汉语中又究竟应该怎样理解呢?"存在存在"?甚至,"有有"?但这又能意味着什么呢?海德格尔真是要如此说"有存在"吗?他真是欲肯定他所关注的那个"存在"本身的存在吗?他不是曾经明确地强调过——根据一种汉语译文的表述——"存在不存在"吗?⑥如果是这样的话,那么这个按照德语日常用法确实可以被翻译为汉语的"有"的德语习语"Es gibt",真可以或真应该——至少在海德格尔这里——这样翻译吗?而"有有",这一我们在《庄子》中其实就已经可以找到的表述,这一似乎以某种方式将汉语的"有"重复和叠加到自身之上的表述,又究竟蕴含着和意味着什么呢?我们真的已经深入思考过这一汉语表述本身的意义了吗?这一

---

⑥ 见海德格尔《时间与存在》。汉语翻译收入孙周兴编:《海德格尔选集》,上海:上海三联书店,1996年,第667页。

传统的汉语表述能与海德格尔的这一被翻译成"有存在"的表述发生某种有意义的对话吗？这就将是我们在本书中所尝试的。

当然，作为《存在与时间》汉译本中一个被译为汉语表述的外语表述，"有存在"所表达者即使在海德格尔的德语原著 Sein und Zeit 中也并非就可以一目了然。正因为如此，所以在《存在与时间》出版二十余年之后，在一封题为《论人道主义》的信中，海德格尔仍然觉得有必要对此表述加以解释。⑦而正因为在"有存在"这一汉语翻译中，汉语

---

⑦ 海德格尔在《存在与时间》中说："当然，只有当此在（Dasein）存在，也就是说，只有当存在之领悟在存在者层次上的可能性存在（笔者按：亦即，对存在之意义的理解在实际上［ontisch/ontically］是可能的），才'有'存在。"（海德格尔：《存在与时间》，陈嘉映、王庆节译，北京：生活·读书·新知三联书店，1987年，第255页，1999年修订版第244页。参见 Martin Heidegger, *Being and Time*, John Macquarrie 与 Edward Robinson 译, Oxford: Basil Blackwell, 1962年，第196页）这里"有"是"es gibt"的翻译。德文这一表达在日常用法上大致相当于英文的"there is"，因此确实可以译为汉语的"有"。但是在《论人道主义》信中，海德格尔特意强调，这一表达应该按其字面意义被理解为"它给予"。而这个"给予"存在的"它"正是存在本身，见 Martin Heidegger, *Basic Writings: from Being and Time*（1927）*to The Task of Thinking*（1964），David Farrell Krell 编, London: Routledge & Henley, 1978, p.214。熊伟将海德格尔这段话译为："因为在此'有'者就是存在本身。"（见孙周兴编：《海德格尔选集》，第378页）。读者可以参考《存在与时间》中译本第255页注1。该注乃全文移译英译本注。英译者在此注中即引海德格尔上述信中有关"Es gibt Sein"应该如何理解之说。所以，"Es gibt Sein"按海德格尔的意思也许可以说成："存在给予存在。"而这又只能意味着，存在将存在给予存在，亦即，存在将自己给予自己。这样，以上所引海德格尔《存在与时间》中的话也许就可以翻译为："当然，只有 Dasein 存在，存在才能把自己给予自己。"这也就是说，存在"通过"Dasein，亦即，通过 Dasein 对于存在的意义的必然理解，而成为自己。这样解释性地翻译出来，海德格尔这一在汉语中被翻译为"'有'存在"的表述似乎是可解的。然而，细想起来，在汉语中，"'有'存在"无论如何都是一个不止一种意义上的费解的表达。什么叫"有存在"？我们真能有意义地说"有存在"吗？在被译为《面向思的事情》（*Zur Sache des Denkens*，陈小文、孙周兴译，北京：商务印书馆，1999年，第2版）的那本讨论时间与存在的重要后期著作中，海德格尔对于"Es gibt Sein"这一表述的不懈专题分析给中译者造成了持续的困难，因为海德格尔在这里将注意力集中于这一表述中那个完全不起眼的"es"，试图分析这个第三人称中性代词在这一表述中尚未被留心和思考的意义，这就使得这一表述更难以按照德语习惯用法译为"有存在"。这一困难似乎使汉语译者的译文必须摆动于"有存在"与"它给出"之间，并且造出诸如"我们阐释在'有'中给出的东西"（第6页），"然而，上述的给出对我们说来依然晦暗不明，就像这里所说的有（Es gibt）中的'它'（Es）一样"，"按照给出的这一如此有待于思的意义来看，这一有（它给出）（Es gibt）的存在就是被遣送者（Geschickte）"等语句。详细分析海德格尔这本重要的小书的汉语译文，将能为我们提供很多非常值得考虑的问题。

思想传统中的"有"与西方哲学传统中被我们现在经常译为"存在"的"Sein"发生了一种虽不明显却意味深长的相遇,尽管这一相遇并非事先计划的"会面",而是出乎意料的"遭遇",即一次不期而遇,所以这一只有两个词(这当然取决于我们如何理解"词"这个语言学的概念)或三个汉字的、短到几乎不能再短的汉语句子,作为海德格尔关于"存在"思想的一个重要表述的汉语翻译,其实可能已经以某种非常特殊的方式集中了有关"存在"——有关此词本身以及有关"存在"这一据说是真正的甚至唯一的西方形而上学问题,同时也是有关整个西方哲学思想和论述——的汉语翻译的全部问题。

而这一关于"有存在"的汉语翻译问题同时也就可以某种独特的方式将我们带回到对于中国传统中的形而上问题的思考或重新思考,因为正是这一翻译让我们可以想到《庄子》中那一让汉语的"有"以某种方式重复自身的表述。而如果我们始终无法彻底绕开这一让我们可以在汉语中想到"有有"的"有存在"所包含的语义两可,那么我们也许就始终都可以在汉语中合法地问:"有存在"说的究竟是什么?是"有存在",还是"有存在"?这是汉语之法所许给我们的合法性,尽管这也总有可能违背或打破某种哲学的合法性(但这也许可能并非坏事)。这就是说,离开这一表述原来的哲学语境,或者,即使在某种意义上仍在这一特定语境之中,但却是在这一语境本身的某种汉语翻译之中,"有存在"这一表述也是一个始终具有某种结构性暧昧的表述。我们则也许应该以前所未有的认真态度来对待这一暧昧。因为,我们从一开始就已经提到,在这一汉语表述中,至少可以有两种不同的读法:或者可以强调"有",或者可以强调"存在"。而在汉语中,这两种不同的强调就导致两种截然不同的句子结构:以"有"为动词的动宾句,或以"存在"为动词的主谓句。当然,在海德格尔的汉语翻译中,译者想让"有存在"说的只是"有存在"。这是一个以"有"为动词的标准汉语表述，其中"存在"是语法形式上的所谓宾语，是被"有"这一动词所带出或带来者。在这一表述中，"存在"即因被如此带出而受到强调，"有"则似乎不会受到注意。然而，在汉语中，"有存在"也始终都可以被读为"有存在"，亦即，用一个作为动词的"存在"来说"有"或肯定"有"："有"存在，或，存在着"有"，存在着"有"这么一种"情况"甚至一种"东西"，如果我们真能在任何意义上将"有"称之为某种"东西"的话。而且，这一表述也确实已经在另一部重要的西方哲学著作的汉语翻译中被使用了。⑧这样，"有存在"的这一读法，这一虽然似乎违《存在与时间》的作者或译者之意，但却因其已经失去原来"语（言）（边）境"的充分保护（但我们已经知道，这一"充分保护"从不可能真正充分）而为汉语之法所允许的以"有"为主语的读法，就确有可能将我们从对这个西方的"存在"——作为语词和作为哲学概念或非概念的"存在"——的注意引回到对传统的中国之"有"的重新提问与重新思考："有"存在吗？如果"有"可以在某种意义上被说成"存在"，那么"有"又如何"存在"？

这样，虽然"有存在"这一表述是作为翻译——一个德语哲学表述的某种汉语翻译——而开始其生命的，但是现在我们却已经无法原封不动地将这一作为翻译的汉语表述重新译回到德语中去，或译到英语或其他西方语言中去。因为，这里似乎已经没有一种外语翻译能够回过头来容纳这一汉语表述所同时具有的这一双重读法或双重意义的可能性。"有存在/有存在"：这一作为翻译的汉语表述，这一已经越过了特定"语（言）（边）境"的"存在"，现在似乎确实已经成了一个孤儿，

---

⑧ 贺麟翻译的黑格尔《哲学史讲演录》第一卷（北京：商务印书馆，1959年，第265页）中，就有"有存在"的这另一种读法的证据："一条路是，只有'有'存在；'非有'不存在，——这是确证的路径，真理是在这条路上。另一条路是，'有'不存在；'有'必然是'非有'，——关于这，我对你说，这是完全非理性的道路；因为'非有'你既不能认识，也不能达到，也不能说出。"这是黑格尔翻译的巴门尼德那段非常著名的话的汉语翻译。

一个由于被翻译而失去了充分保险或庇护的、无家可归的、留离失所的"存在",一个由于与汉语的"有"发生了某种不期而遇的接触而身份变得复杂起来的"存在",但可能同时也成了一个在新的"语(言)(边)境"之内负有新的意义使命的或可以引出新的意义或新的存在的"存在"。因为,我们现在似乎就已经由于上述这些问题的促使而在开始(重新)考虑这个由翻译而来的"存在"和这个汉语本来的"有"所说的或究竟要说的是什么,在考虑二者之间的这一不同寻常的遭遇,在考虑由于这一遭遇而产生的似乎非常奇特的问题:"存在"是否(或/以及如何)能"有",或"有"是否(或/以及如何)能"存在"?这就是说,因翻译而造成的这一中国的"有"与这一西方的"存在"的遭遇正在促使我们考虑"有存在"这一表述所具有的在比较哲学的视野中激发新的探索和新的思考的可能性。

翻译——对西方的"存在"的汉语翻译——使这一"存在"现在似乎无家可归,流离失所!然而,我们也许仍然还得首先感谢翻译,因为如果没有翻译,如果没有关于"存在"问题的西方哲学的汉语翻译,我们可能根本就还不会有这个在汉语中的西方"存在",这个尽管难懂但却可以并且已经激发了现代汉语中的哲学思想的"存在"。

然而,也正是由于翻译,虽然绝对必要然而却可能经常过于仓促的翻译,我们似乎也开始陷入某种语言的遗忘与混乱,某种无暇或无力回顾自己的语言传统的境况。因为,在由于需要尽快款待这一西方"客人"而引发的仓促中,尽管汉语"主人"(译者)几乎"自然而然"地使用了"有存在"这样的汉语表述来翻译一个德语表述,但在如此用汉语的"有"来说这一西方的"存在"之时,实际所发生的情况可能却是,这个"有"本身并没有真正被留心,我们还没能通过"有"与"存在"的相遇而开始重新走向我们自己的"有",走向与"有"相连的那一思想传统。在开始感兴趣于西方的"存在"之时,我们似乎已经忘记了我们的传统的"有",忘记了此"有"在汉语传统中之所曾说及所欲说,忘记了此"有"本身的那些既可能对应又可能异于西方的"存在"之处。我们开始用"存在"这个中文语词给本来并不存在于汉语之中的那一西方的或者印欧语系的"存在"——那个在一全然不同于汉语的语言系统或者语言家族中通过一个基本动词"be"或"sein"或"être"等而形成和发展的"存在",那个据作为形而上学的西方哲学而言会被一切动词和名词所蕴含的"存在",那个在海德格尔对这一"存在"的意义或真相(truth)重新思考中被称为"纯粹超越者"的"存在"——在汉语中建立了一个"家园",一个为了这一异己的"存在"而建立的"存在的家园",一个让这一异己的"存在"开始在汉语中存在的"存在的家园"。⑨我们开始说"有存在",强调的是这个我们其实始终不甚了了的外来的"存在",而不是我们这个本来的"有"。而既然这个外来的"存在"反过来也必然又会以某种方式提醒我们想到这个本来的"有",这个我们似乎已经忘记的或不再理解的"有",我们就又开始试用这个异己的"存在",这个翻译过来的"存在",这个作为翻译的"存在",回过头来从哲学上重新解释我们自己那个传统的"有",那个其实可能已经被我们以某种方式遗忘的"有"。而这就是说,用这个本身已经作为翻译而在汉语中存在的"存在"来翻译我们的"有",翻译汉语中本来就有的这个"有",这个从老子和庄子等

---

⑨ 海德格尔在《存在与时间》中明确写道:"作为哲学的基本课题的存在不是存在者的种(按修订版'种'改为'族类'),但却关涉每一存在者。须在更高处寻找存在的'普遍性'。存在与存在的结构超出一切存在者之外,超出存在者的一切可能的具有存在者方式的规定性之外(按修订版改为'一切存在者状态上的可能规定性之外')。存在地地道道是 transcendens[超越者]。"海德格尔《存在与时间》中译本,1987年,第47页,1999年修订版第44页。在本书初版中,这段引语笔者直译自英译本:"作为哲学的本题,存在虽然不是任何(存在着的)东西的类名,但却与一切东西有关。存在的'普遍性'须在更高一层寻求。存在与存在的结构超出一切东西及其所可能具有的一切可能性质。存在纯粹是 transcendens[超越者]。"Martin Heidegger, Being and Time, p.62. 正文中所谓"存在的家园"隐指人们已经耳熟能详的海德格尔的命题:语言是存在的家园。

古代作者起其实就被认真思考过的"有",这个在汉语中经常与"无"紧密为邻的"有"。而对于汉语的传统的"有"的这一现代翻译或者哲学解释又恰恰是欲将"有"翻译成"存在",翻译成一个西方哲学意义上的"存在"。⑩但是,在如此翻译之中,我们所可能失去甚至已经失去的也许却正是这个中国的"有",这个既在某些重要的方面与西方的"存在"相近,但也在某些重要的方面与之相异的"有"。而这就是说,虽然对汉语的"有"的这一现代翻译或者哲学翻译正是欲将这个传统的中国之"有"翻译成哲学——中国的哲学,但在如此翻译之时,我们可能失去或已经失去的也许却正是"中国"可以提供给"哲学"的某些东西。

翻译,这一我们经常信口道来并已经习以为常的概念,这一被我们视为在我们与另一者的文化或者文化的另一者的交流中起着基本桥梁作用的工具,这一既为我们提供了让我们自己与另一者的文化相互接近的可能性,又让我们可能要冒化他为我或化异为同之险或让我不再为我之

---

⑩ 例如,我们可以读到如《存在的澄明——〈老子〉哲学再阐释》(《学人》第13辑,南京:江苏文艺出版社,1999年)这样的论文题目。这里当然不是想质疑此类研究工作在特定范围内的合法性。以"存在"翻译或解释"有"似乎是沿着下列路径发生的:《老子》的"有"的最通行的英译是"Being",而"Being"现在的最通行的汉译则是"存在"。但当这样一个"存在"被用来对中国传统的"有"进行哲学诠释时,通向此"有"的途径其实已被这一"存在"所带来的西方形而上学阻碍或改变了。于是,我们不再有那个应该能出于自身并以自己的方式向我们说话的"有"。我们在以"存在"解释"有"时其实已经忘记了这一"有"。当然,我们也都知道,在汉语翻译西方哲学的初期阶段,情况似乎是反过来的:那时的译者大多倾向于以"有"来翻译"Sein"或者"Being"(例如,贺麟之旧译黑格尔《小逻辑》[北京:商务印书馆,1950年])。但是,在商务印书馆1980年版中,贺麟将Sein原则上均改译为"存在",同时却仍在特定的上下文中,特别是在他所谓黑格尔"谈到有与无的对立和统一时",保留了"有"字。见其新版序言,第xvii、xx—xxi页)。与以本来是翻译的外来术语或概念来"翻译"我们本来就有的传统概念这种似乎不太自然的做法相比,此种传统上称为"格义"的做法却似乎极其自然。然而,在这种似乎自然的局面中实际上发生的可能是,被用来翻译某一外来概念的汉语词本身现在成为翻译。而这就是说,该词现在已经变得跟自己不同,已经开始异于自己。如果我们坚持以汉语的"有"翻译西方的"存在","有"就会发生如此变化。这里,问题首先不是要做出选择,而是对这一复杂的翻译局面保持思想上的警觉。

险的可疑工作,在某种意义上也许就是我们在从事哲学或思想的比较研究时必须面对的全部问题。对于作为问题的"存在"这一概念的哲学翻译将一个始终欲追问"存在"的文化(西方)和一个开始想在不同语言中思考和讨论这一"存在"问题的文化(中国)——看来现在我们已经无法在汉语中摆脱"存在"这一由翻译而来的哲学概念的纠缠了——带到它们多重意义上的"语(言)(边)境"之上。因此,如果在关于"存在"和"有"的专题分析中,我们始终避不开翻译问题,如果我们的全部问题在某种意义上都已经是翻译——如何翻译"存在",如何翻译"有",如何翻译另一者与我们自己,或我们自己与另一者——的问题,那么,在开始这些专题分析之前,我们有必要再深入一步地考察这一重要的翻译问题。

二、翻译"的"欲望

我们需要翻译。或者,也许应该说,我们无法避免翻译——哲学的翻译,翻译(而来)的哲学,因为翻译作为一个要求或作为一个任务来自另一者,我们所必然面对的另一者。另一者要求我们"应"——反"应",回"应","应"答,但是另一者所说的语言却经常甚至始终与我们的不同(这里甚至应该说,如果另一者所说的语言与我们的完全相同,那就不再可能"有"另一者了)。然而,按照德里达在读本雅明的《译者的任务》时借着分析旧约《圣经》中巴比尔通天塔的故事所提出的一个说法,翻译乃是一种必要的然而又无法完成的任务。[11]必要而又不可能,不可能而又必要:这一局面就构成了翻译的永恒处境。言其

---

[11] 参见德里达(Jacques Derrida):Des Tours de Babel, 收入 Joseph F. Graham 所编 *Difference in Translation* (Ithaca and London: Cornell University Press, 1985, pp. 165-207)。德里达这篇论文的标题本身就是翻译之既必要而又不可能的一个体现。法语"Des"意味着 *(转下页)*

"永恒"是因为从根本上说,翻译永远必要,然亦永远不可能。当然,反之亦然:翻译永远不可能,然亦永远必要。为什么?"永远必要"是因为,面对来到我们面前的另一者,我们首先需要倾听,倾听他们之所说并努力理解他们,但另一者所说的却可能是另一种语言,一种我们不懂的语言。正因为如此,我们才始终需要翻译。我们必然始终生活在多种语言之中(这一说法亦适用于从未实际与"外"语接触过的人或文化),所以某种可以一劳永逸地结束翻译之必要性的语言,亦即某种统一的、普遍的、透明的纯语言,某种能使人类一切交流最终畅通无阻的通用媒介,必然永远都只能是某种"理想的未来"或者"未来的理想",因为这样一个"未来"必然始终"来"而"未"到,必然始终都只能是一种"未"到之"来",亦即必然始终都只能处于"正在到来"之中。始终来而不到正是"未来"这一时间结构或者这一结构时间者的本性。然而,也正是在这一"来而不到"的结构之中,我们才可以永远有"未来",或可以永远有另一者,否则我们就"永远"只能有各式各样的"终结",或者形形色色的"后——",而不再有另一者之真正的到来,因而也不再有真正到来的另一者。⑫

如果统一的普遍的纯语言本质上必然永远是一个"未—来",那么翻译也许就永远是趋向这一未来的无限努力与尝试。所以,我们永

(接上页)"一些",但也意味着"论这(一/些)……","由于这(一/些)……","关于这(一/些)……"。"Tours"意味着"塔",但也意味着"扭/转"、"花招",或"措辞"等。放在一起读,在法语中,"Des Tours"听起来又与"detour"("拐弯""绕道")一样。所以,德里达的这一标题可有好几种不同的读法和译法,如《论巴比尔(之)塔》、《巴比尔诸塔》(这一说法蕴含着,从某种意义上说,有不止一个巴比尔塔),等等,但也可以是《巴比尔(这一)措辞/说法/比喻》,甚至《"绕道"巴比尔》(亦即,"通过"《圣经·旧约》中的这一故事或寓言来谈论翻译问题)。我们当然可以尽量充分地解释这一标题的诸多可能涵义,但是这里却不可能有一种翻译能够同时传达这些意思。

⑫ 注意,此"永远"也意味着,我们永远不可能有任何真正的、完成一切和结束一切的终结。因此,即使最慷慨地说,黑格尔的绝对精神的回归自身也始终只能是一个"未—来"。这就是说,黑格尔哲学的不可完成性自始即已被铸入其自身之内。

远都需要翻译。然而，从某种意义上说，翻译的隐秘欲望其实最终又恰恰就是结束翻译。因为，翻译渴望完美，而完美的翻译所追求的就是与所译语言的彻底融合。彻底融合则意味着一切不同语言之间的差异的消除。所以，各种语言之间的差异不仅产生了沟通亦即翻译的必要，而且同时也产生了超越或者结束这些恼人的差异并创造一种普遍语言的欲望。而这也就是说，恰恰是"未—来"本身永恒地产生着消灭"未—来"亦即消灭自身的欲望，尽管正是"未—来"这一结构本身首先使此种欲望的产生和存在从根本上成为可能。所以，如果"未—来"仍欲作为真正的"未—来"——作为自身——而存在，就不可能让自身被实现。这就是为什么真正的"未—来"必然始终都在不断的到来之中，真正的"未—来"必然始终都只能让自己来而不到。真正的"未—来"即通过这一永恒的"来而不到"——这一永恒的自身的不满——滋养自身。而这也就是说，翻译这一欲望如欲作为欲望而保存自己，就必然永远不可能真正满足自己。翻译——完美的翻译，绝对的翻译——永远不可能。翻译永远有一个来而不到的"未—来"。然而，也正因为翻译始终有一个这样的"未—来"，所以又永远也不会没有翻译。翻译由于不可能使自己成为绝对翻译（绝对沟通，绝对交流）而保存自己为真正的"未—来"。

汉语翻译的存在，汉语哲学翻译的存在——现在我们说的不是被翻译成汉语的"存在"这个词或者这个概念的存在，而是一般翻译或者哲学翻译本身作为一种文化活动或者文化事件的存在——使"Sein"或"Being"这些词语的意义可以越过这一词语在其中被使用的特定"语境"——特定的语言思想文化的边境——而在另一语言（汉语）中作为"存在"这个词语或概念而存在。没有意义与意义在其中得以形成的特定语言的某种可分离性，而这也就是说，没有索绪尔意义上的所指与能指的某种可分离性，就不可能有任何翻译。⑬但是，上述"某种可分离性"的这一"某种"需要予以充分注意。根据索绪尔，所谓"能指"与"所指"只是通常所谓"符号"（或者"指号"）这枚硬币的正反两面，因此二者从某种意义上说是不可分的。但此并非西方传统关于符号问题的一贯思想。若此处可冒简化之险，我们就可以说，在总是将所指与能指对立起来的西方思想中，传统的倾向是抬高所指而贬低能指。这也就是说，相信思想观念或意义而怀疑语言文字或符号。柏拉图的那些可以独立客观"存在"的理念（eidos, idea）某种程度上可为这一倾向的最早典型代表。西方现代哲学对语言问题的重视则导致某些将所指问题或意义问题简单地"还原"为能指问题亦即语言或符号问题的倾向。法国著名比较语言学家本维尼斯特之试图将西方思想传统关于"存在"的哲学探究，亦即自亚里士多德以来的西方"形而上学"（meta-physics），完全归结于亚里士多德在其中从事哲学探究的古希腊语的特定语法结构的产物，即为此种倾向的一个代表。⑭

⑬ 注意，汉语的"意义"同时蕴含的"意"与"义"：心"意"与语"义"。
⑭ 埃米尔·本维尼斯特（Emile Benveniste）在"Categories of Thought and Language"（《思想范畴与语言范畴》）和"The Linguistic Functions of 'to be' and 'to have'"（《"To be"与"to have"的语言功能》）（见 Emile Benveniste, *Problems in general linguistics,* trans. Mary Elizabeth Meek, Coral Gables, Fla.: University of Miami Press, 1971, pp. 55-64, 163-180）两篇著名论文中试图通过对希腊语的"einai"一词的分析来证明，整个关于所谓"存在"的形而上学其实只不过是特定语言结构所产生的问题，因此西方形而上学的"存在"问题其实最终可以被归结为语言问题。对于本维尼斯特的语言主义（此词这里意味着，将思想范畴直接还原并等同于特定的语法范畴）倾向，以及对所有试图通过语言结构分析而取消形而上学或"存在"问题的倾向，德里达的分析一针见血。在"The supplement of copula: Philosophy before linguistics"（《系词的增补：语言学之前的哲学》，收入 Jacques Derrida, *Margins of Philosophy,* trans. Alan Bass. Chicago: University of Chicago Press, 1982, pp. 175-206）一文中，德里达指出，任何试图在哲学之"外"为哲学划界的话语到头来总不免被哲学"收编"。之所以如此，其原因之一是，任何这样的话语本身都建立在某些最基本的，因而很可能是对此话语本身深藏而不露的哲学或者形而上学的概念之上。德里达由此进一步指出，虽然海德格尔的思想亦有其问题，但其所强调之"存在"一词对于思想与语言的必要性却不可仅以其为语言问题而取消之。我们可以跟本维尼斯特的论文和德里达的评论一起重读海德格尔在《形而上学导论》中有关"存在"一词的语法与词源的讨论。

但是，颠倒的二元对立仍然是二元对立。所以，将能指仅仅归结为所指出于无可奈何而任命的糟糕代理（因为所指似乎总是躲在能指身后，不能亲自出场），与将所指仅仅归结为能指之自我炫耀活动所派生的副产品（能指就像是在舞台上介绍嘉宾出场的主持人，华服盛妆，站在那里得意忘形，胡言乱语，不断延迟主角的出场），二者所表现的思维模式其实是一样的。这里总是有一等级化的二元对立，总是有一者被视为"第一性"而有一者被视为"第二性"。在此，德里达对西方形而上学的著名"解构"有助于突破符号问题上的传统二元对立模式。根据索绪尔的著名命题，"语言（系统）中并没有实实在在的单项，而只有差异"，我们首先可以说，根本就没有所指。因为，如果我们想在字典里找一个所指（即词之义）的话，就会发现自己其实始终只是被一个能指（词）转给另一个能指（词）。所以，从某种意义上说，没有所指，而所谓所指其实只不过是能指之间的差异活动所产生的"效果"而已。这样，能指似乎比所指更加重要，西方形而上学传统赋予所指的优先地位或特权于是就被消解掉了。但是，这样说却并不是要取消所指本身，并将这一优先地位或特权仅仅简单地转给能指，因为所谓能指的作用又只是去"指"出什么。这就是说，能指作为能指只为所指而存在（又是"存在"！但所指在某种意义上其实却并不"存在"）。没有被指出者，亦即所指，就根本无所谓能指，所以能指本身也不可能具有任何优先地位或特权。但是，"解构"所指或能指的特权并不是想让思想陷入无原则的相对主义甚至虚无主义，而是欲指出，任何一种寻求第一原则或者终极基础的思想都必然是"自我解构"的。海德格尔以及德里达用法上的"西方形而上学"就必然生活在这一"自我解构"之中并为其所滋养。所指和能指二者各自之优先地位或特权的解构有助于我们更深入地分析翻译必然同时兼而有之的这一必要和不可能、不可能而又绝对必要的处境。对于完美翻译的追求所蕴含的假定正是所指的绝对独立性和优先性，尽管这一追求也承认完美之达到在实际上可能是一无限过程。反之，将所指或意义问题仅仅归结为能指问题的做法（如本维尼斯特）则蕴含着，产生于一种特定语言中的意义本质上就不可能被翻译到另一特定语言之中。德里达的解构所代表的方向则是欲肯定，所指或意义既必然要依赖于某一特定语言，又必然要超越这一特定语言。翻译作为翻译即存在于所指与能指或者意义与语言的某种必然的"若即若离"之间。因此，翻译之不可能完美是必然的或结构性的，而不是偶然的或一时性的。

翻译是诞生于某一特定语言中的意义的"（超）越（语）境"行为。如前所述，意义，作为在特定语言中所发生的事件，首先诞生于某一语言之中。没有可以不存在于任何语言之中的普遍意义，而只有必然在某一特定语言中被形成和表达的意义。然而，意义"本身"却又似乎必然不能满足于仅仅享受其出生地所赋予的特定的语言"国籍"并为其所限。意义作为意义必然希望越出自己的"国境"。所以，从某种意义上说，"意义"也许可以被定义为：必然产生于某一语言之中却又力图超越那一特定语言之限制的欲望。亦即，意义作为意义就必然追求自己的普遍化。而追求普遍化就要跨越限制意义的任何"语（言）（边）境"。只有能够成功地跨越任何特定的语言边境，意义才能确立自己为普遍意义。因此，意义为了自己的普遍与独立而要求翻译。然而，意义的这一企图跨越一切语境的欲望必然是不可实现的，因为（一种）语言之外仍是（另一种）语言，"语（言）（边）境"之外必然还是"语（言）（边）境"，而不是超越任何语言之境的没有任何疆界的普遍意义王国。对于语言来说，没有完全不设边界的乌托邦，而只有同样戒备森严的异域。所以，翻译始终都只能是意义的大胆越境——越出一道特定边境而进入另一语言王国——尝试。进入新的语言王国的边境之后，意义需要"走下"或"走出"翻译，让自己接受那些不说外语的海关人员（另一语言中的读者）的"入境"检验（另一语言中的阅读）。意义之欲"离（开）（语）境"——离开原有的"语（言）（边）境"——就造成了有关边境和边境控制的问题。意义问题可能从来就是一个有关边境和边境控制的问题。追求普遍和独立的意义永远也不可能一劳永逸地彻底"离（开）（语）境"。

在语言的边境之上，文学或诗的意义有时还可能会出于羞怯或者自爱而止步不前，哲学的意义则必然要理直而气壮。[15]文学或诗本质上渴望自身"意在言外"（渴望"不可'言'传"之"意"）和"无迹可求"（无能指或文字之痕迹），因此不可译似乎是其性中应有之质或题中应有之义。[16]反之，哲学则本质上就希望自身"放之四海而皆准"。[17]这里，人们尽可以说，自古及今无数哲学体系的提出本身就证明，任何哲学都必然辜负自己的这一期望，但是这一辜负本质上并不足以阻止哲学作为哲学即必然追求的普遍性。这也就是说，哲学认为自己本质上就必然应该被翻译而且一定能够被翻译。因此，对于哲学来说，能否借助翻译而成功通过语言边境实乃性命攸关之事。哲学始终追求翻译：追求自己的翻译，追求翻译的自己。

但是，哲学之追求翻译，还只是相思故事的一头。其实，翻译也追求哲学：翻译追求传达不朽的意义——如果可以这么说的话——而

---

[15] 这里必须注意"哲学"这一名称的西方起源。这里说的"理直气壮"首先是西方哲学对于自己的理解。然而，即使没有那些宣布哲学已经终结的现代西方哲学，即使没有这一宣布让我们所看到的哲学的可能的时空界限，我们也已然可以怀疑，"哲学"，作为现代汉语借自日语而日语又译自西语（philosophy, philosophia）的"外来语"，是否可以被毫无保留地用来概括中国思想而不产生任何误解甚至歪曲。我们曾在别处试图讨论过这一复杂问题，见伍晓明：《Philosophy, Philosophia, and 哲学》，载 Philosophy East & West, 48卷3期，第406—452页。

[16] 但是这并不意味曾阻止诗人（文学家）追求超越特定语言边界的承认。我们也许可以由此出发而研究诺贝尔文学奖的意义。

[17] 我们没有忘记那些模糊了二者之间界线的"哲学的诗"或者"诗的哲学"的存在，也没有忘记那些力图真正沟通二者或者解构其边界的严肃努力，但是这些问题最终仍会将我们带回到语言的边界这一问题上来。

使自身永存。自古迄今,外语思想的翻译在汉语思想与语言的历史中均扮演了重要角色。从某种意义上说,整个汉语思想乃至汉语语言本身的演变都与翻译有着根本性的联系。⑱如果暂将晚明以来断断续续的、小规模的基督教思想及西方科学的汉语翻译置之不论,那么言二十世纪以前汉语思想之演变不可能不涉及佛经的汉译,而谈二十世纪以来中国文化问题又不可能不涉及整个西方哲学的汉译:禅宗本身是印度佛教的某种翻译;宋明理学包含着禅宗的某种翻译;五四新文化运动没有西方文化的翻译就无法想象;"中国特色的社会主义"包含着马克思主义的翻译;现代意义上的整个中国文学很大程度上依赖于西方文学的翻译;中国的现代主义或后现代主义则离不开西方二十世纪各色哲学理论的翻译;等等。汉语本身的演变也与翻译的历史密不可分:在宋儒的论说文体中,我们可以通过其所仿效的禅宗语录文体而感到佛经翻译对汉语的巨大影响;⑲在现代汉语中,从词汇到语法,则在在可见近代以来西方思想的翻译对于我们这一接受语言的

---

⑱ 尽管这一"根本性联系"对于被翻译者——如果首先不是对于翻译者本身——的意义其实并非不言而喻。海德格尔就认为,从希腊语到拉丁语的哲学翻译并不是偶然的和无害的,而是"希腊哲学的原始本质被隔断被异化过程的第一阶段"(见熊伟、王庆节译海德格尔《形而上学导论》,北京:商务印书馆,1996年第15页)。这就是说,希腊哲学的后世翻译,首先是拉丁翻译,损害了希腊哲学。这一论断所蕴含的预设之一是,希腊哲学的意义依赖希腊语言。诚然,没有任何翻译可以"原封不动"地转移产生于一特定语言中的意义至另一语言,然而我们也可以反过来问,如果没有这些在某种意义上必然使意义变形的翻译,如果没有这些翻译留下的依然可辨的路径,那么并没有生在古希腊语之中的海德格尔还有可能在两千五百年后重新接触希腊哲学的本质吗?所以,这里可能是另一个让我们说"翻译既必要又不可能,不可能而又绝对必要"的重要机会。

⑲ 据梁启超《翻译文学与佛典》,佛经翻译使古汉语增加大量新词汇,其见于《一切经音义》与《翻译名义集》者各以千记,而日本所编《佛教大词典》所收则达三万五千余语。同时,佛经翻译也极大影响了汉语的文体,其明显的例子之一是:"自禅宗语录兴,宋儒效焉;实为中国文学界一大革命;然而此殆可谓为翻译文学之直接产物也。"(转引自罗新璋编《翻译论集》,北京:商务印书馆,1984年,第52—67页)

强烈冲击。⑳如果以中国接受与吸收佛教的漫长历史来衡量现代中国与西方文化的接触，那么我们也许仍然没有脱离这样的接触所不可避免的初期震荡阶段。我们也许还远未能够完全"吸收"西方这一异己的文化或这一文化的异己。

三、"吸收"或"款待"

糟糕之极？的确，翻译本质上不可能投"国粹派"之所好。但是，我们又有谁不是某种程度的国粹派呢？又有谁不愿意自己的"母语"能够永远不受"感染"，始终纯而又纯？㉑世界历史上之不乏各式各样的语言纯洁化运动，是人之无法避免"纯洁冲动"的明证，尽管这样的纯洁冲动其实可能从未真正与那个指向"吸收"外来观念与思想的冲动对立。因为，即使是在最彻底的国粹派身上，我们也经常可以发现某种尽管有时是极其隐秘的"吸收"欲望，只要这一"吸收"有益而无损

---

⑳ 是以我们有所谓汉语的"欧化"问题以及所谓"葛朗玛"问题。刘禾的 *Translingual Practice: Literature, National Culture, and Translated Modernity: China 1900-1937*(Stanford, California: Stanford University Press, 1995)是研究这一冲击的一例（此书已有汉语译本）。但是，此处我们也不应忘记日语，尤其是开始大量"容纳"西方观念的现代日语，对于现代汉语的重要影响。

㉑ 因此，五四"新文化"运动中某些表面十分激进的言论，例如以罗马拼音取代汉字之说，其实也未尝不是此类冲动的某种表现：以所谓"简单"的、"纯粹"的、"透明"的媒介来记录"生动"的、"直接"表达思想的口语——这当然正是西方哲学传统的历来梦想。正因为如此，这一传统中才有一根深蒂固的重表音书写（所谓"拼音文字"）而轻非表音书写（所谓"非拼音文字"甚至"象形文字"）的倾向。德里达之所谓"逻各斯中心主义"（logocentrism）与"表音书写中心主义"（phonocentrism）的不可分离，即对此而发（参见德里达《论书写》[*Of Grammatology*] 一书。中译本有汪堂家：《论文字学》，上海：上海译文出版社，1999年）。然而，抛弃"落后"的汉字却又正是为了更好地回到汉语思想本身：一旦"透明"的拼音文字取代不透明的象形汉"字"，一旦象形的汉"字"不再从中作梗，汉"语"思想不是就能更好地为这一书写所表达了吗？而汉语文化或者"中国"文化于是不就可以更好地得到保存和发展了吗？当然，这里的问题既绝对不是否认汉字改革的某种实际合理性，也不是欲维护纯粹的传统文字。问题仅仅在于，我们不应该忽视隐藏在这些问题背后的复杂哲学线索及其对于我们当今的文化思考的意义。

于文化传统或传统文化的保存和发展就行。而这不也正就是所谓"全盘西化"论者公开宣称和致力的目标吗？所以，汉语中这一仍然有待深究的"文化吸收"概念表明，国粹派与非国粹派二者其实可能仍然同样囿于传统的"体"与"用"的二元对立。谁能想象某种吸收而没有已然预设某种进行这一吸收之"（主）体"？谁能想象某种（营养的）吸收而不涉健身强"体"之欲？谁又能真正想象某种无"（主）体"的吸收？我们这一从未被认真质疑过的"文化吸收"概念所预设或所蕴含的有关文化自我与文化异己或文化另一者之关系的想象或概念究竟是什么？而这一"文化吸收"的隐秘的欲望以及可能的后果又到底是什么？

所以，仍然有待于认真分析的这一涉及不同文化之间的某种可能关系的"吸收"比喻本身其实并非完全清白无辜。"消化"是"吸收"的题中应有之义。而消化则蕴含着另一者作为另一者之"融化"和"消失"，或另一者之不再"有（其）存在"。所以，流俗的"文化吸收"这一被用为概念的比喻的问题首先在于，这一比喻或这一概念不可避免地指向一个化"他"为"我"的运动，亦即，一个化异己之"体"为自我之"用"的运动。外来者为异于我者。异于我者即为"异己"，亦即"异于自己"者。在这一用法中，"异己"不必一定含有贬义。古汉语常以代词"彼"指代这样一个"异己"：我是"此"，我在"这里"；与"此"相对者即为"彼"，彼在"那里"。"此"作为"此"因而即蕴含着一个作为中心的"观—点"。由此中心而观，任何所见者，无论人或物，均为"此"之"彼"。而任何如此所见之"彼"均肯定着"此"之为"此"。所以，"此"与"彼"之间其实存在着某种根本性的不对称。"此"一而"彼"众："此"本质上必然始终是单数，而"彼"的数量却可能无穷无尽。这就是说，"此"始终是"指"之所"出"的中心，是不止一种意义上的"能指"，而"彼"则始终是此指之"所指"。因此，尽管庄子可以在纯形式的层次上游戏彼此之相对关系，但"此"与"彼"的非对称其实却自始即已铸入二者的关系之内。[22]因此,"彼—此"关系的可解构性并不在于"此"与"彼"始终可以纯形式地交换各自的位置,从而让"彼"亦可以为"此",而"此"亦可以为"彼"。这一位置交换的可能性并不在于彼此地位的对等,却在于"此"始终可能是或者可以成为另一"此"之"彼"。然而,这一颠倒了的关系依然还会是一种非对称的关系。虽然任何一"彼"均有可能成为一"此",而且甚至始终已然在某种意义上就是一"此",但是"彼"作为"彼"却本质上就不可能享有与"此"平等的地位。[23]

"此"所蕴含的这种自我肯定为古汉语另一指示代词"是"所分享。因此,"是"之能最终演变为现代汉语的第一肯定词,显然与其所具有的"此"义有关:"此"为"是","是"即"此"。在人际联系中,"此"的自我肯定甚至发展到将"我"与"人"这两个概念对立起来的地步。在这一对立中,"人"仅仅意味着与"我"相对之任何"他人"。这就是说,在"此"之我与作为"此"之我其实已经退出了"人"的整体而与之相对。"人"在某种意义上已经成为"我"之"异己"。[24]在现代汉语中,我之异己为"他/她(们)"。进而,我们又从日

---

[22] 见《庄子·齐物论》:"彼亦一是非,此亦一是非。"(王先谦:《庄子集解》,北京:中华书局,1987年,第14页)庄子此处之齐彼此是非之论是从一超越的"观点"来平等看待"彼此"的结果。但是,庄子这里未能考虑的是,这一能够齐彼此等是非的超越观点本身就是一个与其实已经被同样视为"彼"的这些"彼此"或"是非"相对的"此"。而这一作为超越观点本身而存在的"此"从某种意义上说就是一绝对的"此"。庄子"齐物论"中此前所说的"非彼无我,非我无所取"(同上书,第11页)中的"彼"与"我"的对立更接近于我们这里所说的这种非对称的彼此关系。

[23] 严格地说,我们只能谈论作为意识的"此"与"彼",以及这样的此与彼之间的"彼此"意识。意识必然将自己确立为"此"。对于此"此"来说,任何具体的"此"其实均为可有可无,必有必无。意识的倾向就是压抑任何具体的经验性的"此"而成为必然的、普遍的、无所不在的"此"。由此层次而降,才可以谈论任何仅仅在形式意义上相互区别亦相互联系的此与彼。这一意义上的彼此之"别"的可能性的条件是"差异"本身。

[24] 参见拙作《"吾道一以贯之":重读孔子》(北京:北京大学出版社,2003年)第55—57页中有关古汉语中"人我"之对提的具体分析。

益流行的西方概念"the other"中翻译或创造出"他者"这一汉语概念。在这个不无"叠床架屋"（亦即，"他"上加"者"）之嫌的构造中，我们在某种程度上其实又重新回到了古汉语的"他"字的本义。㉕本来，"彼"指一特定的"他"，而"他"指任何一可能的"彼"。因此，本来意义上的"他"实为"彼"之泛化。如果"他"还没有成为现代汉语第三人称代词，我们本可以直接用"他"来对应"the other"这个概念。既然"他"已为第三人称男性代词占用，而且与"他"相通之"它"亦已成为第三人称中性代词，"他者"或"它者"这一汉语构造作为"the other"的翻译就似乎仍有可取之处。在古汉语中，用在形容词之后的"者"字可兼代人与物，其意义为"如此这般的人（或者东西）"，如"仁者""智者""贤者""逝者"等。就此而言，"他者"意味着，一个可以被泛指为本来意义上的"他"——"王顾左右而言他"之"他"——的人或者物。这里，"他"字显然是用其本义，"者"则由于其兼指人物之功而使"他者"这一表述并不仅仅局限于

㉕ 章太炎曾经讥笑"它""她"，以为殊无必要："今人造'牠''她'二字，以'牠'为泛指一切，'她'则专指女人。实则自称曰'我'，称第三者曰'他'，区别已明，何必为此骈枝？依是而言，将书'俄'属男，写'娥'属女，而泛指之'我'，当别造一'牨'字以代之。若'我师败绩'、'伐我北鄙'等语，'我'悉改书为'牨'，不将笑绝冠缨耶？"（章太炎：《国学讲演录》，上海：华东师范大学出版社，1995年，第10页）不过，章太炎这段话所可能引出的问题却远远无法以一笑了之。当然，"牠""她"的创造显然与欧洲语言的影响有关。换言之，与翻译问题有关。性别化的"he""she""it"在现代汉语中产生了某种对应。但是，这一区别却仅仅见于"书（写）"而不见于"言（语）"。这对于提倡文学改良或者革命，期望"言文同一"、主张"我手写我口"的五四知识分子来说，似乎是个隐约的嘲弄。这里，"文"再次以一种非常传统的方式（为同音造异字）超出了"言"。概括为理论，五四的追求在这一点上似乎是：文字应该成为思想或者意义的纯粹透明媒介；或者，文字不应该被允许干扰思想。这也就是说，思想或者意义只应该被文字所"表现"，而不应为其所"翻译"。而传统的"文言"则恰恰是（至少潜在地）被视为这一意义上的"翻译"：思想或者意义被译入一种特定语言（文言）之时遭受"扭曲"，所以应该废除文言，而代之以所谓"白话"。在我们看来，驱动这一追求的欲望其实正是一种欲彻底终止翻译的强烈欲望。五四时代的表现冲动与创造冲动，其对天才的尊崇与对规范（传统）的轻蔑，均与此欲望相连。五四"文学革命"的问题或许也可以从这一角度重读。

"人"。所以，如果我们接受"他者"这一翻译发明，就必须注意不能仅就现代汉语意义上的"他"字望文生义。㉖

然而，尚待考虑的是，我何以能指任何一人为"彼"或"他/她"？"彼"或"他/她"之所以可能，或者，更准确地说，我与任何"彼"或"他/她"的任何联系之所以可能，是因为我自己之中必然自始即已包含另一自己，一个"异于己之己"，一个"异己"。换言之，使用单数第一人称代词"我"自称的任何一个言语和思想的主体，正因为其对于这一代词的必要依赖，亦即，正因为其必须在某一语言中用某一能指来向自己"指出"自己，所以其实始终已经是内在地不同于自己的。所谓"自我同一"的我正是而且只是由于这一自我相异才能真正享有和保持其自我同一，而"彼"或"他/她"也正是通过这一内在于我的另一己才是可能的。"他/她"的"第三人称"地位意味着，在任何他/她之前，其实必然至少已经有两个人——即使是在只有（！）我与此他/她面面相对之时。因为，在这种情况下，当我开始用"他/她"来指称某一到来者或在场者之时，我其实首先是在向自己说到"他/她"："他/她来了"，"这就是他/她"，"我喜欢他/她"，或者"我怕他/她"，"我恨他/她"，等等。这一对于他/她的内在承认在此并不依赖于任何外在的"你"。而这一承认却是任何"他/她"之能转变为"你"的前提。他/她向我走来，我知道他/她来了，于是我可以迎上前去对他/她说"你好"。

㉖ 不过，正因为"他者"之"他"是泛指而非特指，所以"他者"无论如何都是一个其实并不合适的翻译。加上了定冠词"the"的"other"乃特指与"此"或"此一者"相对的"彼"或"另一者"。有鉴于此，我已经开始用"另一者"来翻译英语的"the other"或法语的"l'autre"。所以，除了此处关于"他者"这一汉语构造的讨论之外，本书将以"另一者"来代替本书初版中所说的"他者"。理由详见笔者译注的列维纳斯《另外于是，或在超过其所是之处》（北京：北京大学出版社，2019年）之"译序"以及拙著《之前，之间，之后，之外——关于哲学、文学和文化的异序之思》（成都：四川大学出版社，2023年）之《新冠病毒之前的人——关于我/我们与另一者》中关于"另一者"之翻译的讨论。

而就在我以"你好"问候他/她并欢迎其到来的这一瞬间，通过代词"你"，他/她——作为相对于我的另一者——就被我——作为此一者之我——承认了。

然而，虽然他/她之为他/她被我如此承认了，这一承认的含义其实却非常暧昧。他/她之如此被我称为"你"之时，也是他/她开始被我"吸收"之时。"我—你"关系的直接性倾向于化现已成为"你"之"他"为"我"。"他"于是就成为"我"之"你"。对于这一"你"，我可以提要求，下命令，甚至可以"自以为是"地将其直接包括在"我们"这个吓人的复数之内，而代其发言和行事。于是，"你"就成为"我"的一部分，而"我"则可以由此而逐渐扩张为一至大无外的"我们"。然而，"他/她"其实却始终都不可能真正成为"我"的仅仅一部分。"我"与"他/她"之间必然始终都有一条无可跨越的鸿沟。化"他/她"为"你"则是欲填平这条本质上不可填平的鸿沟的第一步。"你"处在与"我"发生直接联系并且从而可能开始与我为一的途中，"他"却始终本质上即超越"我"，并且因而要求"我"的全部敬畏。没有对于另一者的这一真正的敬畏，我就不可能真正让另一者"存在"，因而也就不可能"有"任何真正的另一者。所以，这条鸿沟之为代词"你"在某种程度上所掩盖同时也即是他/她之为他/她亦即另一者之另一者性或异己之异己性的某种遮蔽。因此，"你好！"这一似乎纯向另一者表示善意的问候在某种意义上其实并非全然清白无辜。

然而，当我试图通过代词"你"而吸收某一他/她，而此他/她却拒绝彻底放弃他/她之"他/她"的时候，当我所使用的第二人称代词"你"无法企及那些仍然从根本上仅仅属于他/她而必然超越我的领域的时候，"我"就会意识到，无论我与一个你的关系发展到如何密切的地步，此你中仍然有一他/她，一个我无法直接呼叫或直接对话的他/她，一个不可吸收的他/她。第三人称的"他/她"永远也不可能完全被第二人称的"你"所吸收。而这也就是说,"他/她"永远也不可能真正被"我"所吸收。"他/她"永远超出"我"。因此,尽管我可以与他/她建立起一个"我-你"关系,但是,此"你"中之"他/她"却仍然要求我的全部尊重。此"他/她"之要求我之如此尊重正是因为,此"他/她"是无法被"我"吸收而且也不应该被"我"吸收的。对于此"他/她"的这一尊重就是对于"他/她"之为"他/她"的承认。这一尊重阻止"我"之欲将"他/她"完全融化在代词"你"之中的企图。而且,也只有这一尊重才能防止"我"与自身的完全重合,而这也就是说,防止"我"成为"至大无外"。因为,当仍然有"他/她"之时,当我仍然能够(对我自己)说"他/她"之时,我就仍在维持着我之内的自己,维持着我与自己的关系。而这也就是说,通过维持我与我自己之相异而维持我与我自己之同一。相反,我与你的"直接"关系则已经是通向合一的开始。而合一就是以自己为体而吸收异己。但是,吸收最终却既会消灭"异己"也会消灭"自己"。

因此,"吸收"实为一个极成问题的概念。我们与他人乃至其他语言文化的关系不应该也不可能是吸收,如果吸收必然蕴含消化的话。与文化异己或者异己文化的关系现在也许应该被重新描述为:"吸"而不"收","消"而不"化"。"吸而不收"是说,"吸(引)",亦即,邀请异己或另一者前来,但却不欲将其"收"归己有。"消而不化"则是说,让异己或另一者进入自己——进入自己之家——但却并不让其化为乌有,或仅化为自己之用。这也就是说,在自己的语言文化之内将异己——异己的文化,文化的异己——真正作为自己的客人或作为自己真正的客人而予以真诚的款待。翻译也许就是这一在语言文化上让"异己"作为异己而进入并且生活在"自己"之内的努力,或语言和文化上的真正的"好客"。

如果我们仍然想从"吸收"所蕴含的某种"(主)体"的意义上

看待翻译，那么翻译首先就应该被描述为：异己——异己的语言，语言的异己——对于"母"语的纯洁之"体"的必要"感染"。感染在某种意义上当然不是好事。然而，如果没有这些必然感染母语之体的翻译，我们还能想象一个现在的"中国"的语言与文化吗？离开了主要是二十世纪以前的佛教思想的汉语翻译，以及主要是二十世纪以来的西方思想的汉语翻译，所谓"中国文化"现在会是什么样子？离开这些已经深刻感染和浸润了中国文化之体的翻译，"中国"在哪里？"文化"又在哪里？"中国的文化"和"文化（中）的中国"又在哪里？孔子已经需要在夏、商、周三代或者三种不同的文化之间做出继承的选择和选择的继承。[27]生在孔子之后，今日中国的文化"圣人"的可从之"周"又在哪里？我们还有可能消除一切翻译对于我们"母语"的感染而恢复一个纯粹/纯真/纯正的中国文化之体吗？然而，在一个其意义仍然有待于分析的所谓"全球化"时代，又有哪一语言和文化可以绝对免于其他语言和文化的感染？所以，在这里，"感染"其实才是普遍规律，而"纯洁"则必然是无法满足的欲望。这也就是说，"翻译"才是规律，而"原生"或"原创"则是就其本质即而言无法满足的欲望。

没有一个文化不在"自己"的语言里记录其与文化"异己"的遭遇，这也就是说，没有一个文化可以没有这一在自己家里款待另一者——另一者的语言，另一者的文化——的责任和必要，尽管这一款待

---

[27] 《论语·八佾》："周监于二代，郁郁乎文哉！吾从周。"（杨伯峻：《论语译注》，北京：中华书局，1980年，第28页）三代文化在很大程度上可以说并不完全同质，对此学者们有论述，因此孔子并非只是在一条文化直线的某一点上继承以前的一切。孔子在这些文化之间有比较，有选择。从本章的论述角度出发，我们这里也许可以谈论所谓"三代"之间的文化翻译。例如，周之最高概念"天"在某种意义上难道不正是殷商的最高概念"帝"或"上帝"的某种翻译？当然，这一问题需要深入的专题探讨。

有时是，甚至经常是，在措手不及或被逼无奈的情况下进行的。[28]但也正是因为需要款待作为客人的另一者的文化，我们才需要有一个语言和文化的家，才需要回到和重现占有自己的这一语言与文化之家。因此，问题甚至已经或早已就不再是让自己的"母语之体"遭受必然和必要的感染，而是思考我们如何才能在自己的语言与文化之家中最好地款待另一者，或者，我们如何才能在尽力款待另一者之中占有或重新占有一个能让我们给出这一款待的家。而为了真正坚持文化的好客原则，为了给予客人以最好的款待，我们需要翻译和被翻译。而这也就是说，需要让我们自己所置身于其中的、为我们所限制但也限制了我们的种种"语（言）（边）境"——语言、思想、文化的边境——为那个作为好客原则的翻译所穿越、突破、模糊和改变。而如果这些"语（言）（边）境"乃是使任何自我同一的存在成为可能者，那么我们的思想与文化的那一必然只能永远异于自身的"自我同一"就必须在那始终可以被翻译所穿越而且始终已然为翻译所穿越的"语（言）（边）境"之上被重新考虑。

而翻译一个西方的"存在"，一个作为词语和概念的"存在"，并让这一异己的"存在"，这一在某种意义上必然不可翻译的"存在"，在汉语中被翻译并翻译自己，就正是这样一个欲在自己之家中款待另一者的努力。这不是一个欲通过吸收和消化另一者——另一者的语言，另一者的思想——而强壮或丰富自身的努力，而是一个让我们自己的"语（言）（边）境"，那既保护着又限制着我们自己的语言与文化之家的

---

[28] 很多人会认为，中国文化与西方文化自十九世纪以来的遭遇就属于此种情况。我们当时是被迫款待另一者，因此这一"款待"其实并非文化上的好客，而只是被逼打开家门。但是，无论这一复杂情况如何需要复杂的而非简单化的分析，我们都可以说，没有我们的这一被迫去款待作为另一者的西方文化，就没有中国文化之被作为自己的家而被我们在现代（重新）占有。款待另一者让我们占有自己的家。其实，关于"中国文化"的整个现代话语都是在款待作为另一者的西方文化这一需要甚至无奈中产生的。

"语（言）（边）境"，为翻译所穿越和改变的努力，同时也就是一个重新占有我们自己的语言与文化之家——我们的传统，以及我们自己——的努力。占有是为了更好地款待另一者，而只是因为款待另一者是我们的"义不容辞"，所以我们才需要占有一个自己。为此，我们需要翻译。我们以下的全部论述，或全部工作，也许都可以被视为在"翻译"这个词的所有可能意义上的翻译工作。

我们必然始终都已经在翻译。

第二章
跨越"语（言）（边）境"的"存在"

一、难以在汉语中款待的西方"存在"

所以，我们必须翻译，必须继续翻译。但是，我们又不可能翻译。翻译是一个文化的责任——一个文化对"异（于自）己（者）"亦即另一者的文化的无可推卸的责任，但却是一个"不可能"的责任，一个不可能一劳永逸地完成的责任。我们有责任让另一者到来，必须让另一者到来，并请其进入我们自己的语言和文化之家，但却又不能让其无影无踪地消失在我们之"内"。我们必须让另一者在我们之内真正作为异于我们自己者，亦即，作为另一者，而"存在"。这也就是说，作为我们有责任真诚而热情地款待的客人而存在。而为了款待客人，为了报答客人带来的礼物，作为主人的我们又必须能够拿出我们自己的最好的东西来回敬。而这意味着，重新发现那些本来即属于——从一开始就属于，而且是仅仅属于——我们自己者，那些可以真正回敬给客人而不令其失望的属于我们自己的东西，那些恰恰因为属于我们而可能已经被我们以某种形式所忽视或遗忘的东西。

的确，作为一个重要的西方哲学概念而已经进入汉语境内，但其在这一语言之中所被给予的款待，或所获得的地位、身份或意义却依然令人不无困惑的"存在"，这个被翻译成"存在"的"Sein"（或它在其他西方语言中的对应词),就正是这样一个将我们带到我们的文化责任之上的文化客人。这个已经以某种方式来到汉语之中,并暂居于我们为之准备的"存在"这一汉语新家之中的西方哲学的"存在",这也就是说,为"存在"这个汉语词在汉语中以某种方式所代表的一个异己的西方思想,已经既在要求让自己被这一语言接纳和款待,而这就是说,被理解和接受,而又一直在拒绝让自己被这一语言通过某个直截了当的对应词而简单地"吸收"和"消化"。拒绝让自己被"吸收"和"消化"并不是出于某种傲慢自大,而是因为其对于汉语而言的极度异己性或陌生性,是由于这一异己性和陌生性而产生的种种格格不入或不得其所。正因为这一情况,所以"存在"这一非常勉强的或似乎无可奈何的汉语翻译才总是不无简慢甚至粗暴之嫌。因为,披上"存在"这件简单的汉语翻译外衣,我们其实已经很难再找到置身于其下的那个陌生的客人。而更合适的待客礼服,我们却还未能准备就绪。所以,对于这一与我们所熟悉者几乎全然相异的另一者,我们似乎迄今为止都还没有找到能够既不简慢粗暴也不委曲求全的款待方式。

然而,以真正尊重这一异己或另一者的方式款待这一异己或另一者,这一责任又已经加于作为文化主人的我们之上。因此,我们这里置身于一种结构性的两难境地或一种"双重束缚":我们必须让作为另一者的"存在"这一异己到来并进入汉语的"语(言)(边)境",但却又不能让其在汉语的"语(言)(边)境"之内彻底消失不见。这就是说,这里我们必须以某种方式翻译"存在"这一概念,从而使其能在汉语中作为一个异己的"存在"而被接近和理解,但却不能把这一异己的"存在"完全"翻—译"成汉语的"存在",以至于使这一异己的"存在"——这一"存在"的意义,一个也许并不完全同于汉语的"存在"所表示的意义——不再在汉语中"存在"。

所以,问题首先是如何在汉语中最恰当地接纳和款待"存在"这一异己,这一已经被我们翻译为"存在"的异己,这一来自西方哲学的另一者,这一需要和要求我们将其请进自己的语言之家中款待的客人/异己/另一者。

这一西方的"存在"之难以在汉语中被款待,最简单并最初步地说,就是因为当我们试图在汉语中为之找到一个真正合适的对应词时,竟发现对于一些印欧语言中这样一个似乎最为基本最为平常的词,我们居然几乎完全束手无策,以至于起初甚至感到需要诉诸音译。当然,在任何一个"语(言)(边)境"中,将外来异己词汇和概念完全保存为外来异己的方法似乎就是纯粹的音译。然而,音译既是纯粹的"翻译",但也是纯粹的"不翻译",而不翻译也就无所谓外来的异己的词汇和概念之真正进入另一文化的"语(言)(边)境"。而如果无所谓真正的进入,也就无所谓外来的异己的词汇和概念之在另一文化的"语(言)(边)境"之内的"保存"。所以,音译似乎既是外来的异己的词汇和概念的某种纯粹的保存,因为音译试图让外来的异己的词汇和概念毫无改变地进入一个不同的"语(言)(边)境",但也是某种纯粹的不保存,因为这一"毫无改变"的进入使其有时很难成为一个可以与不同的语境中的其他词汇和概念发生真正的意义关系的存在。所以,音译的意义其实一直模棱两可。

在汉语中,迄今为止,除了外来的专有名词和特殊的指事名物之词以外,似乎很少有其他表示抽象概念的音译真正作为音译而存在下来。是以在二十世纪上半叶西方哲学的汉语翻译之初,虽然这一领域的先行者鉴于现在一般被译为"存在"这一西方基本哲学概念的难译而甚至考虑暂时音译其为"洒殷"(即德语"Sein"的音译),但这一考虑却从未得到真正的反响和落实。现代汉语翻译实践的压倒趋势仍然是意译。这在某种非常重要的意义上当然是完全必要的,因为翻译就意味着,我们毕竟还是需要在自己的"语(言)(边)境"之内理解外来的异己的概念。为了理解，我们必须翻译，翻译意义而非纯粹的语音，于是我们现在就终于有了这个作为西方哲学概念而在汉语中存在着的"存在"（尽管人们也已经开始质疑这一汉语译法），一个在汉语中可以先就其字面而理解的意义，而非一个除非与德语原文联系起来就可能不知所云的"洒殷"。

然而，虽然汉语中的这个"存在"现在似乎已经成为这一西方哲学概念的最流行的汉语翻译，但是这个"存在"其实还远未在汉语中真正开始其存在或者开始其真正的存在。因为，实际情况似乎仍然是，只要我们试图在汉语中阅读和理解有关"存在"的西方哲学著作，尤其是二十世纪最重要的"存在"哲学家海德格尔关于"存在"的全部论述，就会发现自己仍然会被这个译为"存在"的异己概念包围在意义的浓雾之中，因为我们已经不知道这个外来的"存在"在汉语中究竟要说什么或到底要做什么。当然，作为一个汉语词汇本身来看，与这一概念的可能的音译"洒殷"不同，"存在"似乎既不显得陌生，也并不难于理解。①在现代汉语中，我们经常用到这个现在已经非常普遍的词，我们也"顾名思义"地懂得它的日常意思："存在"就是存在。本书以上行文中也无法避免在一般意义上不断使用这个普通的"存在"，虽然作为此处仍然有待于讨论的主题，我们已在尽量避免自然而然地或不自觉地使用这个其涵义恰恰由于已经成为一个重要的西方哲学概念的

---

① 如果译自英语，可能的汉语音译则会是"必应"（Being）。这就是说，一旦我们欲认真考虑在汉语中音译这一西方哲学或形而上学概念，就会发现自己又陷于下述困难境地：这一概念并非"存在"于一普遍的西方语言之中，而是作为不同语言中的不同字词而以不同的形式存在于不同的西方语言之中。这也就是说，即使在西方哲学本身的传统中，这一概念也始终已然是翻译。就此而言，这一概念其实并无任何自我同一的本身，而只有不同的翻译。所以，当我们在汉语中讨论"存在"问题时，我们不应忘记这一复杂局面，而将这一西方的"存在"仅视为单一概念。当然，我们这里不可能同时讨论这一概念在各个西方语言中在意义上的诸微妙而重要的差异与联系。在本书中，为了行文和论述上的方便，我们将仅以德语的"Sein"或英语的"Being"为这一西方哲学概念的代表。

汉语翻译而不再单纯的"存在"。也许可以暂时这么说：我们似乎都理解汉语中的"存在"的意思，但恰恰是因为我们理解这个汉语概念的意思，并且会不可避免地受到这一汉语理解的自然影响，所以这个已经被翻译成汉语的"存在"，这个被在汉语中如此翻译的"存在"，却使得其所应该"代表"的亦即其所应该翻译的那一在不同西方语言的哲学原文中被表达的重要问题，在汉语中变得可能难于理解。②这一现在仍然主要为汉语的"存在"所代表的西方思想说的是一个我们可以在汉语中通过"存在"一词而"顾名思义"的"存在"吗？

　　这一问题会立即将我们引向海德格尔在《存在与时间》绪论部分中的一个关于我们必然已经理解着"存在"的意义的说法，亦即，虽然我们不知道"存在"说的是什么，但是能用"是"来问"'存在'是什么？"却表明，我们其实已经在理解着"存在"的意思了。但为什么能问"'存在'是什么？"就表明我们其实已经知道了"存在"的意思？因为在这里德语、英语、法语等读者在阅读德语原文甚至英语或法语翻译时确实都是可以"顾名思义"的。但对于我们汉语读者来说，面对这一被译为汉语的说法，我们却无法"顾名思义"。如果没有对于这段汉语翻译的必要的解释，也没有对于印欧语言的一定的知识，汉语读者并不可能知道海德格尔这里到底在说什么，因为仅就汉语翻译而言，海德格尔所说的似乎是不可理解的。为什么只要我们能用"是"来问"'存在'是什么？"，亦即只要我们懂得"是"这个词的意思，我们就已经在以某种方式理解着"存在"的意思了？这就是我们在讨论这个西方的"存在"时所遇到的初始难题。但这一初始难题在某种意义上可能也就是我们的全部困难之所在。在海德格尔这里，

---

　　② 在他那篇讨论如何翻译西方哲学中的"to be"和"being"的文章《我们怎样认识西方人的"是"》中，王太庆非常生动地描述了他的这一经验。见《学人》第四辑，南京：江苏文艺出版社，1993年，第419—438页。

问题表面上似乎很简单：所谓"存在"，这个作为形而上学的西方哲学首先所应思考的"存在"，这个据说一直就是西方思想的真正唯一关注的"存在"，其实首先就只是这个西方的动词"是"的名词形式而已。所以，在他在其中论述"存在"问题的德语中，以及在翻译他有关"存在"之论述的其他西方语言中，在某种意义上确实可以说，"是"即是"存在"，而"存在"即是"是"。因此，能用"是"来问"存在是什么？"，当然就是问者已经在以某种方式理解着"存在"之意义的证明。但是，在汉语中，"是"与"存在"二者却并没有海德格尔在这里所说的这一西方的"是"与这一西方的"存在"之间的语义和语法上的联系。这一问题当然并不只是语言问题，但是我们将会看到它却又与语言问题——语言的根本问题，或根本的语言问题——密不可分。

于是，究竟应当如何在没有差强人意的对应词的汉语中来翻译和理解印欧语言中这个由可被称为"第一动词"的"to be"（sein, être, einai, 等等）而来的名词"Being"（希腊语的"On"，德语的"Sein"，法语的"Être"，等等）？而这个"没有"本身又意味着什么呢？是汉语的"不幸"还是其"幸"？或二者皆非？这就是我们在汉语中讨论西方形而上学问题，尤其是海德格尔的思想所关切的"存在"问题时，永远避不开的"第一"问题。如何翻译它们？"存在"？或者"是"？"在"？"有"？"存有"？甚至，"洒殷"？这些在汉语中意义和用法其实相去甚远的词之已经被不同研究者推荐或选来对付"Sein"或"Being"等的翻译，即在某种程度上表明，我们在应该如何招待这一对于我们其实还是身份不明因而十分陌生的客人的问题上仍然有某种徘徊不去的犹豫不决或三心二意。

鉴于这一问题的复杂和艰巨，亦考虑到已经出现的有关研究，面面俱到的讨论绝非我们此处的追求。③相反，我们在本章中仅仅希望先对这一重要的西方哲学词汇在海德格尔的哲学"语（言）（边）境"之内的意义在汉语中做一极其初步的分析。而既然这里我们已经置身于汉语之中，已经工作于汉语之中，并与汉语一起工作，所以这一"在汉语中"进行的分析本身就必然已经是一种翻译。但这样一种翻译所关心的首先却并不是如何选择某一适当的或勉强的汉语词来翻译一个西方的词，而是在某一特定语言中形成的意义和表达的思想是否或者/以及如何才能真正被请进另一语言，并使之在其中受到真正合适的款待。这样的翻译应该是通常意义上的从容不迫的、谨慎留心的哲学翻译的必要准备和必要陪伴。没有这样的必要的初始翻译，一种为了使通常意义上的哲学翻译真正成为可能的准备性的翻译，通常的哲学翻译就很容易会沦为某些语言上的轻率甚至暴力的牺牲品。所谓"坏的翻译消灭原作"，诚有以也！承认难以翻译甚至不可翻译，分析这些"难以"与"不可"何以如此，乃是开始一个虽不可能但却又绝对必要的翻译的第一步。在这样的第一步之后，尽管我们也许还是找不到任何合适的词汇来翻译"Sein"或"Being"等，但是至少可以开始知道我们所面对的困难的根本性质，从而开始进入这一根本性的困难。④

---

③ 除众多西方哲学的汉语译者对此所作的随译文而发的讨论之外，尚可见葛瑞汉（A. C. Graham）："'Being' in Western Philosophy compared with *Shih/Fei* and *Yu/Wu* in Chinese Philosophy"（《西方哲学中的"Being"与中国哲学中的"是非"与"有无"之比较》），载 *Asia Major*, no.7, 1959, pp. 79-112；赵敦华：《"是"、"在"、"有"的形而上学之辨》，载《学人》第四辑，1993年，第391—418页（此文辨此问题甚详）；王太庆：《我们怎样认识西方人的"是"》，同上，第419—438页；以及叶秀山：《中西关于"形而上"问题方面的沟通》，载《场与有：中外哲学的比较与融通》第一卷，北京：东方出版社，1994年，第1—20页，与《"人""有"一个"世界"（存）在"：世纪之交话哲学》，《场与有：中外哲学的比较与融通》第三卷，1996年，第8—26页。

④ 然而，恰恰由于问题是"思想"如何进入另一"语言"，包括或甚至首先是如何在同一语言之内由"普通"或"日常"语言进入"哲学"语言（试想汉语"哲学"中有哪一个词生来就"哲学"），所以对所谓其他问题——"语言""哲学"——的讨论又仍然还是对翻译问题的讨论。翻译之于哲学似乎如影随形。对于某些哲学家来说，此乃惑 (转下页)

既然对于西方形而上学所关注的这个"存在"的任何可能的汉语分析都必然已经以构成这一问题的基本概念的某种暂时的、起码的翻译为前提，在以下讨论中，汉语的"存在"一词首先只是在某种形式上被暂时用来在汉语中代替德语的"Sein"或英语的"Being"等的一个符号。

二、西方的"存在"（Sein/Being）与"是"（sein/be）的语法关系

如果我们必须将此西方的"存在"翻译为一汉语的"存在"，那么我们当然必须首先尽力理解这一西方的"存在"本身在其本来的"语（言）（边）境"之中的意义。然而，这一西方的"存在"不仅由于在汉语中缺乏差强人意的对应词而难于翻译，而且其本身的意义问题在我们的汉语"语（言）（边）境"之外就已经十分复杂了。据海德格尔说，"存在"问题也许是两千五百年西方哲学的唯一真正问题，而整部西方形而上学的历史在他看来却又恰恰正是一部以不同方式遗忘"存在"的历史。当然，海德格尔一再强调，这一遗忘本质上并非人的失误，因为，从根本上说，这一遗忘恰与"存在"的本性有关。⑤而正因

(接上页) 真"形"之幻"影"。然而，既然哲学无法摆脱这一据说只是虚幻的影子，所以德里达式的"解构"阅读可以非常严格但又耸人听闻地说，翻译就是哲学的全部问题。参见 Jacques Derrida, *Dissemination,* trans. Barbara Johnson, Chicago: University of Chicago Press, 1982, 第 72 页, 及其 *The Ear of the Other: Texts and Discussions with Derrida,* ed. Christie V. McDonald, trans. Peggy Kamuf, New York: Schocken Books, 1985, 第 120 页。

⑤ 所谓遗忘"存在"是遗忘存在与存在者之不同或差异。海德格尔认为这一差异乃是最根本者："存在（Sein）与存在者（seiend）之差异乃是形而上学，亦即，西方思想之全部本质，在其中能是其所是者之域。"参见海德格尔："The onto-theo-logical constitution of metaphysics"（《形而上学的本体论-神学-逻辑学构造》），收入 *Identity and Difference,* Joan Stambaugh 译, New York: Harper & Row, 1969, 第 51 页; 汉语译文见孙周兴编：《海德格尔选集》，上海：上海三联书店，1996 年, 第 826 页。这里的译文是我自己的）。形而上学在海德格尔这里被确定为是西方思想的全部本质。西方哲学作为形而上学即"生—活"在所谓存在与存在者的差异（ontico-ontological difference）之中。形而上学在这一差异中思想，但却没有思想这一差异本身。这一差异从一开始就被遗忘了。在《形而上学的本体论-神学-逻辑学构造》中，海德格尔将这一成就形而上学之为形而上学的差异确定为"存在"（Sein）本身："作为差异的存在。"（同上，英译本，第 64 页，中译本，第 836 页）详见以下第四节中有关这一问题的讨论。

为如此，在哲学或者思想中召回"存在"（将其作为最根本的哲学或思想问题重新提出来）才又至关重要。所以，以思考"存在"问题为己之基本哲学任务的海德格尔曾经极其自信地说："在《存在与时间》中，存在的意义的问题在哲学史上第一次被作为一个问题提出来和发展了。"⑥

这里，我们应该立即提醒自己特别注意的是，对于《存在与时间》阶段的海德格尔来说，关于"存在"的问题乃是一个关于"存在"的意义的问题。⑦这一问题当然不是一个纯粹的语言问题，但却又不可能不与语言——某一语言或某些语言——中的某个或某些词密不可分。因此，问"存在"是什么首先就是问"存在"这个词本身有什么意思，或者，我们通过"存在"这个词所理解的是什么。海德格尔在其《形而上学导论》中就专章探讨了"sein"这个词在印欧语系中的词源与语法。对于海德格尔来说，提出"'存在'的意义"这一问题的可能性是，对"存在"这个词的意义的某种（尽管可能是十分不确定的）已然的领悟或者理解对于"我们"来说是必然的。没有对于"存在"的意义的此种已然的领悟和理解，有关"'存在'的意义"的问题就无从提出。为什么？我们已经知道，海德格尔对此有一个非常简单但却非常有力的说法：因为"我们"都能问"存在是什么"。现在就让我们具体地来看一下上文已经提及的 *Sein und Zeit* 的汉语译本《存在与时间》中海德格尔的这个说法：

---

⑥ 海德格尔：《形而上学导论》英译本（*An Introduction to Metaphysics*, trans. Ralph Manheim, Newhaven: Yale UP, 1959），第84页。参考熊伟、王庆节译：《形而上学导论》，第84页；孙周兴编：《海德格尔选集》，上海：上海三联书店，1996年，第521页。这里的译文是我自己的。

⑦ 海德格尔后来的主要提法是"存在的真相"（the truth of Being，一般译为"存在的真理"）。见其《论人道主义》，熊伟译，以《论人道主义的书信》为题收入孙周兴编：《海德格尔选集》，第358—406页。

我们不知道"存在"说的是什么，然而当我们问"'存在'是什么？"时，我们已经栖身在对"是"〔"在"〕的某种领悟之中了，尽管我们还不能从概念上确定这个"是"意味着什么。⑧

在其后来的《论人道主义》信中，海德格尔称"存在"既"简单"又"神秘"。⑨但这一"简单"而又"神秘"的"存在"究竟"是"什么呢？这里，在《存在与时间》中，海德格尔说，事实上，只要我们如此提出有关"存在"的这一"是什么？"的问题，我们就已经在某种意义上知道答案了。而且，在海德格尔看来，这一"已经"对于"存在"问题的讨论是至为关键的，因为这一"已经"表明，无论我们是否已经能够在概念上确定并在理论上阐明"存在"的意义，我们之能够问"'存在'是什么？"这一事实本身即已表明，"我们"其实都已经在以某种方式理解着这个"存在"的意义了。而对于"存在"的意义的这一必然的理解在海德格尔看来又正是提出有关"存在"的意义的问题的"存在论的"（ontological）基础。换用通俗表述，这就是说，如果没有人对于"存在"的意义的这一也许可以说是"与生俱来"的必然的理解，所谓"存在"问题就根本无从出现，无从提起。

海德格尔在一西方语言即德语中说，能理解"是什么"这一问题中的"是"（sein/be）的意思就已经在理解着"存在"的意思，这当然自有道理。因为，第一，"是什么？"（Was ist/What is？）这一问题乃是西方思想的开端，是西方哲学的第一问题。在这一思想传统中，一切事物都必须首先被置于这一问题之下，因此"存在"本身也必须服从这一问题，回答这一问题，从而交出自身之所是的那个"什么"。第二，

---

⑧ 海德格尔：《存在与时间》，第8页。
⑨ 海德格尔：《论人道主义》，熊伟译。以《论人道主义的书信》为题收入孙周兴编：《海德格尔选集》，第376页。

但这一开端之所以可能,这一原始问题之所以可能提出,人之所以能对任何东西——包括"存在"本身——问一个"是什么?",就是因为已经有了这个原始的"是",这个使提出"是什么?"这一问题成为可能的"是",这个"我们"在发问时必然已经理解其意义的"是",否则任何"是什么?"的提问都不可能开始。第三,但是,在"存在是什么?"这一问题中,问题的回答其实已经以某种方式蕴含在问题本身之中了,因为在使这一问题之被提出成为可能的语言之中,从词义和语法关系上说,"是"就意味着"存在",就是"存在",所以"存在"反过来说就意味着"是",就是"是"。于是,能问"'存在'是什么?"当然就表明,其实问者已经知道"存在""是"什么了。这就是说,"存在是什么?"这一问题其实乃是一有关自身的问题,一有关于"是什么?"这一原始问题或第一问题(如果它们果真如西方形而上学所如此规定的那样是"原始"的和"第一"的话)本身中的这个"是"的问题。

然而,我们在上一节中已经提到,在汉语中,这些说法却远非言即可喻。海德格尔的"我们"其实并不是普遍的我们,一个也包括了不说印欧语而说汉语的我们的"我们"。而且,在中国传统中,"是什么?"或许也并非第一问题,而这至少部分上是因为,在这一传统的源头,还没有这样一个与西方的"是"对应的汉语的"是",一个让我们也可以如此来问"是什么?"的"是",尽管这并不意味着这一传统没有对于"是什么?"这一根本问题的关心。而这样说就意味着,"是什么?"这一西方哲学所问的第一问题至少从语言形式上说也许并不是可以超越一切"语(言)(边)境"的普遍问题。所以,这里我们首先就必须问:通过提出"存在'是'什么?"这一问题本身而表明自己必然已经在以某种方式理解着"存在"之意义的是哪个"我们"?这一"我们"包括所有的人吗?亦即,这一"我们"也包括那些没有从一开始就生在德语之中的"我们"吗？因为，单凭《存在与时间》中这段汉语译文，没有相当程度的西方语言和哲学理论背景的汉语读者其实是很难真正看到或欣赏此中奥妙的，尽管汉语译者已经试图通过插在方括号中的"在"字而为理解原文中"存在"与"是"之间的语义关系提供一个线索。换言之，若仅从汉语翻译来看，读者可能很难真正理解，为什么只要"我们"一问"存在'是'什么？"，这个"我们"就必然已经在以某种方式领悟或理解着"存在"的意义了。但是，这里的问题当然并不在于汉语译者的汉语翻译。问题仅仅在于，译成汉语之后，德语原文中被汉语的"存在"与"是"所分别翻译的两个词——名词"Sein"（Being）和系词"ist"（is）——之间语义和语法上的联系就失去了。由于汉语本身的词汇和语法的特性，这样的联系是很难在汉语中建立起来的。

所以，这里的问题首先是与汉语和印欧语之间在语法结构上一个重要差异有关。在从巴门尼德、柏拉图、亚里士多德开始在其中表述和讨论所谓"存在"问题的古代希腊语到中世纪的拉丁语再到现代欧洲语言中，现在通常被译为汉语的"存在"的这个西方哲学概念与上述印欧语言中现在通常被译为汉语的"是"的那一基本动（系）词密不可分。在这些语言中，被我们译为名词"存在"的那个词只是通常被我们在汉语中译为"是"的那一动词（或系词）的名词化而已。然而，在汉语中，动词或系词"是"与名词"存在"之间却并没有直接的语义和语法联系。而且，在印欧语中，动（系）词对于一语句之为一完整语句原则上不可或缺，而在汉语中，无西方语法意义上的"动词"的所谓"名词句"（the nominal sentence）则是常规而非例外。所以，虽然汉语中的"我们"对"存在'是'什么？"这一翻译过来的哲学问题的理解必定蕴含着对于汉语的"是"这个词的意思或作用的某种把握，但是这一把握却并不蕴含着对于这一问题所问及的"存在"这一翻译概念本身的意义的某种必然理解。然而，在海德格尔关于"存在"问题的全部思考和论述中，被我们在汉语中译成"存在"的这一西方形而上学概念与在"存在'是'什么？"这一问题中被译成"是"的这个小词之间的关系却极为重要，重要到我们甚至几乎可以说，如果我们能够开始从其所蕴含的动词意义上来理解这个名词化了的"存在"，如果我们知道这个名词性的"存在"（Sein/ Being）的意思就是动词"是"所表达的及物性的"去是"（to be）或"去是其所是"或"去成为某物或某个东西"之意，我们就可以开始接近海德格尔所思考的这一"存在"之所欲言者以及其在西方哲学思想中所具有的重要意义了。⑩然而，在汉语中，动词"是"却只是一个表示"什么是什么"的"是"，而不是一个能够同时也表示"存在"的"是"。正因为如此，汉语才总是在翻译诸如"I think, therefore I am"（笛卡尔的"Cogito, ergo sum"之英译）或"To be, or not to be? That is the question"（莎士比亚《哈姆雷特》）等含有动词"to be"的西方哲学和文学名句时犹豫不决，莫衷一是，尽管这些语句的原文看起来似乎如此简单，如此直截了当。既然在汉语中"存在"这个词与"是"这个词之间并没有一条语义和语法上的直接通道，我们在汉语中接近这一重要的西方"存在"的可能思想之道又究竟何在呢？

---

⑩ 海德格尔说："存在者的存在意味着，去是存在者的那个存在。'是'在此以及物动词的方式说话，处在过渡之中。"（*Identity and Difference*，第64页）在《海德格尔选集》中，此语被译为："存在者之存在意味着存在者所是的存在。"（第836页）这一译文有同义反复之嫌，而且似乎与海德格尔所说的相反。我根据英语译文得出的理解是，所谓存在者的"存在"意味着这样一个东西：它总是要去"是"这一或那一存在者，亦即总是要化为存在着的东西。这就是所谓存在向存在者的"过渡"。"存在"只能动词性地化为这一或那一存在者。没有一个独立于并先于一切存在着的东西的"存在"本身。然而，也正因为"存在"只能去"是"此物或彼物，这个东西或那个东西，所以"存在"就总有可能被理解为万物之所从出者，而如此一来"存在"本身就有可能被想为一个东西。西方形而上学经常就是这样将"存在"最终理解为一最高"存在者"的。但是，这一让一切东西去是某个东西的"存在"本身并非一个东西，因此也不可能在东西存在的意义上存在。所以根本问题还是，东西如何才能"是东西"。详见第四章。

三、以汉语的"是"翻译名词性的"Being"的问题

这里的一个可能也许是，完全向汉语的"是"靠拢。既然在汉语中被译为"存在"的这个西方名词只是被译为"是"的那一西方动词（或系词）的名词化，而在汉语中动词的名词化又并没有任何语法形式上的变化，也不需要任何附加成份予以一个形式标志，那么一个可能的选择就似乎是，正如现在一些学者所已经主张的那样，让上述汉语翻译向"是"而非向"存在"靠拢，因为我们虽不可能在汉语中用"存在"为动词来对"存在"提出一个"是什么？"的问题，但却可以用"是"来对"是"本身提出一个"是什么？"的问题。于是，上述这一有关"'存在'是什么？"的问题就可以被重新表述为："'是'是什么？"⑪这样，这一问题在汉语中所包含的语义蕴含关系就可以使海德格尔欲于上述引文中所指点的那一语义上和概念上的联系一目了然：我们确实尚不知道"是"是什么，但是能问"'是'是什么？"却已经表明，我们会用这个"什么是什么？"里面的"是"，我们理解这个"是"的意思，所以"在某种意义上"我们确实已经知道我们所问的这个"是"是什么了，否则我们就根本还不可能提出"'是'是什么？"这一问题。

的确，出于一个似乎日益迫切的在汉语中殷勤款待西方哲学"异己"或另一者的需要，近年来汉语学术界中已经有人明确提出，我们可以考虑将汉语的"是"提升为一个主要哲学概念，而与印欧语言中的"to be"与"Being"并驾齐驱。王太庆1993年即撰文提出，应该以

---

⑪ 例如，叶秀山就这样说：在［西方］哲学中，"是什么？"永远是一个问题。然而，"古代希腊人把那在'什么'之前的'是'，也作为'什么'来研究"，这样，"'是什么'的问题循例转化为'是'是'什么'"。（叶秀山：《中西关于"形而上"问题方面的沟通》，《场与有：中外哲学的比较与融通》第一卷，北京：东方出版社，1994年，第4页）

"是"翻译动词"to be"。余纪元(1995)、萧诗美(1997)亦相继提出类似建议。俞宣孟(1999)则从所谓"本体论"研究的角度明确主张以"是"来翻译英语的"being"(以及其他印欧语言中的对等词)。在主张以汉语的"是"同时翻译印欧语系的名词"being"和动词"to be"的阵营中,王路也许是投入力量最为集中者。他的著作《"是"与"真"》即以此为基本主题之一。该书分析总结了以上建议和主张,详细考察了自亚里士多德至海德格尔有关所谓"存在"问题的讨论及其汉语翻译所提出的问题,系统明确地提出应该以"是"而非"存在"来翻译名词"being"和动词"to be"。⑫当然,"是"的所有这些支持者都不同程度地承认,纯以汉语的"是"来翻译"Being"和"to be"可能会给西方哲学问题的汉语阅读和理解造成一些问题。然而,他们似乎又都乐观地相信,如果加以充分详细的解释,"是"乃是同时翻译名词"Being"和动词"to be"的最佳选择。

对于那些既不熟悉西方语言也不熟悉西方哲学,却又迫切希望了解西方思想文化的汉语读者,如此提升这个在现代日常汉语中并不引人注目的"是"会多少有些令人意外。的确,现代汉语的"是"在汉语哲学语言中的这一身价倍增事实上确实始于"越境"进入汉语之内的外来意义为之提供的强力支援。在所有这些提出在汉语中以"是"同时翻译名词"Being"和动词"to be"的主张之中,都有一个明确的西方哲学的"语(言)(边)境"。如前所述,在这一语境边境之内,被用来提出"是什么?"这一标准西方哲学问题的"是"既是所谓"系词"(copula),又是一个羽翼丰满的动词(full-fledged verb)。作为系词,

---

⑫ 王太庆:《我们怎样认识西方人的"是"》,《学人》第四辑,第419—438页;余纪元:《亚里士多德论ON》,《哲学研究》1995年第4期,第72页;俞宣孟:《西方现代哲学的超越思考》,上海:上海人民出版社,1989年,第12页。以上转引自赵敦华:《"是"、"在"、"有"的形而上学之辨》,《学人》第四辑,第394页。王路:《"是"与"真"》,北京:人民出版社,2003年。

这个西方的"是"是使"是什么?"这一问题得以形成者。而作为动词,这个西方的"是"所表示的即是"去是",亦即"去存在"。但是,在汉语中,在主语后面只说"是",例如,"我是","你是",等等,而不跟上一个"(是)什么",如果不是完全不可能的,也是极其勉强的。而"去存在"这个动词意义在汉语中则很容易理解,而且也可以很容易地被转化成一个抽象的"存在"概念,因为汉语的"存在"本来就是动词性的"存在"。但是,在海德格尔看来,西方形而上学的问题又恰恰在于,在动词意义上的"存在"凝固成静态的"存在"概念之后,被忘记的恰恰就是这一抽象概念本来的动词性意义。于是,在西方形而上学中,"存在"就成了一个最普遍最抽象最无具体内容的概念。而海德格尔所要做的,从某种意义上说,就是欲还此至为关键的动词意义于这一长久以来几乎已经抽象到毫无意义的"存在"概念。是以才有海德格尔之将"存在是什么?"这一问题中的名词"存在"联系于其中的动词/系词"是"之举。而我们也正是因此而开始注意汉语中的"是",这个被用来翻译"存在是什么?"这一西方问题的"是"。所以,如果没有海德格尔对于"存在"这一可能久已空洞化了的哲学概念中的原始动词意义的哲学专注,这也就是说,没有海德格尔对西方形而上学传统中这个在某些情况下可以非常满意地译为汉语的"是"的特殊小词的持久专注和深入探询,汉语的"是"可能就还不会受到此种哲学的青睐。⑬

---

⑬ 即使是现代中外学者纯从语法角度对于汉语的"是"字所做的语言学的研究,如下文即将提到的王力等人的研究,也从根本上与西方哲学的此一关注直接有关。海德格尔对这一"小词"有一段意味深长的评论:"我们西方语言均各以不同的方式是形而上学(在其中进行)思维的语言。(所以)下述问题必定仍然有待于回答:亦即,西方语言是否本身就带有形而上学的唯一烙印,并因此而被本体论-神学-逻辑学(onto-theo-logic)打上了永久的烙印?抑或这些语言也提供别的言说可能,这也就是说,也同时提供一种沉默着的言说(或言说着的沉默)的可能?在这个研究班上,思考性的言说所遭遇的困难时常暴露无遗。'Ist'('是')这个在我们的语言中即使在其并不明确出现之处也到处发言,并言说着Sein(存在)的小词,包含着Sein的整个命运——从巴门尼德的 estin car einai,到黑格尔的思辨语句中的那个'ist',再到尼采之在强力意志的设定中将'ist'消解。"(转下页)

所以，我们必须问，海德格尔的"存在"问题真能与现代汉语中的"是"直接沟通吗？在现代汉语的"是"的意义与现在被我们一般译为"存在"的这个西方形而上学概念"Sein"或"being"的意义之间，我们真能如此"创造"出这样一种内在的语言和思想关联吗？在汉语之中，即使假定我们真能提供一个完整的"语（言）（边）境"以明确限制意义之无边蔓延，"'是'是什么？"这一汉语问题就真能有完全对应于"存在"这一西方形而上学问题在各印欧语中所具有的哲学意义吗？"是者"（that which is）这样的汉语词汇的新胚胎真能比从未在汉语中真正出生的"洒殷"更能生长并且更有思想生命力吗？⑭到目前为止，我们

（接上页）（海德格尔：《形而上学的本体论-神学-逻辑学构造》，收入 Identity and Difference [《同与异》]，Joan Stambaugh 译，New York: Harper & Row, 1969，第 73 页。上述译文笔者译自此英译本。现有汉语译文见孙周兴：《海德格尔选集》下卷，第 842 页）海德格尔这里的话很含蓄。一方面，他似乎怀疑，西方形而上学本身即为西方语言的特定形式所决定，亦即，西方语言本质上或者本性上就已经是"形而上学"的，所以一个特殊的小词里就包含了所谓"存在"的整个命运。就此而言，"存在"的命运也许只是一个与西方语言联系在一起的命运。但是，另一方面，他又似乎相信，西方语言或许同时也提供了以不同方式言说并言说不同东西的可能性。就此而言，西方语言并未无可更改地或者"命运性地"决定着"存在"的命运。这就是说，所谓"存在"问题既与形而上学在其中生存和活动的西方语言密不可分，又绝非仅为这些语言所限定。是以在西方语言中，"Being"（"存在"）有时需要被打上十字叉，以表示其需要被认真地质疑，而在汉语或其他非西方语言中，"是"则有时需要被加上引号，以表示其需要被审慎地注意。然而，如此注意汉语的"是"并不意味着仅仅让这个"是"去形式地对应西方的"to be"和"Being"。相反，注意这个汉语的"是"正是要不仅注意其与西方的"to be"和"Being"的可能对应，以及其担任翻译西方哲学概念的潜能，而且注意其与西方的"to be"和"Being"的差异。只有这样，我们才真正有可能让西方的"存在"越出其"语（言）（边）境"。也正因为如此，我们才对那些没有认真研究汉语的"是"的全部可能的哲学意义以前就确定此"是"为翻译"to be"和"Being"的合适词选的做法有所保留，但这并不意味着否认这些研究工作的价值。同样，对于其他可能的汉语词选，我们也必须先进行这样的深入研究。这里的问题不在于将"to be"和"Being"的汉语翻译最终定于一尊，而在于让西方思想传统的一个最基本的关切真正"越（入汉语边）境"，从而在汉语境内开始与汉语思想的真正对话。给定我们前面所讨论的翻译的本质，"to be"和"Being"的汉语翻译也许永远也不可能"定于一尊"。然而，也许正是这种不能"定于一尊"，才有可能让西方有关"to be"和"Being"的思想不至于很快就在某一固定的汉语译名（无论是"存在""在""是""有"，还是其他译名）之下枯萎僵硬。

⑭ "洒殷"是陈康拟想的德语"Sein"的暂时译法。见汪子嵩、王太庆编：《陈康：论希腊哲学》，北京：商务印书馆，1990 年，第 436 页，注 1。"是者"是王太庆（转下页）

似乎还没有在汉语专题论著中发现对上述这些问题的任何满意回答。⑮

而且,在允许自己屈服于"是"的哲学提倡者的热情之前,这里我们也应该提醒自己注意另一与此直接有关的重要问题,亦即,现代汉语的"是"其实曾经有过"不是"此"是"之时。根据王力的研究,"是"字之成为系词最早也当始于东汉。至于此系词之形成是否与佛经翻译的影响有关,似乎仍然有待于进一步研究。而在此之前,古汉语中并没有而且也不需要这个在现代汉语中表示"是什么"的"是"。⑯庄子

(接上页) 在《我们怎样认识西方人的"是"》(《学人》第四辑,第 436 页) 这篇文章中提出来的:"……to on [引按:希腊语,即德语的 Sein,英语的 Being] 意为'那个是的',
'是的'是本体,必须在译文中表现出来。巴门尼德说的 estin 所包含的'它'就是本体,柏拉图所用的 ho estin ('the it is'=that which is) 这个说法指的也是本体'是的'。由于'是的'的'的'容易被忽视,我建议把'的'字换成'者'字,译为'是者'。'者'这个古汉语词没有别的意思,不可能被人据以遐想。……我们只要注意不要把'是者'当成'有理的人'就是了。"那个是的"及"'是的'是本体"这样的说法可能会让不熟悉此处"语(言)(边)境"的读者困惑,此当后论。这里我们只能先提出一个原则性的问题:我们怎样才能在原则上保证"是者"在汉语中永不越出为其划定的"语(言)(边)境"而成为"有理的人"或者"对的东西"呢?难道把希腊语的"to on"译为汉语的"是者"本身不已经就是"to on"的意义的"越境"了吗?然而,如果没有这一"越境",我们甚至就连试图在汉语中用"是者"来谈论"to on"都不可能。所以,这里的关键问题并不是禁止一切可能的汉语翻译尝试,而是欲面对这一原则上必然既不可能而又必要的让意义"越境"的任务。

⑮ 这是本书作者二十年前写作此书时的观点。因为这些问题在一定范围内仍然成立并可以激发读者的思想,所以留在这里立此存照。本书作者的看法现在已经有所改变,改变的契机是本书作者对列维纳斯的哲学著作《另外于是,或在超过是其所是之处》(北京:北京大学出版社,2019 年)的翻译。列维纳斯的哲学话语要求译者考虑放弃"存在"这一流行译法而另辟蹊径,因此我在"旬月踟蹰"之后做出了以"是"和"是其所是者"翻译"存在"和"存在者"的决定。这一尝试当然带有很大的冒险性,所以本书作者一直希望听到读者的反应和批评。关于这一翻译决定,参考该书之"译序"。

⑯ 王路在讨论卡恩(C. H. Kahn)对古希腊的系词的研究时讲到两类"表位(置)系词":一是"一个系词加上一个地点副词:'我(是)在这里'(I am here)",另一是"地点介词短语:一个系词加上一个表示地点的介词短语:'我(是)在屋里'(I am here in the room)"。作者此处特意加了一条注释:"这里同样应该注意,中文可以省略'是'字,而英文不行。"(王路:《"是"与"真"》,北京:人民出版社,2003 年,第 49 页)然而,难道仅仅只是"可以省略",而不是根本就不可以加上这个"是"字吗?在这里,标准的汉语表述是不能用"是"的。如果加上"是",那么这个"是"只能是表示强调的副词,意为"确实",而不是系词。

曾经认真讨论过"是"的问题,但那却是"彼是"与"是非"中之"是"。在古汉语中,"是"本来只进行指示(等于"此"或"这")与肯定,但却并不起联系作用。因此,"是"在汉语中作为系词的真正"出身"与准确"成份"仍然是个有待于进一步研究的问题。而且,即使"是"早已成为汉语中似乎人人习以为常的"系词",但若让"是"在汉语中去表示那个西方的"存在"所欲表达的意思,却似乎仍有强其所难之嫌。例如,无论如何解释,将"that which is"译成"那个是的"都可能会让人有不知所云之感。⑰所以,在试图考虑提拔汉语的"是"字升任根本哲学要职之前,哲学家们似乎显然有必要重新审察一下有关这一"是"字的语言调查的哲学涵义。只有这样,我们才能确定,汉语中是否也早已经隐藏着这样一个能够像印欧语中的动词"to be"那样一身而兼此二重任的哲学"词选"。

然而,无论我们对此问题的进一步探究的结论如何,目前至少下述这些情况都已经是确定的事实:

第一,在汉语中,"是"至少在东汉以前尚未成为所谓系词。相反,在中国思想的发端与成形时期,"是"扮演的乃是一个全然不同的角色——指示词。⑱因此,西方哲学思想对所谓"Being"问题的历来关切在汉语的"是"字上至少是无法激起直接的哲学共鸣。

第二,即使作为一个由原来的指示词演变而成的所谓"系词"(注意,此语言学术语已经是"copula"的翻译,汉语传统语言研究中本无所谓系词),这个"是"在汉语表达中的语法功能其实仍然并不与其在印欧语言中的"对等词"真正对等。这里,一个其哲学意义仍然有待于

---

⑰ 这是王太庆拟想的译法。见本章注 14。

⑱ 在汉语学术研究中,指示词(the deictic)在哲学思考中的重要性似乎仍然有待于强调。当然,海德格尔已经非常注意指示词的特殊哲学涵义。在所谓"后现代"的思想家中,利奥塔和德里达等都对指示词做过深入的哲学研究。参考本宁顿的"Index",载 Geoffrey Bennington, *Legislations: The Politics of Deconstruction*. London: Verso, 1994, pp. 274-296。

探究的重要语法区别是，与"to be"不同，作为汉语中的"系"词，"是"之后只能"系"上名词或名词性成分，而不能直接"系"上表性质的形容词。在汉语中，如果需要对主语的性质而不是"身份"有所论断，亦即，如果需要说的是主语"是怎样的"，而不是主语"是什么"，那么汉语的标准形式是主语后面直接跟形容词。例如，如果"善"被用为表示性质的形容词，那么我们就只能而且只须说"人性善"，而不能也不必说"人性是善"（除非"善"在这里被用为名词）。当然，在现代汉语中，我们确实也可以说一个事物"是怎样的"，例如"人性是善的""这朵郁金香花是红的"，等等，但是这些语句结尾的"的"字的不可省略表明，"人性是善的"或"这朵郁金香花是红的"中的"是"与"Human nature *is* good"或"This tulip *is* red"中的"is"的语法功能其实并不真正相等。[19]

第三，无论我们如何施加"哲学"压力，恐怕也很难逼汉语的"是"去作为一个不及物动词而真正恰如其分地表示"to be"所能表示的那个被我们在汉语中翻译和理解为"存在"的意义。例如，在英语中可以说"God is"，而在汉语中却很难将其直译为"上帝是"，尽管已经有人这样主张。因为，在汉语中，说"上帝是"已经蕴含着一个"是什么"，而我们似乎不应该或不可能说"上帝是什么"。所以莎士比亚《哈姆雷特》中的名句，"To *be* or not to *be*"，才似乎无论怎样翻译都难以传其以英语动词"to be"所传之神，因为这里我们似乎不好将这一充满哲学意味的表达说成"是还是不是"。如果这样说了，我们马上就会想到一个"是什么"或"不是什么"。我们在汉语中只能用"是"把主语与某一事物等同起来，或者将其归属于一类事物，却不能把"是"用为一非及物动词而表示存在。所以，在汉语中，我们能说"我是什么"

---

[19] 这就是说，作为"系词"，现代汉语的"是"只表示同一或种属。例如，"孔子是鲁人"表示孔子是鲁人之一，属于鲁人这一集合。

"他是什么""上帝是什么"等,却不能只说"我是""他是""上帝是"等,因为在汉语的"是"之后我们始终会期待着一个"什么"。"是"在汉语中始终意味着"是(什么)"。所以,如果此处这些"是"所欲表达的是所谓"存在",那么标准的汉语表达只能是"我存在""他存在""上帝存在",或者是"我在""他在""上帝在",或者是更传统的"有我""有他""有上帝"(但我们将试图表明,"有"与"存在"在汉语中其实有重要区别)。当然,很多西方论者也早已试图明确区分表示"存在"的"to be"与仅仅起连接作用的"to be",认为"to be"之同时兼此二职完全是特定语言中的一种偶然,并且以此证明西方形而上学的所谓"存在"问题其实自古希腊时代起一直就是思想之受特定语言结构影响的结果,甚至由此得出结论说,没有动词"to be"拖累的非印欧语言其实反而因祸得福,免于误入"形而上学"歧途之苦。[20]然而,事实却仍然是,这些论者尚未获得真正的"哲学"成功。思想问题确实在一个非常根本性的意义上离不开语言问题,但却又不能被简单地仅仅归结为语言问题,因为我们在谈论所谓语言问题时,其实必然已经在或明或暗地诉诸关于语言的一系列哲学或形而上学概念。因此,如果在像海德格尔这样对于一切概念所含有的形而上学前提都保持高度警觉的哲学家的有关"存在"问题的论述中,我们也能够看到对于"to be"的这一独特的双重性——God *is*/God *is* omnipotent——的某种有意依赖,那么这一依赖就不可能只被简单地认为是一

---

[20] 强调逻辑与实证的罗素甚至认为"to be"这样一个混淆视听的词的存在乃是人类思想的一大耻辱(见 Bertrand Russell, *Our Knowlesge of the External World: As a Field for Scientific Method in Philosophy,* London: George Allen & Unwin Ltd, 1969, p. 48, n. 1),但这只能针对有这样一个"to be"的语言而言。就此而言,生于汉语者似乎可以为汉语中没有这样一个词而骄傲。但是,相对于传统的西方语言优越论来说,这不又成了一种颠倒过来的语言优越论了吗?难道我们真能比较不同的语言而判断其优劣吗?因此,问题不在于根据某个词在某一语言中表面上的存在或不存在而决定某一语言的优劣,而在于思考和研究那使任何语言之成为语言者,亦即,语言作为语言的可能性的条件。

个混淆了"to be"的两个不同语法功能的结果。㉑

因此,作为系词的动词"to be"的"语言意义"在西方哲学中的地位,或者作为系词的动词"to be"的"哲学意义"在西方语言中的地位,都仍然有待于更进一步的研究。㉒所以,我们这里的问题可能既不在于对西方形而上学概念和思想的语言特定性遽下断语,也不在于在汉语中努力逼迫出一个似乎能在语法形式上与"to be"进退周旋一番的"是",而是要越过这些思路的限制而考虑一个更为根本的问题,亦即,西方哲学有关"Being"这一基本哲学概念的意义的探究、思考和论述,如其并非如逻辑实证主义者所说,只是一些无法证伪的无意义的陈述,而是真有深刻哲学意义的话,能否真正乘翻译通过语言海关的检查而进入汉语的"语(言)(边)境",从而可以开始与关心同一根本

㉑ 海德格尔不仅不去形式主义地区分德语动词"sein"(to be)的双重用法,而且有意依赖此词既能在语义上表示"存在"又能在语法上起"系词"作用的双重性。例如,海德格尔在《形而上学导论》中为此词的各种用法举例时写到:"我们说:'上帝在''地球在''大厅中在讲演''这个男人是[ist]从斯瓦本区来的''这个杯子是[ist]银做的''农夫在种地''这本书是[ist]我的''死在等着他''左舷外在闪红光''俄国在闹饥荒''敌人在退却''葡萄根瘤蚜在葡萄园里肆虐''狗在花园里''群峰在入静'。"(熊伟译《形而上学导论》,第89页;《海德格尔选集》,第526—527页)在这段汉语译文中,译者努力尽量用汉语的"在"翻译德语动词"sein"的第三人称单数现在时"ist"(相当于英语的"is"),但仍不得不在三个句子中换用"是"字。在海德格尔所举例句中,有些"ist"被用为表示"存在"的动词,如"上帝在",有些则被用为起连接作用的系词,如"这本书是我的"。虽然海德格尔在论述"存在"的意义时经常以此词在语言中的各种用法为例,但他可能比很多只是从语言形式着眼来取消"西方形而上学"的人更透彻地了解这一所谓"系词"(copula)问题的哲学本质。读者可以参看《存在与时间》和《逻辑的形而上学基础》中的有关讨论。详见下一注释。

㉒ 在《存在与时间》中,在讨论言说的时间性问题时,海德格尔认为,只有先在时间性这一问题中将"存在"(Being)与"真"(truth)是如何联系在一起的问题展开了,才能着手分析言说的时间性构造和语法样态的时间特点,而"那时我们甚至也可以界定那被肤浅的命题和判断理论仅仅弄成一个'系词(copula)'的'是(is)'的本体论(ontological)意义了"(译文为笔者译自英译本,第400—401页,参见中译本第414页)。这里必须注意的是,在汉语中,谈论"存在"的本体论意义比谈论"是"的本体论意义更容易理解。但是,海德格尔这里说的是这个起连接作用的"是"的本体论意义,而不是名词化的"Sein"的本体论意义。起连接主语和谓语作用的"是"能有一个本体论上的意义吗?我们应该记住这一问题,因为以下有关"存在"的意义的讨论离不开这一问题。

问题(假定我们在自己的传统中也有对于这"同一"根本问题的同样关怀的话,因为只有对于同样问题的同样关心才使思想的交流或对话成为可能)的中国思想进行交流和对话?为此,我们就必须首先尽力在汉语中理解这个被我们翻译过来的西方的"存在"的意义,然后再回到中国传统本身来寻找对于这一问题的同样关心。

四、作为差异的"存在"

所以,让我们重新开始。让我们虚怀若谷,并首先相信,西方哲学自其开端即已全力关心的,而且在现代又已被重振旗鼓的这一有关"存在"的形而上学问题自有其绝对的必要性和深刻的意义。让我们也先接受一个相当普遍的观点,即以海德格尔为有关这一"存在问题"的最重要的现代西方哲学家。因此,让我们也暂时与海德格尔一起认定,所谓"存在"问题确实是最重要最根本的哲学问题,甚至是唯一的哲学问题,而此问题则确实以一种非常特殊和根本的方式与表达这一概念的这一特定的印欧语词"存在"密不可分。[23]所以,我们必须首先努力在自己的语言中理解此词的"意义",尽管我们目前在汉语中还不能为此"存在"找到一个满意的翻译。这样,当我们听到海德格尔居然竟会说,如果没有"Sein [Being]"这个词所表示的意思,就根本不可能有语言的时候,我们就能暂且按下自己的惊异与问题不提:"那么一个没有与'Sein [Being]'相当的对应词的语言就不是语言了吗?",并扣住

---

[23] 参见《形而上学导论》:"由以上而来的结论是,就'存在'(sein)这个词及其诸种变体,以及处于这个词范围之内的一切词而言,词与义这里比其他一切词都更原始地依赖于其所意味者。但这里反过来说也是对的。存在本身是在一种完全不同的和更加根本的意义上比任何一个存在者(seiend [being/essent])都更加依赖这个词。在每一个变体中,'存在'这个词与存在本身发生的关系都根本不同于语言中其他一切名词和动词与其所表达的存在者(seiend [being/essent])发生的关系。"以上汉语译文由笔者译自英译本,第88页。现有汉语译文可参见熊伟、王庆节译《形而上学导论》,第88页。

下面这些标签不贴,如"夸张""哲学自大""欧洲中心主义"甚至"日尔曼中心主义"等。这些批判性的标签虽然可能深投后殖民主义批判之好,但除了进行现代汉语已经习以为常的那种"大批判"以外,却并不真正解决任何问题。在我们或者判定海德格尔至多不过故意耸人听闻,实则暴露自己的特定语言/文化局限,或者自叹汉语天生就不够"哲学",乃至竟然没有一个可以真正翻译这一西方的"存在"的理想词汇之前,让我们先来尝试认真"翻译"亦即理解海德格尔的意思,看他为什么竟会这样说。然后让我们再试着看是否能在汉语的语言和思想资源中为其所关注和讨论的"Sein [Being]"发现一个可能的或者更好的回应者。为了能真正作出回应,这一回应者当然也必须尽量"翻译"自己。但这一回应者并不一定就要是一个严格意义上的"对应词",却可以是一个对于同样的根本问题有着同等程度的深刻认识,但却有着自己的不同言说方式和理解方式的"对话者"。这样,我们才能为一场可能的思想文化对话奠定基础。即使最后我们真正需要在非常严格的意义上对海德格尔赋予"Sein [Being]"这一特殊的西方语词的某种特权从汉语角度出发提出可能的哲学质疑,我们也总得以双方的意思已经得到相当程度的"翻译"为基础。

海德格尔断言没有"Sein [Being]"这个词所表示的意思就没有语言的话出自其《形而上学导论》。当然,如果对海德格尔此话不加任何限制,某些"我们"也许确实会对此感到困惑甚至恼怒:难道在某种意义上没有与这一西方动词"to be"及其派生名词"Being"完全相对应的词的语言,例如"我们"汉语,尤其是"我们"古汉语,就不算语言了吗?不过,这里我们已经注意到的是,虽然海德格尔是在以"我们"提出一个普遍陈述,但是他的"我们"其实尚未真正包括一切生于不同语言中的"我们",例如,说汉语的"我们"。但也恰恰因为这样,说汉语的"我们",海德格尔的这个普遍的"我们"应该但其实却未能包括的"我们",才更需要来努力理解海德格尔的这段话,并且必须在汉语中来理解这段话。这也就是说,必须在"翻译"这个词的全部意义上翻译他的意思:

> 让我们假定,Sein 的这个不确定的意思并不存在,而且我们也不懂这个意思到底意味着什么。那又会怎么样呢?我们的语言中就仅仅少了一个名词和一个动词而已吗?不。那就根本不会有任何语言了。那就没有任何 seiend 本身(as such)会在言语中揭示自己,那就再也不可能在言语中召唤并谈论任何 seiend 了。因为,把一个 seiend 作为一个如其本身那样的 seiend 来谈论包括着:已然将其作为一个 seiend 来理解,亦即,理解其 Sein。假使我们根本不理解 Sein(这个词的意思),假使"Sein"这个词甚至连它那点缥缈无形的意思也没有,那就连一个词都不会有了。㉔

译文中德文"Sein"与"seiend"在目前的海德格尔汉语翻译和论著中一般都被翻译为"存在"和"存在者",但在以上汉语译文中我们有意保留了原文而暂不译出,因为如何翻译海德格尔的"Sein"这个最为关键的词恰恰是这里仍有待于讨论的主题,而这个"Sein"则与"seiend"紧密相联。在海德格尔的这段话中,"Sein"与"seiend"之间的语法语义上的联系至为重要。这一点在目前通行的以大写的"Being"译"Sein",而以小写的"being"翻译"seiend"的海德格尔著作

㉔ 这段汉语译文笔者直接译自《形而上学导论》英译本,第 82 页。关于这段话本身及其上下文,读者可以参看熊伟、王庆节的汉语译本《形而上学导论》,第 82 页。这段引文所在之《形而上学导论》第三章(熊译)已收入孙周兴编:《海德格尔选集》。上海:上海三联书店,1996 年,第 519—520 页。熊伟始终一贯地以"在"译"Sein",而以"在者"译"seiend"。在《海德格尔选集》中,"在"均被改为"存在","在者"均被改为"存在者"。

英语译文中甚至更加一目了然。在德语中，大写的"Sein"来自小写的"sein"，后者就是德语中那个既可以在意义上表示"存在"，又可以在语法上起连接作用的动词/系词的不定式，也即英语中的动词"to be"。此德语词的大写即是其动名词化。动名词化的"Sein"表示一个抽象概念，即我们现在一般以汉语的"存在"所表示的那一抽象概念。"seiend"则是"sein"的现在分词，其在英语中的直接对应者即小写的"being"，但有的英译者为了避免意义上的含混而采用一个英语中并不常见的词"essent"来翻译"seiend"。㉕作为名词，此词可以表示任何一个事物或东西。汉语目前在这里的通行译法，"存在"和"存在者"，一般说来似乎并无多大问题，其意思好像也不难理解。"存在者"指的就是存在着的人或事物或东西。"存在"则意味着事物或东西（包括人）的存在。然而，原文中一旦有兼为动词和系词的"sein"或"to be"搀和进来，汉语中的事情就开始有些麻烦。这主要是因为，在现代汉语中，如前所述，我们的系词"是"与"存在"并无语义和语法上的关系。例如，在《存在与时间》的那段话中，"我们不知道'存在'说的是什么，然而当我们问'"存在"是什么？'时，我们已经栖身在对'是'〔'在'〕的某种领悟之中了，尽管我们还不能从概念上确定这个'是'意味着什么"，其所表达者在汉语中就远非一目了然。在《存在与时间》的开头，海德格尔对于"Sein"是否为一自明概念的初步讨论在汉语翻译中也有同样的问题。㉖暂时避免使用这两个通行汉语译法的一个好处是，可以暂时避免如何在汉语译文和讨论中处理动名词化或名词化的"Sein"

㉕ 例如，Ralph Manheim 所译的海德格尔的 *An Introduction to Metaphysics* 就采用了这一译法。《存在与时间》的英译者则选择以英语"entity"翻译"seiend"。

㉖ "'存在'〔是〕是自明的概念。在一切认识中、一切陈述中，在对存在者的一切关联行止中，在对自己本身的一切关联行止中，都023用得着'存在〔是〕'。……谁都懂得'天是蓝的'、'我是快活的'等等。"（海德格尔：《存在与时间》，陈嘉映、王庆节译，第 6 页）海德格尔意在以此语解释为什么"Sein〔Being〕"被认为是一个自明的概念，但译为汉语后这种自明性就失去了，所以汉语译者要在这段译文中的"存在"后面加上括号。

或"seiend"与动词不定式"sein"及其各种确定形式——主要是其第三人称单数现在时"ist"["is"]——的语义联系问题。

现在就让我们试来初步分析一下上述这段引文。这里的第一个重要问题是，为什么海德格尔断言，如果没有"Sein"这个词所表示的某种意思，或者，如果我们根本不理解这个词所意味着的东西，就根本不会有任何语言？

言当然总有所言。但言之所言者为何？在中国传统中，如果对一个人的说话或写作提要求，那么第一个基本要求似乎总是"言之有物"。言之所言者为物。言必须及物。但此"物"应该是在最广泛的意义上被理解的物："实实在在"的东西是言之所言之物，而言之所及的其他那些可能并非那么"实实在在"的东西也是言之所言之物。例如，如果谈论道，那么道就是论道之言所言之物，虽然道并非任何普通意义上的物，并非任何可以被实实在在指出来的物。但是，把道放在言中，把道提出来谈论，就是把道当成一个什么来说，而这就是在把道变成一个所言之物了。这就是为什么在古汉语中，当为了把言之所欲言者专题提出之时，有"某某之为物"这样的表述形式，例如"道之为物"或"鬼神之为物"等。"道之为物"是今本《老子》中之言。但这样的表述当然并不意味着作者是在告诉我们，他认为道就是一物，而是他欲表明，现在要特别说到道这一话题了。[27]

在最基本的意义上，"言之有物"之"物"意味着言有所言，亦即，此言说到了某个东西，而其所说到者是有意义的，亦即，是可以理解的，尽管言所言及的这个东西可能并非一个普遍意义上的东西，亦即一个实实在在的物。在这一最基本的意义上，如果"言之无物"，亦即，如果言没有说到任何东西，亦即没有意义，不可理解，那就等于没有此

---

[27] 参见本书下篇第四章中关于道非一物的详细讨论。

言。而如果言根本就没有物，没有有意义的、可以理解的物，那也就根本无所谓任何言了。言之所以非"吹"也，之所以不是飘风乱响，就是因为言必有所言，而其所言即为广义的物，尽管这并不保证言——言某物之言——始终都能被理解。[28]

但是，所谓"言之言物"——在语言中通过语言谈论任何一物或任何东西——又究竟蕴含着什么？"言之言物"意味着：被言及者或被谈论者已然被理解为一物或一个东西了，尽管这里"物"或"东西"并非一定是在"实在"意义上理解的。但是，把被言及者或被谈论者理解为一物或一个东西又意味着什么呢？这意味着，知道有这么一物或一个东西，或者，知道这一被言及或被谈论者有。这里，作为预示，我们可以强调一下这个"有"。这个"有"并不一定要被明确地说出来，甚至可以完全不被说出来，但却必然已经为我们所言之物所蕴含。因为，无论言之所言为何，只要言及一物，就首先已经是在肯定有此物，或肯定此物之有。[29] 所以，如果我们不理解"有"意味着什么，就不可能言及任何物或东西，尽管我们可能并不总是意识到我们所言之物所蕴含的这个"有"。这其实也就是海德格尔所说的，"把一个 seiend 作为一个如其本身那样的 seiend 来谈论包括着：已然将其作为一个 seiend 来理解，亦即，理解其 Sein。"

然而，既然我们对汉语的"有"的分析还有待于展开（见第三

---

[28] 《庄子·齐物论》篇有"言非吹也"之语。
[29] 这里必须强调的是，这个"肯定此物之有"并不意味着，肯定此物必定可在某个地方被发现，肯定此物是一个实际上可以得到和占有的东西。这个"有"只意味着，理解一物之为一物。例如，能在语言中谈论"道"就意味着，我们知道我们在谈论着"什么"，而我们已经在将这个"什么"作为一个什么来理解，尽管这个所谈论的"什么"并非是通常意义上的一个"事物"。如果汉语中的"道"这个字词完全没有意义，如果我们根本不知道这个词的意思，如果其形状和声音只是毫无结构的某种堆积，那么汉语中就根本不会"有"道，而这也就是说，就根本"没有"道。所以，这个"有"涉及的是任何东西之能被"作为"东西，亦即，被理解为东西，而不是任何东西的任何可能的在。

章),我们也许可以先试用汉语的"东西"来解释一下海德格尔的这段话。如果将海德格尔的"Sein"换成汉语的"东西",我们就可以说,将一个东西作为一个东西来理解,就是知道这个东西"是"一个东西,就是知道"有"这么一个东西。所以,假使我们根本还不理解"东西"这个词的意思,根本还不知道所谓"东西"是什么,假使"东西"这个词甚至连它那点缥缈无形的意思也没有,那就连一个词都不会有了,而这在一定程度上也就相当于海德格尔所说的,"假使我们根本不理解Sein(这个词的意思),假使'Sein'这个词甚至连它那点缥缈无形的意思也没有,那就连一个词都不会有了。"

因此,在语言中谈论一个东西首先就意味着,我们理解"东西"这个词本身的意思,不然我们就还不可能将任何东西作为一个东西来谈论。但是,在语言中谈论一个东西也必然意味着,我们理解这个东西本身的"有"。这样说来,我们似乎就已经是开始在用"有"来解释海德格尔的"Sein"了。但在对汉语的"有"的分析还没有具体展开以前,这样用"有"来解释海德格尔当然仍有不明之处。不过,我们至少可以先肯定我们已经肯定的一点:能言及一物或说到一个东西,就确实已经是在表明,我们不仅理解此物或此东西"是"一物或一个东西,亦即理解"东西"本身的意思,而且也理解此物或这个东西本身之"有",而这也就是说,理解这个"有"本身的意思。但是,这个"有"在汉语中却不一定能够被完全等同于"在"或"存在"。"有"与"在"或"存在"在汉语中的重要区别也将是本书下一章的专题和重点,故此处暂不详论。但目前我们可通过对海德格尔上述引文的另一种汉语译法的初步分析来预示我们以后的讨论。

在熊伟、王庆节翻译的《形而上学导论》中,海德格尔的这段话大致是这样翻译的:

我们假定，这一事实根本没有。假定：根本没有"在"的不确定的含义而且我们也不领会这个含义是什么意思。那就会是什么情况呢？那就会是在我们的语言中少了一个名字和一个动词而已吗？不是这回事。那就根本没有任何语言了。那就根本没有在者在词语中作为这样一个在者展示出来这回事了，根本没有在者会被提到和论到这回事了。因为说在者是这样一个在者，这回事就把下述这回事包含在本身之内：预先把在者领会为在者，也就是领会为它的在。假若：我们根本不会去领会这个在；假若："在"这个词连那种浮动的含义都根本不会有，那么恰恰就连任何一个唯一的词都根本不会有了。

这里，"Sein"被系统地译为"在"，"seiend"则被系统地译为"在者"。当包含这段译文的章节被收入《海德格尔选集》时，"在"与"在者"被统一改为"存在"与"存在者"。这一改动于此处的讨论关系不大，故暂不论。我们此处想说的是，仅就此段译文看，海德格尔说的似乎是，不理解"在"的意思就没有语言，而在语言中谈论一个东西，亦即一个所谓"在者"，就是领会其"在"。这似乎当然也不错。但首先，仅就汉语的"在"而言，这个词本身又意味着或表示着什么呢？为了弄清楚我们的猫是否在或还在花园里，我们可以让一个五岁的孩子去那里看一眼。他或她会回来告诉我们，"猫（还）在那儿"，或，"猫（已经）不在那儿（了）"。"在"总是一个"在哪儿"，亦即，在某一可以指出和确定的时空范围之内。所以，对"在"这个意思的理解已经蕴含着，我们知道时间是什么，空间是什么。然而，我们完全可以谈论有些物或东西而不知道我们所谈论的这些物或东西是否"在"。因此，严格地说，如果我们在汉语中提及或谈论一物或一个东西，那么这却并不一定蕴含着我们必然知道其"在"。但是，在汉语中谈论一物或一个东西却必然蕴含着，我们已经将其理解为某种物或东西，而这就是说，理解它们的"有"。有些东西可能哪儿都不在。例如，老子论道之言中即有道"绳绳不可名，复归于无物"之说。这也就是为什么当人硬要问道"在"哪儿时，庄子会让他的寓言人物调侃地回答说，道在蝼蚁、在稊稗、在瓦甓，甚至在尿溺，等等。㉚这也就是说，道其实可能并不"在"任何地方。但是，虽然道不可能具体地"在"，虽然我们"在"哪里也找不到道，但一谈论道却就必然已经蕴含着，"有"道，"有"这么一个我们可以谈论的道，或者说，我们可以谈论的这个道"有"。"可以谈论"则意味着，我们知道我们之言确有所及，亦即我们知道在我们的言中"道"这个名或词指向某个"什么"，尽管我们可能无法指出这个"什么"究竟"在哪儿"。换言之，我们在汉语中可以说的是："有"道，或道"有"，但道"不在"，亦即"不在"这里或那里，"不在"任何一可以指出之处。所以，以"在"来翻译海德格尔这段话中的"Sein"似乎仍有令人未安之处。㉛

其次，而且更重要的是，如果我们考虑到，海德格尔后来反复指出的就是，在整个西方思想传统中，Sein [Being] 始终都被规定为在（Anwesen [presencing, presence]），那么不让 Sein [Being] 在汉语中译为"在"或"存在"就更有意义。㉜的确，海德格尔说，Sein [Being]之命就是去"是"不同的 seiend [being]，亦即，去"在"，去成为所谓"在者"，去作为各种各样的东西而"存在"。这既是 Sein [Being] 的自

㉚ 《庄子·知北游》。见王先谦：《庄子集解》，第190页。
㉛ 这里还可以顺便指出的是，如果将汉语的"在"译为英语或德语或法语，那就将会是一个动词短语而非一个单独的动词。例如，如果译为英语，"在"就会是一个"to be in/at/on"这样的词组。这也就是说，用来翻译"Sein"或"Being"的这个"在"很难再被直译回去。
㉜ 海德格尔《时间与存在》："从西方-欧洲思想之始直至今天，Sein [Being] 就意味着在（Anwesen [presencing, presence]）所意味的。在所说的则是现在（Gegenwart [the present]）。"（英译本，第2页；参较《海德格尔选集》，第662页）把 Sein [Being] 的意义（转下页）

我揭示，也必然是其自我遮蔽。Sein［Being］在出现时消失，在揭示自身时遮蔽自身，这就是Sein［Being］之命。但是，这就意味着，Sein［Being］"本身"并不就是"在"或"存在"。它有一个更根本的或最为根本的"意义"。就此而言，我们也更应该尽可能在汉语中区别海德格尔的这个"Sein［Being］"于"在"或"存在"。后者可以合适地翻译他的"Anwesen［presencing, presence］"，但却并不适于"Sein［Being］"。㉝

现在我们可以来进一步地讨论一下，海德格尔所谓"seined"或"being"，这一或被译为"在者"，或被译为"存在者"，或被译为"存有者"，或被译为"是者"，或干脆就可被简单地称为"物"或者"东西"者，究竟如何在言语中揭示自己？或者说，能够在语言中提及和谈论一物或一个东西究竟意味着什么？

在《形而上学导论》中，海德格尔曾经以"树"为例来说明，如果我们需要"树"这个概念，以便能将任何具体的树理解为树（否则

(接上页) 规定为在（Anwesen［presencing, presence］），是海德格尔所指出的整个西方形而上学的根本问题。西方形而上学从一开始就是一个把Sein［Being］的意义归结和确定为在（Anwesen［presencing, presence］）的思想。但这并非偶然，而是与Sein［Being］的"本质"的有关（在汉语中，我们也许可以说，是Sein［Being］的"本性"使其被看成和说成在）："是什么给我们权力去把Sein［Being］的特性规定为在（Anwesen［presencing］）？这个问题提得已经太晚了。Sein［Being］的特性早就被决定了。我们对此并未出力，更说不上有什么功劳。所以我们已经注定要为对Sein［Being］的特性之被如此规定为在所约束。这一规定（笔者按：亦即，Sein［Being］的特性之被规定为在）是从Sein［Being］之开始被揭示为可说的亦即可思的东西之中获得其约束力量的。自西方思想之从希腊人开始，所有关于Sein［Being］与Ist［is］之言都被保持于对这一将Sein［Being］之特性规定为在的规定——一个对思想有约束力的规定——的回想之中。"（英译本，第6—7页；参较《海德格尔选集》，第667—668页）而重新提出Sein［Being］的意义的问题正是要解构这一形而上学。所以，沿着海德格尔关于Sein［Being］的思想，我们将看到的是，Sein［Being］虽然必然让自己被揭示为在，但是Sein［Being］本身不是在或存在，或者，Sein［Being］不在，不存在。

㉝ 德语Anwesen或英语和法语的presence现在一般译为"在场"，其反义词absence则被译为"不在场"。我则以为，译为"在场"就已经多了一个"场"字，所以我倾向于一个单独的"在"字。若为了强调presence所含有的"当下在此"之意，我则倾向于使用这样一个"现/在"。参见拙译列维纳斯《另外于是，或在超过是其所是之处》。至于presencing，这是为了强调presence一词所包含的动词义或动作性而在英语中被创造出来的。

我们就会见树而不知其为树），那么我们就更需要"Sein"（Being）这个词或概念，从而才有可能将任何一个 seined 理解为一个 seined，或任何一个 being 理解为一个 being。㉞ 但是，必须注意的是，其实海德格尔在《存在与时间》中从一开始就明确强调，严格地说，Sein［Being］并不是通常意义上的概念，尽管它经常被视为一个有关一切 seiend［being］或事物的"最普遍"的概念。因为，如果 seiend［being］或"存在着的东西"在概念上总是依照其种和属而被联系起来，并且被逐级归并为更大的种属的话，那么 Sein［Being］却并不是界定所有存在着的东西的最大的种。㉟ 这一分辨对于理解海德格尔关于"存在"的思想至关重要，而其原因将在我们随后的讨论中逐渐显明。但在目前，既然我们还不清楚为什么对海德格尔来说"Sein"并不是或并非仅为一最普遍的概念，那么为了接近海德格尔的思想，我们可以不妨暂时仍将 Sein［Being］视为一个"概念"，亦即，就先视其为一个有关一切事物的最

㉞ 参见《形而上学导论》："为了用一个例子来说明，我们用'树'这个普遍概念来代替'Sein'这个普遍概念。如果我们现在要谈论和确定树的本质是什么，我们会离开这一普遍概念而转向各种各样的树和这些不同种类的树的实例。这一做法是如此地不言而喻，以至于我们都不好意思提它。然而，事情并非这样简单。除非我们面前已经有了一个有关一般的树是什么的表象，我们又怎么会发现我们的这些出色的树的实例，这些树本身，这些作为树的树呢？我们又怎么能哪怕只是开始去找任何树呢？如果我们有关'树'的这个普遍表象真是这样地完全不确定和模糊不清，以至于不能为我们的寻找提供任何可靠的线索的话，我们就很可能会把汽车或者兔子当成树的特例找来。……如果没有一个从其本身及其根据中明确得出的有关树之为树的充分知识，我们就会劳而无功地看过成千上万的树而仍然没有看到任何树。"（英译本，第 80 页；汉语译本，第 79—80 页）。

㉟ 参见海德格尔:《存在与时间》，第 4—5 页。我们也可以从海德格尔的其他文本中发现这一强调。例如，在《形而上学的本体论-神学-逻辑学构造》一文中，海德格尔以黑格尔用以说明普遍者之普遍性的"水果"为例说，如果只能买到具体的水果，而不可能买到普遍的"水果"，那么就更不可能把 Sein［Being］表象为一切具体东西的普遍特性（见 Identity and Difference, Joan Stambaugh 译，New York: Harper & Row, 1969，第 66 页。汉语译文可参考孙周兴:《海德格尔选集》下卷，第 837 页）。此为明确地强调，Sein［Being］并非一切东西或一切事物的普遍特性。当然，问题正在于，Sein［Being］经常被如此理解，而且此种理解也似乎不无理由。只是此种理解没有真正深入 Sein［Being］所蕴含的最根本的问题。参较我们在本书下篇中对"有"之既为一最普遍的概念又意味着一切有本身之有的分析。

普遍的概念，就像西方形而上学在海德格尔以前对这一概念通常所做的那样。而既然作为可以概括一切事物的最普遍的概念，Sein［Being］意味着一切 seiend［being］，而 seiend［being］则大体相当于汉语的"物"或者"东西"，那么此处就让我们循海德格尔以"树"为例的做法，而继续利用汉语中泛指一切事物的"东西"这个最普遍的概念来接近和理解他关于 Sein（"存在"）本身的思想，从而更好地看出 seiend［being］或"东西"与 Sein［Being］本身的联系与区别究竟是什么。这样，我们也许就可以开始理解，为什么海德格尔会说，如果没有 Sein［Being］这个词，亦即，如果没有 Sein［Being］所代表的那个意思，就不会有任何语言。

如果让海德格尔用汉语的"东西"来做说明，那么他也许就会这样说，要能把一个东西当成一个东西，总得先知道"东西"本身的意思是什么。㊱ 要不然，谁又能指着任何一个东西说，"这是一个东西"或"那是一个东西"呢？但是，"东西"本身却不是任何一个特定的东西，而只是一个能让人把任何一个东西当成东西来说的"东西"。当然，说"'东西'本身乃是使任何一个东西能被当成东西来说的'东西'"，就已经是说的太多了，因为"东西"本身其实并非任何一个东西。当然，这里说的"把一个东西当成东西"也并不意味着，是我们说"东西"的人把东西发明或生产或创造出来。然而，"把一个东西当成一个东西"却又确实意味着，用个所谓"吊诡"的说法来说，在没有被当成东西以前，一个东西还不是一个东西。这也就是说，在没有这一"当成"的可能性之前，根本就还不可能有任何所谓东西。任何东西作为东西都只是随着这一关键的"当成"一起到来的。

㊱ 当然，在不知"东西"的意思的时候，就还无所谓任何东西。所以，严格地说，此时还不能说"要能把一个东西当成一个东西"，而只能说，"要能把一个'什么'当成东西"。

当然，从某种"朴素"的唯物论的意义上说，东西，各种不同的东西，似乎应该早已或者一直就在那儿了。但是，如果我们根本就不知道"东西"的意思是什么的话，我们又怎么可以知道并且能够说"那里有某某东西"或"某某东西在那儿"呢？这就是说，"朴素"唯物论其实并不真正朴素，因为它无知于自己的可能性。它不知道，当它自信地指出和肯定"已经"在此的各种东西相对于意识的独立性时，它其实已经预设了很多前提。它似乎从来也没有去想，"不是东西的东西"还始终都有待于成为东西。㊲"成为东西"则意味着，作为一个东西而"出现""到来"，作为一个东西而开始"在这儿"或"在那儿"。

因此，为了能够把任何一个东西当成东西，为了能够让一个东西作为一个东西而在或存在，或者说，为了能够让东西有，为了能够有任何东西，我们需要"东西"这个在汉语中似乎非常普通的词，需要理解"东西"这个词的意思。而我们之能够把任何东西当成一个东西，就正是因为我们已经知道"东西"这个词的意思了。早期的即《存在与时间》（二十年代后期）与《形而上学导论》（三十年代前期）时期的海德格尔会坚持，如果没有Dasein或"此在"或"在此者"对于东西之为东西的某种必然的事先理解，任何东西都不会存在，或任何东西都不会有。㊳如果这里把海德格尔的"Dasein"即"此在"或"在此者"暂时换成"人"，那么就可以说，正是人对东西之为东西的理解让东西成

㊲ "不是东西的东西"这一表述当然不无游戏成份。严格说来，这一表述也是不可能的，因为当我们能说"不是东西"的时候，我们当然已经知道"东西"是什么了。所以，如果我们不理解"东西"的意思，我们就根本不可能"有"任何东西。

㊳ 海德格尔：《存在与时间》："当然，只有当此在（Dasein）存在，也就是说，只有当存在之领悟在存在者层次上的可能性存在（笔者按：亦即，对存在之意义的理解在实际上［ontisch/ontically］是可能的），才'有'存在。"参见第一章注6中有关海德格尔这一表述的简略讨论。

为东西。㊴因此，如果东西还有待于是其所是，亦即成为其所是者，成为这一或那一东西，那么东西所等待的乃是人，是人这一在某种意义上也是一种东西的东西。东西通过人对于东西之为东西的理解而成为东西。㊵

那么，人又是如何理解东西之为东西的呢？如前所述，理解东西之为东西首先就是理解"东西"这个词或概念的意思。如果按照海德格尔的说法，那就是，能够把一个 seiend 作为一个如此这般的 seiend 来谈论，就是因为我们已经理解了"Sein"这个词的意思。人是言者。人有语言。在汉语中有了"东西"这个词，说汉语的人才可以指着他眼前的这个什么或那个什么说，"这是某个东西"，或"那是某个东西"，等等。因此，让人可以理解东西之为东西的是语言。人在语言中理解"东西"这个词的意思，而理解"东西"这个词的意思首先就是能够将这个词区别于汉语中其他的词。例如，汉语中的"东西"是"东西"是因为它不是"东溪"，不是"冬喜"，不是"洞悉"，不是"动息"，也不是"懂戏"，等等。汉语的"东西"是"东西"也是因为它不是"南

㊴ 海德格尔的 Dasein 的字面意思是"在那儿"（英语译文有时保持德语原文，有时照字面直译为 being-there。汉语目前最流行的译法是"此在"），但海德格尔，尤其是在《存在与时间》中，专用这个德语词指人。人是已经在那里者，而只有人已经在那里了，"才'有'存在"。但海德格尔欲以此表述来将这一已经在那儿者区别于西方形而上学意义上的"人"。正因为"人"在西方哲学传统中充满了形而上学所赋予的各种价值和假定，所以海德格尔才有意首先避开这一概念。当然，尤其是在《存在与时间》中，选择 Dasein 也是因为其哲学主题是 Sein 的意义的问题，而人则是一种 Seiend（存在者），一种特殊的 Seiend，一种能够提出有关 Sein 的问题的 Seiend。在语境不会造成误解的时候，海德格尔也说"人"。在《形而上学导论》他就经常如此。

㊵ 海德格尔在《形而上学导论》的结尾说，"人是谁这一问题与 Sein 的本质这一问题是密不可分的。……人应该在 Sein 这一问题之内被理解为 Sein 为了打开（敞开，揭开，揭示）自身而要求的唯一场地。人就是（让）敞开（成为可能）的这个场地，就是这个'那里'。Seiend 进入这一那里从而得到完成（The essent [being] juts into this there and is fulfilled)。"（译自英译本，第 204—205 页；参见中译本，第 204 页。中译的最后一句为："在者就站到这个此在中来并进行活动。"）海德格尔此处所说的正是东西之"通过"人而得到完成。得到完成即完成自身，而完成自身意味着，将自身完成为自身，完成为一个东西或一物。

北"，不是"上下"，不是"左右"，也不是"前后"，等等。这就是说，我们始终是在"东西"这个字词的发音形式和书写形式与汉语中其他的字词的发音形式和书写形式的区别之中理解"东西"这个词的意思的。在语音上，我们在"dong-xi"这一有着某种声调的汉语声音组合与其他有着不同声调的同样或不同样的声音组合的区别之中听出"东西"这个词。在书写中，我们在"东西"二字所具有的特定字形与其他字形的区别之中看出"东西"这个字。在言语中，我们则在"东西"这个词与其他语词的意义的区别之中理解"东西"这个词的意思。语言就是一个多层次的差异系统。在语言中有各种差异，而理解一个词的意思就是理解此词与其他的词之间的各个层次上的差异。

因此，所谓"理解东西之为东西"首先就是在一个作为差异系统的语言之中通过"东西"一词与其他词之间的区别或差异而理解"东西"这个词的意义。因此，如果说东西是通过人对于东西之为东西的理解而成为东西的，那么这也就是说，让东西成为东西的是语言。这其实就是后期更多转向语言的海德格尔的看法。海德格尔的那句名言，即"语言是Sein［存在］的家"（出自其《论人道主义》），早已广为人知。这一说法意味着，东西是"在"语言中成为东西的。正是语言让东西作为东西而"存在"。如果我们此处可以套用一句庄子的话，那么这个意思也许就可以被简洁地表述为："物谓之而成。"[41]"成"当然是成为物，亦即物之成为自身，成为自身所是之物。"谓"即是人之说出"此，物也"，或"彼，物也"，等等。这样的"谓"或"说出"意味着物之被当成物。在此"谓之而成"之前，就还无所谓"物"或"东西"。

如果东西通过人对于东西之为东西的理解而成为东西，而人对东西之为东西的理解首先就是在作为差异系统的语言中理解"东西"这个

---

[41] 当然，庄子实际上说的是："道行之而成，物谓之而然。"（《齐物论》）

词的意思,那么我们现在就可以说,东西最终是通过"差异"（difference）而是其所是亦即成为东西的。但这一说法至少包含了两层意思。首先,任何东西都通过它与其他东西的区别即差异而是其所是。例如,对于一个能够把一种植物作为植物和作为某种植物来理解的人来说,这种植物既通过与动物和矿物这些自然种类的区别或差异而是其所是,亦即,是不同于动物和矿物的植物。同时,这种植物也通过它与其他植物的区别或差异而是其所是,亦即,是不同于其他植物的这种或这一植物。没有这样的区别或差异,这种植物就不可能是植物并且是一种特定的植物。因为,如果这种植物混同于动物或矿物,那它就不会被作为植物而认出,而如果这种植物混同于其他植物,那它就不会被作为这种植物而认出。正是区别或差异让这种植物作为植物和作为这种植物而与其他东西有所不同,并让这种植物自身与自身相同。与自身相同意味着,与自身同一,亦即,具有可被辨别为"这一个"而非任何其他一个的同一性。而这一所谓"同一"当然只能是区别或差异中的同一,是通过区别或差异而获得的同一。简言之,一种植物之"是"一种植物仅仅是因为它不同于或有异于任何其他的东西。因此,能够区别植物于非植物和能够区别一种植物于其他植物的人已然是在"让"他的世界里的植物通过差异而是其所是或"存在",尽管他也许还没有一个声音或一个图形——一个符号——来标记或指称这一植物。因为,说植物这种东西通过差异而是植物这种东西就已经意味着,所谓客观或实在的植物或者其他东西其实从一开始就已经是符号或意义,而所谓"人的世界"其实始终已然就"是"语言。这也就是说,我们始终已然在以某种方式理解着我们周围的一切,而理解必然与意义有关。理解就是理解意义,就是对于意义的理解。这个始终已经"是"语言的——始终已经被构成为语言的——"人的世界",这个其实始终已经是由作为符号与意义的各种东西或者各种事物而构成与勾联起来的世界,在某种意义上可以先于所谓普通语言或自然语言。但是，如果没有这一能让人将某物区别于他物从而将其理解为某物的差异本身，就根本还不可能有任何意义，因而也就根本还不可能有任何意义上的（包括日常意义上的）语言。差异，作为让东西可以作为东西而出现、到来和存在者，其实本身就已经是一种根本意义上的"语言"。㊷这一根本性的"语言"并不是人首先"创造"出来然后再加到一切东西之上的。人就生活在这样的作为语言的差异之中。而我们的普通语言或自然语言就基于这一根本意义上的"语言"之上。

东西存在于语言之中，东西在语言之中存在。在语言中，东西各有其位，各就其位。在这一意义上，东西通过差异而成为东西或是其所是就意味着，词语在作为差异系统的语言中为东西建立起其各自的存在。海德格尔即在这个意义上谈论词召唤物前来，召唤物进入存在。在这个意义上，海德格尔可以说，当诗人找不到他所需要的词之时，当词失落之时，真正失落的乃是某一东西，是某一东西本身的存在。㊸这一说法不仅适于一般事物，例如，无以名之的东西不存在，亦即，不能作为一与其他事物有别而与自身同一的事物而存在。所以，从某种意义上说，"无名"即"无"。这一说法也适用于所谓抽象观念或"理想性/观念性的存在"（the ideal being，或 ideality）。道之为"物"存在于名其为"道"的汉语之中，Logos 之为"物"则存在于名其为"Logos"的希腊语之中，等等。㊹抽象的或理想性的观念的存在在某种意义上就是某个词（word）在某一或某些语言中的存在。这当然不能被归结为仅是语言"的"存在，但却在最根本的意义上是在语言之中的和为语言所支

㊷ 参考海德格尔《存在与时间》中论符号与指涉之第十七节及论因缘与意蕴之第十八节。

㊸ 参考海德格尔：《语言的本质》，《海德格尔选集》，第 1061—1120 页。

㊹ 在弗莱堡大学五百周年校庆讲演《同一性原则（同一律）》（1957 年 6 月 27 日）中，海德格尔称其后期思想的中心观念 Ereignis（《海德格尔选集》中此词译为"本有"）与汉语的"道"和希腊语的 logos 一样是不可译的（《同与异》英译本，第 36 页，《海德格尔选集》，第 657 页）。

撑的存在。正是在这一意义上,海德格尔说,"存在"本身,"存在"的意义,在一种完全不同而且更加根本的意义上与"存在"(Sein/Being)这个词密不可分。[45]

当然,这样肯定语言对于"存在"的重要性的时候,我们总能期待某种基于最最"朴素"的、最最"日常"的经验的反驳:你难道能说,那种你看到了但却叫不出名字的植物就不存在?难道你能说它就没有?难道这种植物的存在不是完全独立于它在任何一种语言中的存在?但是,这样的自以为最朴素、最无辜、最不依赖任何假定或者前提的反驳其实包含着最深刻、最顽固然而又最难暴露的"形而上"假定。问题在于:那据说我必然会有的"最朴素的信念",即东西是独立于我、于人、于语言而存在的这一信念,其实必然已经包含了我对东西之为东西的理解。只有这样我才可以说,这种或者那种或者任何一种东西(都)独立于人和人的语言而存在。所以,我所断言的东西或事物的独立性其实并不独立于我对东西之为东西的理解。这也就是说,借用我们熟悉辩证唯物主义教科书语言的人的说法,有关"物质独立于意识而存在"的断言必然首先已经包含了关于物质的意识,亦即,关于物质本身"是什么"的意识。如果不是先已有了这样一个关于物质本身"是什么"的意识,就根本不可能有做出物质独立于意识而存在这一断言的可能。这就是说,有关物质独立于意识而存在的断言必然首先已经蕴含着一个有关物质之为物质的意识。因为,当我断言物质独立于任何一种对于物质的意识之时,我必然已经意识到"物质"的意思是什么了。否则任何这样的由意识代为物质做出的"独立宣言"都是不可能的。因此,物质在非常深刻的意义上依赖于一个对物质之为物质的意识而成为物质。这就

---

[45] 海德格尔《形而上学导论》:"Sein 本身是在一种完全不同而且更加根本的意义上比任何一个 seiend 都更依赖这个词。"(英译本,第 88 页;参考中译本,第 88 页。此处汉语译文由笔者译自英译本)

是说，物质作为物质之"独立存在"其实已经取决于我对物质之为物质（亦即，"物质"这个词的意思）的理解。但是，这却并非意味着我们相信物质只是意识的产物。亦即，这根本不是我们所熟悉的、与"朴素"唯物主义相对的"朴素"唯心主义。因为，假使我们尚未知道意识"是"什么的话，那么即便我们愿意，我们也根本无法肯定意识的存在及其第一性。如果物质是意识的产物，意识又能是什么的产物？

当然，让"物质"这个从西方哲学翻译过来的概念在此处搀和进来只会把这里的局面弄混。因为，在汉语中，"物"加上"质"现在所表示的既非具体的"物"之总体集合，亦非构成各种事物的基本"质"料，而是某种被抽掉了一切具体性的"存在"。通过"物质"这个概念，我们所想象的是某种普遍的抽象的"存在"，亦即，是一切具体的事物都可以被还原到其上者。所以，在弄清这个由西方哲学翻译而来的"存在"的意思之前，我们最好还是先避开"物质"这个概念。

继续用我们的"东西"来说吧。能够把一个东西当成东西表明，我已经知道"东西"（的意思）是什么。而"把一个东西当成东西"则蕴含着：任何东西都是在"东西"这个意思或这个概念之下作为一个与其他东西既有别又相同的东西（或者，作为"东西"这个概念之一例）而被理解的。"既有别又相同"或者"既相同又有别"意味着，如果任何一个东西都是"东西"，那么一切东西就都"同样"是东西。所以，在同样都是东西这一点上，一切东西都是相同的。然而，虽然同样都是东西，但是每个东西又都是"一个"东西，这就是说，是一个可以区别于其他东西的"这个"东西。没有这一可被区别于其他东西的可能性，一个东西就不可能作为"这个"东西而是其所是或存在。而正因为我已经知道了"东西"的意思，或者说，知道了东西本身"是"什么，所以才能知道某个东西既是"东西"这一概念之一例，是一个与其他东西同样都是东西的东西，但也是某个特定的东西，也即是一个与其他东西不同或有别的"这个"东西。所以，如果没有"东西"这个词，如果没有我对这个词的意思的理解，或如果我不知道东西本身"是"什么，一个东西就还根本不可能作为东西而是其所是或"存在"，因此也就根本不可能"有"任何东西。

而现在，我对东西之为东西的理解，或我对"东西"这个意思的理解，能让我指着任何一个东西说："这是一个东西。"这一陈述是对一个东西之为一个东西的肯定。在这一陈述中，被现代汉语的"是"字联系起来的一端是指示词"这"所指出的某一这，亦即，某一具体的东西，另一端则是"东西"这个词或概念。所以，如果我说"这是一个东西"，我就同时肯定了两件事：第一，一个被我用指示词"这"所指出者是东西；第二，这个被指出者作为东西是这个东西而非任何其他什么东西。后者意味着，各种东西之间的区别或差异是我之能将一个东西作为"这个"东西而指出的必要条件：这是一个与其他东西有别的东西。没有各种东西之间的差异就不可能有任何可被单独指出的这。前者则意味着，我是在"东西"本身与任何东西的差异之中理解任何一个东西之为东西的。㊻"东西"本身不是任何东西，但"东西"这一概念与任何特定的具体的东西之间的差异则是我之能将任何一个这都肯定为东西的必要条件，否则我就只能指着每一其实还不可能被称为"东西"的东西分别说"这，这……"㊼，或者就只能指着其中仅仅一个而非其他

㊻ 我们这里所说的指向海德格尔所说的"存在"（Sein）与所谓"存在者"（seiend）之间的差异。海德格尔在讲这一差异时强调，这一差异并不是我们的表象性思维或总是从具体东西出发的思维从外面按到二者之上的。他的解释是，我们说"存在"（Sein）和"存在者"（seiend），但说"存在"意味着什么呢？"存在"始终意味着"存在者"的"存在"。这样，说"存在"时，已经蕴含着"存在者"。"存在"只是通过其与"存在者"的区别而是其所是，反之亦然。这就是说，我们不可能不在说此二者之一时就已经蕴含着此二者之差异。此二者只是通过这一相互差异才具有意义。

㊼ 当然，严格地说，我们这里连指着任何一个其实还不可能被称为东西的东西说"这"都不可能。因为，要是"这"作为一个所谓指示代词有任何意义，要是"这"可以被用来说任何一个这，要是一切都是一个"这"，那么"这"这个指示代词的意义（转下页）

的这说"东西"。这也就是说，这样"东西"一词就变得仅与所有可被指示词"这"指出者之中的仅仅某个这相等同，就像一个人所拥有的只属于他自己的姓名那样。因为，如果没有"东西"本身与任何特定的具体的东西之间的差异，"东西"可能就会成为某一特定的这的专有名称，而此时就只会有某一个这而非其他任何一个这可被称为"东西"了。

如果没有"东西"本身或"东西"这一概念将一切（不同的）东西都（同样）作为东西联系在一起，不同的东西就不可能作为相互有别而又相互联系的东西总体而存在。就此而言，与其他表示事物种类的概念不同，汉语中的"东西"这个似乎最为广泛的概念其实并不表示一个最大的种类。因为，虽然性质和形式上相同的东西可以归为一种或一类，性质和形式上不同的东西却只能分属不同的种和类。然而，在这些种类之上，亦即在一切不同种类的东西之上，汉语中的"东西"这个其实并不意味着最大种类的最大"概-念"本身却是让我们能将一切东西"概"而"念"之者，亦即，是一个能将一切不同的东西都同样作为东西而联系起来的"东西"，一个使我们能够理解任何东西之为东西并且指着任何东西做出"这是一个东西"的陈述的"东西"。㊸

(接上页) 就必然已经把一切的这作为一个总体联系起来了。在这一意义上，"这"将与"东西"相似。二者皆为将一切东西联系在一起，从而可以让每一个这都是一个这者。"这"在古汉语中是"是"。庄子正是在这一意义上说"物莫非是"，亦即，每个东西都是一个"这一个"。因此，严格地说，如果没有一个将一切东西（并非必定是实在的当前的东西）保持在一起从而让其"自以为是"并"各行其是"的可能性，那就连说"这"的可能都不会有的。说"这"，亦即，以"这"指出一个这，意味着，我们已经知道"这"的意思，所以我们能把一切都指为一个这。

㊸ 在这一意义上，"东西"也可说并不是一个概念或已经超出了严格意义上的概念。此处我们可以参较海德格尔在《存在与时间》中（中译本第4—6页；英译本第22—24页）对"存在"这个概念的初步讨论。那里海德格尔简略讨论了有关"存在"的三种流行的传统理解：一、"存在"是"最普遍的"概念；二、此概念是不可定义的；三、此概念是自明的。海德格尔认为这些传统观念都是错的。在海德格尔看来，严格地说，"存在"不是"概念"。海德格尔一直明确地强调这一点。照海德格尔说，"存在"（Sein）所名者乃 (转下页)

因此,"东西"这个代替"物"而成为现代汉语中表示所有事物的通俗说法其实蕴含着一切东西之间的联系与区别或区别与联系。㊾因为东西互相联系,所以一切的"这"或"这个"都是东西;又因为东西相互区别,所以每个东西都是一个"这"或"这个"。没有"东西"所起的这一必要的联系-区别或区别-联系的作用,就既不可能有任何这个,也不可能有任何东西。正是在这一意义上,我们可以说,是"东西"这个意思或"概-念"使一切东西成为东西。不过,上述这些现代

(接上页) 是独一无二的。所以,海德格尔的"存在"乃是单指的"专"名,而非泛指的"概"念。在《存在与时间》中,海德格尔已经明确写道:"作为哲学的基本课题的存在不是存在者的族类,但却关涉每一存在者。须在更高处寻找存在的'普遍性'。存在与存在的结构超出一切存在者之外,超出存在者的一切存在者状态上的可能规定性之外。存在地地道道是 transcendens [超越者]。"(海德格尔:《存在与时间》,1999 年修订版,第 44 页)然而,"存在"如何超越?这是否意味着"存在"本身"存在"于一切(存在着的)东西之外?若然,这样一个作为超越的存在与传统的超越存在又有何不同?正是这类可以导致极大误解的表述让德里达怀疑,海德格尔在某种意义上仍将"存在"(Sein/Being)弄成了一个"超越性的所指"或终极的意义。在德里达看来,后来的海德格尔其实已经以不同方式表明,"存在"绝不是这样一个超越性的所指。相反,作为使任何特定意义成为可能者,"存在"已经不再可能以"意义"或者必然蕴含着"意义"的对立词"无意义"来描述了。"存在"不是一个超越的意义,而是本身超越意义。正因为如此,"存在"这个词才必须被以某种方式抹去,因为词在某种意义上总是有意义。"存在"所表示的其实就是差异本身。然而,由于"存在"这个词与作为形而上学的西方哲学的复杂关系,德里达宁愿另辟蹊径,用"-ance"这个动名词结尾从法文表示差异与推延的动词 différer 中造出 différance 这个同时可以表述差别、异于、延迟的"(非)词"。关于德里达对海德格尔的"存在"一词的讨论,见其 *Of Grammatology* 中有关讨论(Gayatri Chakravorty Spivak 译,Baltimore: The John Hopkins UP, 1976, 第 19—24 页;中译本有汪堂家:《论文字学》,上海:上海译文出版社,1999 年)。德里达的《暴力与形而上学》(收入德里达:《书写与差异》[*Writing and Difference*],张宁译,北京:生活·读书·新知三联书店,2001 年)中有关于海德格尔的"存在"的更详尽的讨论,可以参看。关于为什么要自造"différance"这一新"词",德里达的"Différance"一文(收入 *Margins of Philosophy* [《哲学的边缘》],Alan Bass 译,Chicago: University of Chicago Press, 1982, 第 1—27 页)中有最直接的解释。

㊾ "东西"当然是口语化的说法。总括一切东西的"物"或"事物"在此与"东西"有一样的作用。我们当然始终可以说,"东西"或"物"或"事物"就只是概括一切的最广泛的概念。这当然也并没有错。但是这样我们就会对这些最广泛的概念所内涵的一切东西的联系与区别或区别与联系视而不见。这一问题在我们对"有"的分析中最为明显,因为"有"同时意味着"万有"本身与"万有"之"有"。详见第三章到第五章中对"有"的具体研究。

汉语表述似乎无论如何都嫌笨重。此处我们倘能借用庄子的一个优美说法，那么“东西”所具有的这个非常重要的意思，这个在我们已经过于熟悉的“东西”一词中深藏不露的意思，也许就可以被称为“散同以为异，合异以为同”中之“同”。(50)此“同”并不意味着任何浑无罅隙的“一”或者天衣无缝的“整体”，因为此“同”只是异之同，是合异所成之同。这一能够“合异”之“同”正是那将诸异“合”在一起从而让诸异成为诸异者。“诸异”这里意味着，各不相同的东西。各不相同的东西只有同在一起才能（显示）各自（的）不同。所以，“合异之同”的“同”本身其实乃是一种让诸异通过能够“同在一起”从而可以“相互异于”的力量和活动。作为让诸异能够同在一起从而可以相异的力量和活动，“同”产生“异”。而“同”之所以能产生“异”，又正是因为“同”作为“同”已然就是包含“异”于其自身之中者。所以，同为异之同，异乃同之异；同使同（在一起）者异；异使（相）异者同（在一起）。(51)

然而，如果“东西”这一在某种意义上可以被说成是概括了一切事物的最大“概-念”必然已经蕴含着一切东西之此“因‘同’而‘异’”，或此“因‘异’而‘同’”，如果“东西”甚至其实就只意味着诸异之同，那么“东西”所蕴含的这一积极的联系-区别或区别-联系活动，亦即，一种使同者异或使异者同的活动，或一种动词意义上

(50) 这是《庄子·则阳》中在讨论“道”时的一个表述，其所蕴含的深刻思想似乎还没有得到合适的阐发。庄子的这一思想可与海德格尔的关于异与同或同与异的思想一道专题分析。海德格尔在《同与异》前言中让读者通过倾听“本有（Ereignis）和分解（Austrag）”（此为《海德格尔选集》中的译法，第 823 页）之间的和谐而亲自发现“（差）异如何生于同之本性”（英译本，第 21 页）。异生于同，因而异实为同之异，而同实为异之同。我们在讨论《老子》第一章时对于“同谓之玄”的“同”的分析与此有关，可以参看（本书下篇第一章：“‘道可道’：重读老子第一章”）。读者亦可参看本书下篇第四章“老子与海德格尔之近”中有关同与异如何从根本上即密不可分的论述。

(51) 参见本书下篇第一章第六节“玄同”中有关“同”这一概念的详细论述。

的差异活动（亦即，产生差异，形成差异），是隐而不显的。为了显示区别之间的联系或联系之间的区别，我们就需要一个词或一个标记（这也就是说，一个东西）来"指出"这一根本的普遍的区别-联系，这一使一切东西由之而成为东西者。当然，给这里的"指出"加引号是欲表明，区别本身和联系本身是不可见的，因而也是指不出来的，所以就需要一个词来标志一个东西与另一个东西之间，以及一个东西与作为总体的东西之间的联系和区别。在现代汉语中，可以标示出不同东西之间以及任何一个东西与"东西"本身之间的区别与联系的就是那个原先在古汉语中担任着指出任何一个"这"的工作的指示词"是"，这一后来才逐渐演变成为起联系作用的所谓"系词"的"是"。"是"既联系其所分开者，亦分开其所联系者。㊾所以，即使在"东西是东西"这样的似乎只是同义反复的表述中，区别而又联系着前后这两个"东西"的"是"其实也已经标示着这一具有根本意义上的重要性的区别-联系，

㊾ 这里必须再强调一次，"是"的这一联系作用与英语、德语、法语等我们所熟悉的印欧语中的系词（"be""sein""être"等）有重要不同。汉语的"是"作为系词时只能联系两个名词或名词性成分，而这也就是说，两个东西。所以，在汉语中不能说"这朵玫瑰是红"，而只能说"这朵玫瑰是红的"。这个必不可少的"的"字表示，表示颜色的"红"字后面省略了一个名词性成分，这一成分在这一句子中可以是"花"，但也可以是别的东西，例如，"云彩"，"火焰"，等等。所以，这一成分的无可压缩的内涵就是"东西"。说"这朵玫瑰是红的"最终是说，"这朵玫瑰是红的东西"。当然，"是"的此种用法已经不是汉语中的原始现象了，但这一句法与西方语法的不同还是可以激发我们思考汉语中的思维方式的独特之处。在汉语中，我们用"是"联系起来的是东西与东西，而不是东西与其性质或状态。后者在英、德、法等语言中则是常规。这就是为什么当我们要表示那朵玫瑰的某种状态（其颜色）时，我们需要这个"的"字来绕到"东西"上去。这个"的"字以省略的方式表示着这一必要的绕道。这朵玫瑰是一个东西；这个东西是一个红的东西。于是，归根结底，这里说的还是一个"'这'是'东西'"。所以，也许可以说，在汉语中，一切以"是"为系词所做出的肯定最终都是一个"'这'是'东西'"的肯定。这里还可以顺便点到的是，也许正因为汉语的"是"要求我们只能联系东西与东西，而不是东西与其性质或状态，所以，第一，我们确实很难在汉语中复制海德格尔的那些以 sein 的第三人称单数现在时态的 ist 将主语与其性质、状态、时空等等联系起来的句子。这些句子是被海德格尔用来说明这个西方的"是"的重要意义的（见本章之注 21）；第二，中国传统中的"白马非马"以及"坚白"之辩也许可以从以上所说者所蕴含的某种角度重新研究。

亦即，标示着那可以使任何东西被当成一个东西（来指出和谈论）的"东西"（这一概念）本身与任何一个（具体的或观念性的）东西之间的区别性的或差异性的联系。而恰恰由于这一区别性或差异性的联系，这一表述才绝非同义反复。相反，"东西是东西"这一表述乃是通过将一个东西置于由"东西"这个词所表示的一切东西的普遍联系与普遍区别之中而使之成为一个与一切其他东西相连而有别的"这一个"东西。

由于区别或差异必然蕴含联系，而联系只能是可以分开者亦即有区别有差异者之间的联系（即使各可以分开者在某种意义上是相同的或同样的），所以我们可以仅用"差异"来表示我们这里所说者。这样做的好处是可以与为"差异"（difference）赋予根本性的重要意义的当代西方哲学思想进行交流。然而，如果考诸中国汉代以前的汉语，我们就会发现，这一由后来的"是"所标示或者指出的差异（当然，差异本质上是不可能被指出来的，因而也没有传统意义上的"本质"），这一使汉语的系词"是"所做的"什么'是'什么"的肯定成为可能的差异，其实本身只是一"空"或一"间"。因为，在古汉语中，指出和肯定任何一"这"为"东西"的标准表述只是："此［ ］物也。"㊳这里，由语尾的"也"字所提示的语句中的短暂停顿即蕴含着一个分开/联系"此"与"物"亦即"这"与"东西"的无形的"空"或"间"。有此

㊳ 或者，"是［ ］物也"。这个例子在这里的语境中有一个附带的好处，就是可以阐明汉语的"是"之如何由指示词演变成所谓系词。"是［ ］物也"这一表述在一个被"是"所指出者与"物"这个概念之间建立了一个关系。通过这一关系，一个为"是"所指出者被放到"物"这个词所表示的一个普遍的区别性的联系之中。由此，被指示词"是"所指出者"成为"一物。但"物"说的又是什么？无非就是：每一个是。所以，"是［ ］物也"中间的语气停顿或书写间隔可以被去掉。于是，"是［ ］物也"就成为"是物也"。前者意味着，"此（或这）是一物"。后者意味着，"此物"或"这个东西"。于是，"是"由一指示代名词变为一指示形容词，而这一变化又导致这一表述由陈述和判断变成一个短语。

"空"或此"间"就可以有"分"有"别";有"分"有"别"就有差异;而仅当有了差异的时候,一"此"或一"这"才能被联系于"物"或"东西"这样的所谓最大概念,因而也才能被肯定为一"物"或一"东西"。因此,正是这样一个"空/间"本身才是系词"是"的真正容身之地,而"是"所标志出来的也正是这一作为东西或物之间的差异性联系而"存在"的、起着根本性的区分作用的"空/间"。

但是,古汉语的纯名词句又表明,这一作为差异的"空/间"其实却并不一定需要这个在具体的语法形式上将不同东西"系"在一起的"是"字,或任何一个其他的字,才能完成自身的工作。这意味着,无论西方哲学家,以及已经开始受西方哲学深刻影响的中国哲学家或语言学家,赋予系词"to be"或"是"以怎样的语言和哲学特权,这些词在某种意义上其实都并非不可或缺。它们只是恰好在某一语言里接受了一个关键任务:去指出或者代表一个本质上无法代表和无法指出的"空/间",亦即,一个本质上无法被指出的差异本身。如果没有这一根本性的"空/间",亦即,如果没有差异,语法上的"是"就没有任何喘息回旋的余地。如果没有这一根本性的"空/间",人就无法对任何东西做出任何肯定。因为,对一个东西做出肯定就是将某一"这"肯定为"东西",以及将"这个东西"肯定为一个与其他一切东西有别的东西。而这也就是说,将不同的或有差别的东西联系起来。因此,如果没有这一根本性的"空/间",那就根本不可能做出"东西'是'东西"的肯定,因而也就不可能"有"任何东西。

因此,所谓"存在"问题问的其实并不是"存在"是否所有东西的最基本的"性质",而是任何东西何以竟然能作为东西"存在",或者说,任何东西何以竟然能够"是"东西。所以,"存在"问题问的其实是一个最简单但也最深奥的原始问题,一个真正的所谓"形而上"的问题:为什么竟然会"有"东西?或者,东西为什么竟然会"有"?

而"存在"问题所欲思考的其实就是那从根本上可使任何东西成为东西或使物成为物(亦即,让东西或物作为东西或物而出现和到来)的差异。而此"差异"本身也许才是这个最简单而又最深奥的"存在"的意义(如果"差异"本身也可以说是有意义的话)。这就是说,"存在"说的是东西之存在,存在是作为东西而存在,而东西作为东西只有通过差异(东西是"东西"[这一概念]中的东西;"东西"[这一概念]蕴含着任何东西,而"一个东西"意味着一个异于其他东西的东西,等等)才"存在"。所以,"存在",亦即,任何东西之存在,就意味着:在差异中存在,由于差异而存在,通过差异而存在。"存在"就是差异本身。"存在"本身就是这一能让东西通过它而成为东西和作为东西而存在的那一根本的差异。

现在我们才可以开始理解,为什么海德格尔关于"存在"的意义或真相的探究最终指向这一"作为差异的'存在'"。海德格尔在发表于二十世纪五十年代的讲演《形而上学的本体论-神学-逻辑学(onto-theo-logical)构造》中明确地说,我们应该通过从形而上学本身中后退一步到形而上学的本性之中而将其解放出来并从而与之面对的思想之事就是"作为差异的存在(Sein)"或"存在(Sein)之作为差异"。[54]但是,海德格尔并没有更进一步发展这一"作为差异的'存在'"。在某种非常重要的意义上继承了海德格尔对西方形而上学的"解构"工作的德里达更明确地指出了"存在"与"差异"的联系。他提出的差异兼指时间性与空间性的差异,为此他"发明"了différance这个无法翻译的法语词。在以此词为标题的一篇论文中,德里达明确地说,

---

[54] 海德格尔:《形而上学的本体论-神学-逻辑学构造》,第64页。现有中译文可参考孙周兴:《海德格尔选集》下卷,第836页。

différance 比 Sein 或 Being 更“古老”。(55)对于海德格尔来说，西方形而上学的问题就在于，它仅在这一差异中想（一切存在着的）东西，却没有想这一使东西可以作为东西而出现、到来和存在的差异本身。这也就是说，西方形而上学遗忘的正是“存在”本身，而遗忘“存在”本身也就是遗忘“存在”与一切存在者即东西之间的差异，或遗忘存在之为差异。

那么，如果汉语的“东西”或“物”也已然在以某种方式是那能让我们将任何东西理解为东西者，这就是说，如果“东西”或“物”本身也已然蕴含着能让任何东西“是”东西的这一“是”，或这一“作为差异的存在”，我们能否干脆就用以上所分析的“东西”或者“物”来代替海德格尔的 Sein/Being？汉语的“东西”或“物”大致相当于英语的“thing”或者德语的“Ding”。这些词都是概括一切东西的总称，因而也必然蕴含着一切东西之间的“联系”与“区别”，“相同”与“相异”。然而，它们却无一能够在语言形式上明确标志我们上述分析所欲阐明的那个根本性的差异，那个能够将一切不同的东西作为东西而聚集在一起者。(56)相反，德、法、英语等印欧语系语言中从动词“sein”或“être”或“to be”等派生出来的名词或同时就也是名词的“Sein”或“être”或“Being”的独特之处恰恰在于，它可以不仅作为总概念而概括一切存在着的东西，而且同时还能标示“这是东西”这一表述本

---

(55) “Différance”，收入 Derrida, *Margins of Philosophy*（《哲学的边缘》），Alan Bass 译，Chicago: University of Chicago Press, 1982，第 1—27 页。

(56) 当然，在哲学话语中，我们可以通过对这些词施加某种语法压力而将其转变为表示东西成为东西的动词。《庄子》中其实已经有“物物”之语。这一表述在其原初语境中意味着“将物作为物来对待”或“让物为人所用”。在这样的解释中，“物物”这一表述中的第一个“物”是动词，第二个“物”是名词。不过“物物”也可以被理解为“物成就自身为物”或者“物作为物而是其所是”。在这样的解释中，“物物”就成为一个主谓结构的表述了。海德格尔也曾将德语名词“Ding”动词化，从而造出相当于汉语的“物物”的德语表述。如果用英语来说，“物物”就是“The thing things”。参见本书下篇第四章。

身所蕴含的那一使任何东西都能作为东西而得到肯定的"差异"("东西"与任何一个东西之间的差异；一个东西与其他东西之间的差异)本身。这就是说，它既可以在德语、法语或英语等印欧语言中表示一切东西，同时又是任何"这"与"东西"之间的那个可以表示此"间"的"是"，亦即，同时又是让我们可以说（肯定）"这是东西"的那个"是"。这个"是"因而就是那个"合异以为同"的汉语动词"合"，亦即，那个积极进行着联系和区分的活动本身，因此它也就是"存在"，是一切东西的"存在"。是以海德格尔才在"存在是什么？"这一问题中将"存在"这一概念回连到"是"这一系词之上。

"存在"与"是"在这一关于"存在"之意义的问题中的这一内在联系意味着，"存在"其实并非只是一切东西的总名或总概念，甚至从严格的意义上说根本就不是概念，而只是"什么'是'什么"之中的"是"，那个让什么去是什么的"是"（但这个让什么去是什么的"是"本身却必然什么都"不"是）。这也许就是为什么印欧语中这个"是"既可以作为系词而表示"什么是什么"，也可以作为不及物动词而直接表示某一什么本身的"存在"的原因。因为，某一什么本身的"存在"只能意味着：去作为某个东西而存在，亦即，去"是"一个什么。所以，在印欧语中，可以有"God is"（上帝是/上帝在/上帝存在）这样的表达，亦即，"是"可以在这样的表述中被用为不及物动词而非系词。但是，即使这种在汉语之中不合（语）法的西方式表达这里其实也已经蕴含着一个"是什么"。说"上帝是"即蕴含着"上帝是（……）"，而此又蕴含着，我们其实已经在以某种方式知道上帝"是'什么'"了。[57]因为，

---

[57] 海德格尔在《形而上学导论》中曾把"God is"（上帝是）作为动词"to be"的多种含义和用法的第一个例子举出来。他在那里没有区别"to be"的动词用法和系词用法。黑格尔在其《逻辑学》（杨一之译，北京：商务印书馆，1976年，下卷，第35页）中讨论同一律时讲过，如果一个人答应说明上帝是什么，却说"上帝是上帝"，就会使听者的期待落空。黑格尔的意思似乎是，如果一个人说"上帝是"，那么别人就会期待一个（转下页）

肯定一个东西之“是”必然只能是肯定这个东西“是一个什么”，亦即，肯定它“是某一个东西”，一个与其他东西有别的东西，这也就是说，肯定这个东西作为一个东西之存在。而汉语的“东西”或者“物”，作为概括一切事物的总概念，虽然也已经蕴含着一切东西之间的区别与联系，亦即，蕴含着那一联系一切东西从而使之成为相互有别的东西的差异，但却不可能同时在语言中明确标示出自身所蕴含的这个根本性的“间”，亦即，不能同时表示这一能让任何东西作为东西而存在的“存在”义，亦即，“东西”一词不能同时表示“东西是东西”之中的那个“是”。由于这一语言特定性，尽管汉语的“东西”或者“物”中也已经蕴含着一切事物的普遍区别与联系，但却并不是“Sein［Being］”的合适翻译。然而，如果汉语的“东西”或“物”不是“Sein［Being］”的合适翻译，那么汉语的“是”也不是其合适的翻译。因为，虽然“是”作为系词在汉语中表示事物之间的区别与联系，但却并不直接表示东西或物本身之有或存在，除非我们在汉语的哲学话语中对此“是”施加一定的意义压力。(58)这样说来，很多印欧语中这个可以被直接名词化为一个表示“万物”的总概念的动词“to be”又似乎确有其独特之处。

(接上页)“是什么”的“什么”。这里，黑格尔也没有区别“to be”的动词用法和系词用法。我们这里也许可以就此例子提出关于这个印欧语的“to be”的“双重”特性的这样一种解释：如果此词作为独立动词而非系词出现时，我们倾向于将其译为“存在”或“在”甚或“有”，而不是“是”，那么这主要是因为，译为汉语的“是”在这里不合乎现代汉语语法。但是，如果我们允许汉语的“是”所蕴含的那个“是什么”不必亲自出现，那么“God is”就可以译为“上帝是”。这个“是”传达的是，上帝是一个“什么”，尽管也许是一个不可言喻的“什么”，一个超越的“什么”，一个不可能具体地是任何什么的“什么”，但却仍然还是一个“什么”。于是，这一表述，这一并不说出这个“什么”的“是”，所说的最终就是“有”上帝或上帝“存在”。这就是为什么没有任何“什么”跟随其后的“是”可以意味着“存在”或“有”的原因。此“有”就是我们最初翻译此类西方哲学表述所用以翻译“to be”者。当然，我们已经提到，“有”并不完全等于“存在”或“在”。此论详见以下各章。

(58) 笔者本人已经在列维纳斯《另外于是，或在超过是其所是之处》的翻译和注释中进行了这一尝试。

五、"存在"这个词与西方形而上学传统

然而,在海德格尔看来,印欧语动词"sein"或"to be"等的这一独特之处同时也是给西方形而上学造成根本问题者。正因为在西方语言中动词"to be"可以很方便地名词化,而名词化了的"to be"亦即"Being"又可以很方便地成为一个概括一切东西的最广泛因而似乎也最空洞的概念,所以西方形而上学才会在思考"存在"时误入歧途。在海德格尔看来,这一"误入歧途"意味着,在思考"存在"问题时却遗忘了"存在"本身。而海德格尔所反复强调的西方形而上学之遗忘"存在"本身的主要原因之一就是,"存在"经常仅被当成一个最普遍的因而也是最空泛的概念。[59]海德格尔认为,正是这一误解使一些西方哲学家相信,我们可以不必或不再去管这个最广泛最空洞因而也最不确定的概念。在西方哲学史上,将"Being"理解为这样的概念者不乏其

---

[59] 将海德格尔关于"存在"的思想最先介绍到法国的列维纳斯曾这样描述过"存在"之易于被混淆于所谓"存在者"的情况:"一存在着的东西与其存在本身之间的区别,个体,种属,集体,上帝,以及一切名词所表示的存在物与它们的作为事件或行为的存在之间的区别,既将自身轻易地加之于哲学反思,但又以同样的轻易消失于其视野。关于'存在'这个动词,这个只在其名词化的分词中,亦即,在存在者中,在那存在着的事物中,才变得可以理解的存在,我们似乎说不出任何东西。在'存在'这个动词的虚空之上,思想似乎感到晕旋。思想不知不觉地从作为存在的存在这一观念滑向存在的原因这一观念。前者表示一存在之物的存在,后者则表示一'普遍性的存在',一个上帝,一个其本质必然包含存在,但却仍然还是'一个存在'的上帝,而不是存在的行为、活动、纯粹事件或工作。这一存在与存在者总是被混为一谈。"(Emmanuel Levinas, *Existence and Existents*, Trans. Alphonso Lingis, Duquesne University Press, 2001, p. 5)以上引文中的黑体字是我为了强调而改成的。这是列维纳斯二十世纪四十年代在纳粹高级战俘营中完成的他的早期哲学著作的导论中的话。强调"存在"与"存在者"之间的区别,在某种意义上是接着海德格尔说的。当然,这里应该注意的是,列维纳斯这里使用的"存在"和"存在者"还不是"Sein"(Being)和"seiend"(beings)的法语对应词"être"和"étant",而是"existence"和"existents"。这表明了列维纳斯当时对于海德格尔的"存在"思想的理解。我们引列维纳斯于此只是为了提供某种可以拓展我们的问题视野的参考。

人。这种理解将"Being"只当成一切("存在"着的)东西的总名。任何东西都是一个 being,所以 Being 概括一切东西。在这个意义上,"Being"的意思就变得与"东西"或"物"这样的概念无别。而在"东西"或"物"这样的概念中,人们又很难看到其所蕴含的普遍联系与差异。因此,所谓遗忘"存在"当然并不是遗忘了任何存在着的东西,也不是遗忘了任何东西本身的存在,而是遗忘了"存在"本身,亦即,遗忘了"存在"与任何存在着的东西之间的差异。这也就是说,西方形而上学没有从"存在"与存在着的东西之差异来思考"存在"。当然,在汉语中说"遗忘了存在本身"或"遗忘了存在与一切存在着的东西之差异",这是有些难于理解的。什么叫"存在"本身?什么是存在与存在者之差异?这一差异究竟"是"什么?在汉语中,"存在"通常只意味着时空中的"在":"在这儿","在那儿","在此时","在彼时"。这一意义上的"存在"也许并不那么容易被遗忘(虽然可以很容易地被怀疑:"那个东西那时真的在那儿吗?")。被西方形而上学遗忘的并不是任何东西的这一意义上的"存在"(如果发生这一意义上的遗忘,那么这会只是地地道道的"形而下"的遗忘,就像我们忘了自己的钥匙放在哪儿了一样。但是,忘了钥匙在哪儿却又恰恰表明,我们知道它存在着),而是那个可以使任何东西作为东西而存在的"存在"。换言之,西方形而上学所遗忘的是,那一能使任何东西"是"一个东西的"是",或者——为了预示我们随后对"有"的分析——那能使万物皆有之"有"。而正因为西方形而上学遗忘了这一意义上的"存在",一个很难以汉语的"存在"来表达的"意思"(因为我们总是倾向于在汉语中顾名思义地想"存在"),所以,当作为形而上学的西方哲学试图思考万事万物本身的所谓"存在"时,亦即,当它试图思考万事万物何以竟能存在或何以竟能有万事万物时,它总是倾向于将一切东西或事物的存在追溯到某一可以作为一切东西的终极原因或原始起源的东西之上，亦即，某一终极的存在之上。但是，一个"终极的存在"也还是一个存在，亦即，一个东西。

就此而言，海德格尔关于"存在"这一问题的全部讨论也许可一言以蔽之曰："存在"，这个应该被区别于一切存在着的东西的"存在"，其本身不是任何东西。这也就是说，"存在"本身并不存在，亦即并不作为任何东西——即使是终极的东西——而存在。但在汉语中，这样说似乎是不言而喻的，因而也是没有意义的。这当然只是又一次表明，汉语的"存在"并不是海德格尔所思考的"Sein［being］"的完全合适的翻译，尽管这里我们似乎也没有什么太多的选择。海德格尔在"存在"问题中所强调的是这一"概念"的本源性的"动作"或"活动"义。"存在"乃是一原始事件。"存在"意味着东西之成为东西。所以，关心"存在"问题不是要将存在着的东西作为给定的亦即被创造的东西而追溯到某一作为创造者的终极存在者例如上帝之上，而是试图思考，东西何以能作为东西"（来）存在"。此处所说的"东西"则必然包括一切东西，甚至那个被认为创造了一切东西的东西：上帝。正因为如此，"存在"问题才是真正的超越问题。所以，海德格尔反复特别强调的就是，这样的问题并不意味着为一切东西寻找一个终极基础或者最高统领。

对于海德格尔来说，作为形而上学的西方哲学的全部问题在某种意义上均可以归结为：关于"存在"的西方思想虽然试图理解存在之为存在，但最终却总是将"存在"本身理解为某种存在着的东西。换言之，这一思想总是将一切东西的存在追溯到作为终极原因的某一"存在者"之上，这一思想总是在试图确定一个可以为一切东西提供基础的或可以成为一切东西之基础的"东西"。在西方形而上学的历史上，相继成为这一终极职位的当选者或候选者的有：phusis［自然］, logos［逻各斯，道，理性］, on［存在］, idea［理念，观念，相］, substantiality

[实体，实在], objectivity [客体性], subjectivity [主体性], 意志, 权力意志, 意志意志, 等等。这是海德格尔在《形而上学的本体-神学-逻各斯构造》这篇演讲中给出的一个名单。类似的名单亦见于德里达的《人文科学话语中的结构、符号与游戏》一文。此名单较前一名单略长, 其中计有 eidos [本质], arche [本原], telos [目的], energeia [能], ousia [本体]（亚里士多德的概念, 本身又被译为 essentia, essence, existence, substance, subject）, aletheia [去蔽, 真], transcendentality [超越, 超越性], consciousness [意识], God [上帝], man [人], 等等。⑥这些西方概念大部分甚至全部都没有不致引起严重误解的汉语翻译, 甚至包括诸如"God"和"man"这些看来似乎颇为直截了当的词。我们当然可能记得, 晚明时期前来中国传教的耶稣会士曾经如何为翻译"God"这个专名而大伤脑筋; 我们也不会忘记, 现代中国的思想启蒙先驱们又如何因在西方形而上学的"man"这一概念中首次或者重新发现了"人"而既欢欣鼓舞又扼腕痛惜。⑥

---

⑥ *Identity and Difference*, p. 66; 参见《海德格尔选集》下卷, 第 837 页。*Writing and Difference*[《书写与差异》], trans. Alan Bass, Chicago: The University of Chicago Press, 1978, pp. 279-280. 方括号中的译文只是为了读者的方便而勉强翻译的, 其中或为通行译法, 或为学者们所建议或主张的译法, 不可视为定译。

⑥ 利玛窦在古代汉语经典中找到了"上帝"一词, 说"吾天主, 乃〔汉语〕古经书所称上帝也。……历观古书, 而知〔中国之〕上帝与〔西方之〕天主, 特异以名也"。但利玛窦心里大概知道, 汉语的"上帝"当然异于"God"（见利玛窦:《天主实义》,《利玛窦中文著译集》, 朱维铮编, 上海: 复旦大学出版社, 2001 年, 第 21 页）。五四作家发现了西方的"man", 就说中国还没有人。所以周作人写《人的文学》, 鲁迅则在《狂人日记》批判"仁义道德吃人"。此"人"当然是被译为"人道主义"或者"人本主义"的西方 humanism 所理解的"人"。鲁迅的看法是, 中国传统文化的"吃人"使这一（真正?）意义上的人无从出现。但是, 鲁迅等现代中国"'人'道主义"思想家忽略的是, 此乘译而来之"人"并非人的绝对本相。福柯在《知识考古学》中曾说, 西方的"人"乃是不久以前的发明。亦即, 西方现代意义上的"人"实为某种历史不长的存在。海德格尔在开始分析作为 Dasein（中译为"此在""亲在"或"存在者"等）的"人"时追本溯源, 提醒我们注意希腊哲学与基督教神学对"人"这一（西方）概念之形成的决定性影响（见《存在与时间》中译本, 第 60—61 页）。所以, 鲁迅等发现的"人", 所谓"真的人", 也仍是特定文化的构造。

但是，如果"存在"的意思最终可以落实到上述某一事物之上，例如 God，那么我们虽然似乎能够解决一切问题，却必然还会剩下最后一个问题无法在 God 的基础之上解决，亦即，God 本身的"存在"，因为我们不可能在想 God 之名时而没有已经在以某种方式理解着 God 的"存在"。换言之，如果我们需要这个被译为"存在"或者"是"的词来说"上帝存在"或者"上帝是"，那么上帝就也依赖这个小词而"存在"或者"是（其之所是）"。如果到了这一地步我们仍然可以继续追问"'存在'究竟是什么？"的话，我们当然就只能说，"存在"其实什么也不是。因为，一旦我们用"是什么"来说"存在"本身，我们就把"存在"也变成了一个东西，一个存在着的东西或存在者。"存在"让一切东西作为东西存在，但是"存在"本身却并不存在。这也就是说，"存在"（"是"）"无"，但这个也许不再可以用"是"来标示的"无"却是让"是什么？"这一表述成为可能者。此"无"其实就正是"什么［是］什么"中的那个"空/间"本身。换言之，"存在"或者"存在"这个词所代表的那个"意思"就是让东西能够作为东西而出现、到来和在场的差异本身。因此，从某种意义上说，被翻译成汉语的这个西方的"存在"在汉语中所可以表达的意思与其自身是有相当距离的。这个西方的"存在"本身说的并不是任何具体的东西之"在这儿"或"在那儿"，"在此时"或"在彼时"，而是东西之何以竟能"是"东西，或何以竟能"有"东西。

当然，差异作为差异，或作为万事万物之"间"，其实根本不可能有任何"本身"可言，因此也不再可能以"存在"（或"不存在"）来形容。所以，虽然正是"存在"，海德格尔毕生所思的这个西方的"存在"，让存在者存在或让一切东西来到存在之中，或者说，虽然"存在"让一切东西"是"东西，但是"存在"本身却并不存在。㉒正是在这一意义上，我们可以将这个能让一切东西"是"东西或让一切东西作为东西而存在的"存在"本身理解为"无"，一个其意义仍然有待于被阐明的"无"，一个也许可以在老子和王弼的意义上被解释的"无"。㉓而恰恰由于海德格尔的"存在"不"有"，恰恰由于这一"存在"其实乃"是"某种"无"，所以它不为人见，罕为人知。按海德格尔说，这恰恰正是"存在"的"本性"："存在"必须成为"无"，亦即必须抽身而去，必须自我隐藏，从而才可以让一切东西——或一切的有——"有"。

"有"与"无"是中国思想传统中思考和谈论形而上问题所使用的两个相互联系的基本概念。用这两个概念来谈论海德格尔所思考的西方的"存在"，就是尝试让这一"存在"与中国的"有"与"无"——首先是"有"——进行某种可能的接触和对话。所以，通过"有"与"无"这两个词的引入，我们将越过另一条语言边境：一条不仅分开汉语与印欧语而且也以某种方式分开古汉语与现代汉语的语言边境。

㉒ 当然，严格地说，如果海德格尔意义上的"存在"（Sein）乃是让相对于"不（存）在"的"（存）在"以及相对于"（存）在"的"不（存）在"这些概念本身成为可能者，那么我们就不再能以"存在"或"不存在"来说这个"存在"了。这也就是说，只有对"Sein"（Being）本身或其意思的事先理解才能使我们知道"（存）在"与"不（存）在"意味着什么。关于这一点，可以参考德里达的"Différane"以及其《暴力与形而上学》中的有关讨论。

㉓ 我们希望明确区分这一意义上的"无"与海德格尔在《存在与时间》（英译本，第230—234、320页及其后；中译本，第225—229、329页及其后）中以及特别是在《形而上学是什么?》（*Basic Writings*，第91—112页；《海德格尔选集》，第135—153页）中所谈论的"无"。后者的"无"（Nichts/Nothing）是"有"的否定，而前者的"无"则是让"有"出现者。因此，海德格尔的"存在"也许可以用老子和王弼的"无"来形容，但是海德格尔的"无"却绝对不是此"无"的对应者。海德格尔需要"畏"这样的情绪来让"无"出现，而通向老子的"无"的道路却是某种"虚静"。这两种"无"的区别需要专题讨论。

第三章
汉语中的"有":"占有"与"存在"

一、回到中国传统的"有"

为了指出西方形而上学传统在探究"存在"问题上的一贯偏差,即遗忘了作为差异本身的"存在",海德格尔所反复强调的就是,"存在"不是任何一个存在着的东西,"存在"本身因而并不(像一个东西那样)存在,"存在"的意思乃是"让……存在","让……去是……","去成为到场在场者(presencing)",等等。而"让……存在"或"让……去是……"则蕴含着一能让东西作为东西而存在的"让者"。但此"让者"却再不可能是任何东西(例如,上帝,本体),因为如果这一"让者"也是一个东西,那么这一"让者"本身就会需要另一个能让它作为东西而存在的"让者"。这一"让"一切东西作为东西而存在的"让者"就是差异本身。西方形而上学中的这一"存在"或"是"所说的归根结底就是这一差异本身。而正因为差异本身不可能作为任何东西而存在,亦即,差异不可能"有"任何本身,差异本身"没有",差异本身(是)无,所以这一"作为差异的存在"又是一贯为西方形而上学所遗忘者。而海德格尔以为己任的工作就是欲将这一意义上的"存在"——"存在"的真正的意义或其真相——重新带到思想中来。这一工作的深刻意义主要不在于对某一基本哲学概念的重新确定,而在于对一个以"存在"为根本问题的悠久的思想传统的重新深入与探源。

所以，如果我们需要翻译这一"存在"，翻译围绕这一"存在"而展开的思想，那么我们的责任就不只是在汉语之内尽力周到地招待这一作为客人的异己"存在"住下来，而且更是要在自己的传统中拿出可以回敬这一思想客人的最好礼物来。只有这样，我们才能与我们应该真诚而敬重地款待的思想客人展开真正的交流和对话。如前所述，就这一思想交流和对话的需要而言，汉语的"存在"对于海德格尔所欲重新确定的这一西方哲学的"Sein"或"Being"可能并不是最好的款待。因为，除了上一章中所讨论的关于汉语的"存在"一词如何不适于翻译"Sein"的问题以外，在汉语中，由"存"与"在"合成的这一现代的"存在"，作为西方哲学的一种翻译的"存在"，并不曾作为一个重要的哲学概念而在汉语传统本身中存在过。

当然，既然翻译本身就是不可能的必要，我们的选择就并非仅仅处于完美翻译或者干脆不译之间。如果问题首先以及主要并不是任何表面上差强人意的翻译，而是海德格尔所理解的那个我们暂以"存在"代表的作为思想客人的异己意义是否能够真正越过"语（言）（边）境"而进入中国思想，那么我们的目光也许应该越过"存在"这个如今专为西方哲学的"Sein"或"Being"所建造的启用不久的汉语"新居"，而试先回到中国传统本身的形而上概念之上。①这就是说，为了让这个西方的"存在"在汉语中受到最好的款待，并最终能在其中"安身立命"，我们首先应该去做的也许就是重新激活那些对于中国传统本身而言至关重要的形而上概念。当然，这一传统中也许并没有能够完全对应这一异己的"存在"的礼物，但是我们至少可以在这一思想客人本身的启发下先来进行一番有目标的寻找。

---

① 当然，我们也意识到，汉语的"存在"也是"existence"的标准翻译。我们其实也许应该将"存在"专门保留给"existence"，因为前者其实更适于后者。

如果我们在上一章中尝试通过汉语的"东西"或"物"来接近和阐释这一西方的"存在"的意义,那么在中国传统的形而上概念中,"存在"让我们可以想到的首先就是"有"这一自老子起就十分重要的概念。在上一章中,我们已经预示了汉语的"有"与西方的"存在"的可能的意义联系。我们已经知道,在为时不久的西方哲学的现代汉语翻译中,在"存在"这一译法开始流行以前,其实就已经有人在建议考虑并且已经在实际上试将"Sein"或"Being"等译为"有"。例如,早在二十世纪四十年代,陈康就将哈特曼的"Ontologie"(ontology)译为"万有论",将希腊文"to on"译为"万有"。然而,他自己对这一译法却并不满意:"根本困难乃是 on 和它的动词 einai 以及拉丁、英、法、德文里和它们相当的词皆非中文所能译,因为中文无一词的外延是这样广大的。比如'有'乃中文里外延最广大的一词,但'有'不足以翻译 on 或 einai 等等。"他给出的理由是,汉语的"有"仅相当于希腊文"echein"(即英文"having"),它是亚里士多德十范畴的一个属性范畴(现译为"所有"或"状态"),只是一个说明 on 的意义的较为次要的范畴。②这里非常值得注意的是,陈康一方面直觉地采用了汉语的"有"来翻译 on 等,从而表明他其实已经意识到汉语的"有"与如今被译为"存在"的"Sein/Being"之间的某种对应关系,但另一方面却仍然只以汉语的"有"为"to have"或"having"的对等词,而没有开始认真考虑和分析,为什么汉语的"有"同时也可以是汉语思想传统中最有可能翻译西方的"存在"者。

贺麟旧译黑格尔《小逻辑》(北京:商务印书馆,1950 年)中亦将"Sein"译为"有"。但是,在商务印书馆 1980 年新版中,他却将"Sein"原则上均改译为"存在",而仅在某些特定的上下文中,特别是在他所

---

② 转引自赵敦华:《"是"、"在"、"有"的形而上学之辨》,载《学人》第四辑,1993 年,第 393 页。

谓黑格尔"谈到有与无的对立和统一时",保留了这个"有"字。③这一局部保留似乎更多只是出于修辞上的考虑（有与无对偶）。而对于将"Sein"原则上均改译为"存在"这一重要决定，他却并没有给出一个应有的解释。

著名语言学家赵元任曾从语言分析的角度提出，汉语中并没有与英语对等的"there is"，而只有"has"，即"有"。但既然此"有"同时表示"there is"之意与"has"之意，所以"除非将西方哲学中的'存在问题'明确地与'是'分开，而与'有'联系起来，这一问题在汉语中将很难有任何意义"。④ 这是很有见地的看法。但是，作为语言学家的赵元任虽然意识到这里有一重要的哲学问题，但却并没有对此做出任何深入讨论。

的确，汉语思想传统在所谓"形而上"问题上不谈"Sein［Being］"（是/存在）而谈"有"，并且与"有"一道而谈"无"。这一思想传统的基本"形而上"关切是道（"形而上者谓之道"）。道的问题则首先就是，何以竟然能有物，或物何以竟然能有？而既然在汉语传统中任何一物都是一"有"，所以这一问题也可以被表述为，何以竟然有"有"？"有"何以生，或孰能生"有"？这就是说，这一思想所关心的是万物之"有"以及万物之何以"有"。此"有"所提出的问题则正可以与我们以上所谈论的西方的"存在"所提出的问题在某些非常重要的方面对应。对于这一传统而言，关于物之有以及物之何以有的一个经典表述就是《老子》中的"天下万物生于有，有生于无"（第四十章）。这一表述的意义当然仍有待于深入的分析，本书下篇将进行这一工作。但是，仅就这一表述本身而言，我们现在至少可以说，如果有生于无，

---

③ 见其新版序言，xvii 页，xx—xxi 页。

④ Anwar S. Dil 编选：*Aspects of Chinese Sociolinguistics—Essays by Yuen Ren Chao*, California: Stanford UP, 1976, 第 249 页。

而万物生于有,那么这一"生"万物之"有"就是我们应该在"无"之前首先加以考虑者。在此,至少从表面上看,中国传统的"有"与万物的关系似乎确实很像西方形而上学的"存在"与所有存在着的东西的关系。所以,"有"似乎确实是汉语中可能翻译"Being"的一个资格最老的候选者。但是,我们如欲考虑选"有"来出任与"Being"所率领的西方的"存在"思想进行思想交流与对话的首席代表,那就应该首先仔细审察一下作为候选代表的这一汉语的"有"的意义结构与哲学内涵。

在《中国哲学史新编》中,已故现代中国哲学家冯友兰对老子的"有"做过一个非常有意思的分析。他在那里恰恰是将这个"有"理解为一个最大的总名,并将之比于西方哲学的"Being"。他说,《老子》第一章讲了三个概念,"有""无""道",黑格尔在《小逻辑》里也从"Being""Nothing""becoming"这三个概念开始讲起,这就叫中外哲学家所见略同。冯友兰对"有"这一概念是这样分析的:

> "有"是一个最概括的名,因为最概括,它就得是最抽象的,它的外延是一切的事物,它的内涵是一切事物共有的性质。……外延越大,内涵越小。"有"这个名的外延大至无可再大,它的内涵亦小至无可再小。它只可能有一个规定性,那就是"有"。"有"就是存在。⑤

中国传统对名的一贯看法是,名以名物或命物。既然"有"是最概括的名,所以"有"概括一切事物:"有"名"万物"。⑥而"有"之所以可名万物是因为,照冯友兰的分析,"有"描述的是一切事物共有的

---

⑤ 冯友兰:《中国哲学史新编》(第二册),第46—47页。
⑥ 参见本书下篇第一章中对于老子的"有名万物之母"的具体分析。

性质：有。"有"就是存在。这似乎毫无疑问。但是，冯友兰对"有"的这一分析似乎至少有一个需要考虑的问题：它既把"有"看作一个名词性的指事名物的名，又把它当成一个描述一切事物的共有性质的形容词。于是，冯友兰这里同时肯定了"有"的某种"双重身份"："有"是一切事物的总名；"有"也是一切事物共有的性质。至于"有"如何可以具有这样的"双重身份"，冯友兰似乎并未提供回答这一问题的任何线索。而且，在这里，"有"是否可以被完全等同于我们在汉语中所理解的西方哲学意义上的"存在"，而"存在"又是否可以被规定为一切事物的共同性质，这一点即使在西方形而上学传统中也并不是从来就清楚明确的。是以才有康德出来说，"sein"（"是/存在"）并不是一个真正的谓词，亦即，"是/存在"并不是事物的某种性质，而是我们对事物之设定。⑦是以也才有我们以上所讨论的海德格尔对整个西方形而上学的"解构"。最后，我们也必须再一次重复我们已经预示过的：即使仅在汉语中并只就汉语而言，"有"可能也并不完全等于"存在"。

不过，情况也许是，虽然冯友兰的分析混淆了两件不同的事，但是导致这一混淆的根源却在"有"这个汉语小词本来就有某种双重用法之中。的确，虽然在汉语日常用法中，"有"只是一个普通常用的动词，但是在所谓传统"中国哲学"的论述中，"有"却经常是一个名词性的抽象概念。"有"在汉语中亦名（词）亦动（词），而且虽动而能名，虽名而可动。而且，即使在作为一个普通常用的动词之时，若与其在印欧语言中的对应动词"to have"相比，汉语的"有"也有一个非常独特的双重用法，亦即，此"有"既可以表示通常所谓"所有"，也可以表示通常所谓"存在"。"有"的这一双重之中又含双重的语法和意义身份对于我们此处之试图理解其哲学意义可能极为重要。为了能够开始

---

⑦ 这一点可与康德的著名论断"'是'（Sein）不是一个真正的谓词"同读。

考虑"有"是否可以成为与西方的"存在"进行一场有意义的哲学对话的汉语候选词，我们也许可以从对汉语的"有"的动词用法的分析入手来开始我们的调查。这一分析将有助于我们理解：

一、"有"在汉语中如何既表"所有"又表"存在"？这一现象的哲学意义是什么？

二、"有"何以又能成为冯友兰所说的万事万物的总名或者总概念？

三、在成为这样一个总名之后，"有"这个词里还剩下来了什么？

四、如果汉语的"有"在一定程度上可以比于西方的"存在"，而"存在"是西方形而上学的唯一真正关切，那么为什么"有"在汉语思想中却似乎并未享受"存在"在西方传统中所享受的类似特殊待遇？为什么在汉语思想中"无"却似乎比"有"更为重要更为根本？

二、一身而二任的"有"

"有"与"是"是现代汉语的两个基本动词，在某种程度上分别与英语的"to have"和"to be"或者它们在其他印欧语言中的对应词相当。一般地说，如果"是"在一句话中表示的是人或物（语句中的主语）与自身的某种同一，那么"有"在一句话中表示的则是人或物与其他事物之间的某种关系。西方语言学家从语言学角度研究这两个特殊的基本动词的异同，西方当代理论家（例如存在主义哲学家与精神分析学家）则从主体或自我的认同问题这一角度关注二者的区别：我之所"有"不同于我之所"是"；我不能"是"我之所有者，也不能"有"我之所是者。例如，一个人可以"有"土地，"有"财富，"有"才能，"有"德性，甚至"有"疾病，但一个人却不可能"是"此土地，"是"此财富，"是"此德性，或"是"此疾病。"'有'疾病"意味着，疾病就像一个人所有的一件东西那样可以离人而去；"'是'疾病"则意味着，一个人作为疾病这样一种东西而存在。"'是'疾病"当然可以成为一个比喻，意味着一个人被视为像疾病一样可嫌可恶可怕可怜。被动词"有"连在一起者始终可以分开而并不影响所有者之所是，被"是"同而为一者在某种意义上则总是不可分割的。"是"意味着，作为所是者而"存在"，"有"则意味着，与另一者发生一种有与被有的特定关系。例如，一个人可以"有"子，也可以"是"子。在前一情况中，人总可以与其所有之子分开，在后一情况中，人却永不可能与其所是之子分开。

虽然，如前所述，"是"在汉语中的"出身"与"成分"皆不无问题，并因此已经开始受到语言学家与哲学家的不同程度的关注，但是汉语的"有"作为一个普通基本动词却似乎从来没有成为问题。然而，情况其实并非如此。问题在于，如果与印欧语中"有"（to have）与"是"（to be）之间的分工相比较，我们就会发现，汉语的"有"的独特之处正在于它其实一直默默无闻地"身兼二任"：此"有"不仅表示"to have"所表示的"所有"，而且也一直分担着"to be"的两个主要职能之一，即作为完全动词表示"存在"。如前所述，在印欧语中，照语言和语法学家的看法，作为所谓系词（copula），"to be"的语法功能是"连接"；作为完全动词，它则表示"存在"。但是，我们已经知道，东汉以前的古汉语中并没有完全等于"to be"的"是"字。那时候，"所是"或者"是什么"这个意思，亦即"to be"的所谓语法功能，仅由无动词的纯名词句来完成。例如，"孔子［，］鲁人也"，或者"野马者［，］尘埃也"，等等。而"to be"的所谓"存在"义在汉语中却一直由本来只是表示"所有"的"有"字来表示。

所以，古汉语和现代汉语里都没有真正相当于英语的"There is X"

或者"X is"这样的表示某种东西之存在的句式。⑧与此表达在意义上似乎最为接近者是通常以地点词或者时间词开始的"有"字句："宋有富人""厩有肥马""东有启明，西有长庚""古有某某，今有某某"等等。我们很容易把这些句子的结构与"我有大树"这类句子视为同类。其实不然。因为，虽然"宋有富人"或者"厩有肥马"这类句子似可以依"我有大树"的结构被理解为：宋国这个"主体"拥有富人，厩这个"主体"拥有肥马，但是它们其实并不是"富人"与"肥马"的所有者，因为它们不可能真正地去"有"任何东西。所以，"宋"与"厩"在这两句话里并不是真正的主语，而这两句话应该按由以下括号中的字补足的句子而理解为：（在）宋国（里）有富人，（在）厩（里）有肥马。这就是说，在这些表达中，"有"这个动词其实并没有任何主语。这里，以纯粹表示方向的词"东"字开始的句子"东有启明"可能更有助于说明我们所欲阐明的问题。"东有启明"显然不能被理解为："东"这个"事物"作为主语或主体拥有启明星，因为"东"甚至不能像"宋国"或者"马厩"那样可被说成是一个具体的东西或事物。因此，这一表述只能更明确地意味着，在东方有启明星，亦即，启明星"在"那里，"在"东方。

因此，在"东有启明"这样的无主语句子里，动词"有"的意义与用法其实已经发生了某种变化。"有"似乎还是"有"，"有"之"有什么"也很清楚，但是（事物的）所有者却消失了。已故英国汉学家葛瑞汉（A.C. Graham）对此曾做过下述评论。他说，虽然汉语的"有"

---

⑧ 参见 A. C. Graham（葛瑞汉），"'Being' in Western Philosophy Compared with *shi/fei* and *yu/wu* in Chinese Philosophy", *Asia Major* (New series) 7 (1959): 79-112. 此文已经由宋继杰译为中文：《西方哲学中的"Being"与中国哲学中的"是/非""有/无"之比较》，收入宋继杰编：《Being 与西方哲学传统》上卷，石家庄：河北大学出版社，2002 年，第 422—456 页，但未注明原文出处。葛瑞汉此文后来扩展为 *"Being" in Classical Chinese* 一书，收入 John W. M. Verhaar, ed. *The Verb "be" and Its Synonyms: Philosophical and Grammatical Studies*, Vol. 1. Dordrecht-Holland: D. Reidel Publishing Company, 1967。

是及物动词，但是当"有"用在表示"存在"的句子里时，动词"有"却没有主语。这意味着，汉语的"存在"义在这里是由动词"有"减**主语**来表示的。在这样的"有"字句里，我们知道"有某"，有时可能也知道"在哪里或在什么之中有某"，但却并不清楚可能也不再关心"谁有"，或者什么是其所有者。这一变化由于这两种不同句型表面上有时仍然相似而毫不醒目，所以其所蕴含的有关汉语思想的一个非常重要的特点仍然隐而不显。葛瑞汉是注意到其可能的哲学涵义的少数学者之一，但他却据此做了一个其哲学意义仍然有待于讨论的比较：在汉语思想里，人从外部接近存在（亦即事物），西方哲学则从事物本身开始。在汉语中人们说"有此事此物"；在英语里标准的哲学表述则为："此事此物 is，（存）在，是。"他的意思是，虽然"东有启明"与日常英语 "In the east there *is* the Morning Star" 在一定程度上可以对译，但是西方哲学在这里的标准表达却宁取其实并不顺耳的"The Morning Star *is* in the east"，亦即将"to be"用为表示"存在"的不及物动词。于是，汉语中表示存在的"有"的宾语在印欧语中却是表示存在的"是〔存在〕"的主语。⑨这就是说，在汉语中我们说"有什么"，例如，"有上帝"，在西方语言中我们则说"什么是〔存在〕"，例如，"上帝是〔存在〕"。

这一观察颇发人思，但是葛瑞汉本人却未能真正从哲学上探讨这一观察所引起的复杂问题。如果汉语与西方语言表达"存在"的不同方式表明，中西思想确实是从截然相反的方向开始接近事物的，那么这一不同究竟意味着什么？如何才是"从事物本身开始"？而且，首先，究竟何谓"事物本身"？如果汉语思想确有此"从外部接近事物"的特点

---

⑨ A. C. Graham（葛瑞汉），"'Being' in Western Philosophy Compared with *shi/fei* and *yu/wu* in Chinese Philosophy", *Asia Major* (New series) 7 (1959): 81. 汉语译文可参见宋继杰编：《Being 与西方哲学传统》上卷，第 424 页。

或倾向,这一照葛瑞汉说来与西方思想似乎截然相反的倾向又意味着什么?最后,如果汉语的"有"与印欧语的"to be"各自所代表的对于事物及其所谓"存在"的理解确实不同,使这一差异成为可能的共同条件又是什么?

为了回答这些问题,我们需要完成"有"的分析。如前所述,指导这一分析的问题首先是,为什么在汉语中"有"在某种程度上可以同时完成印欧语中"有"与"是"的任务?亦即,为什么"有"在汉语中可以既表示"所有"也表示"存在"?

文字学家告诉我们,"有"字象手执肉形,以形象地表示"拥有""所有""占有"等等。这一意义上的"有"是"你有什么""我有什么"或者"某某人有什么"之"有"。因此,从意义结构上说,"有"必然蕴含一"(所)有者"或"(占)有者"。这一"有者"是表示"拥有""所有"或"占有"的语句的主语/主体。但是"有"也必然蕴含着一可被有者,亦即,一可为某一能有者所有者。最终意义上的能有者只能是人,因为只有人才能理解"有"的意思。⑩而可被有者即是一般意义上的东西。因此,"有"所表示的本来是作为能有者的人所形成的与任何其他东西的一种关系。然而,我之所以能与任何事物发生"有"与"被有"这样一种关系是因为,一方面,我必须是能有者,另一方面,必须已经"有"("存在")可以让我"有"的东西,因为我

---

⑩ 所以,像"桌子'有'四条腿"等类不以人为主语的"有"只是引申和比喻意义上的"有"。桌子并非真能"有"四条腿,因为桌子"的"四条腿"是"桌子之为桌子的一部分。相反,"人有两只手"这一表述却必然双重地表达着本来意义上与引申意义上的"有",即使其上下文可能会限制其中一种意义的显示。在引申意义上,人确实可以在桌子有四条腿的意义上有两只手。但是这一说法其实已经将人在这里降低为像桌子一样的"东西"。而人之本来意义上的"有"手只能意味着,人"占有"自己的"手",而此"手"也只有通过这一占有并且在这一占有中,亦即,作为人"的"手,而成为其所是者——手。也正是在这一意义上,我们甚至可以说"人有身(体)"(《老子》:"吾所以有大患者为吾有身")。在这一讨论里,动物之"有"肢体,例如,猿之有某种意义上的"手",构成了某种不容忽视的中间地带。关于占有之有的讨论也许可以由此继续深入。

不可能"有"根本就"没有"("不存在")的东西。所以,作为"所有/拥有/占有"的"有"在其意义结构中应该已经蕴含着可被有者亦即东西本身之"有"("存在")。"我有马"即蕴含着:"有"("存在")马这种东西。

以上括号中的"存在"是对汉语的"有"所具有的两种意义之中的一种意义的翻译或解释。在古代和现代汉语中,表达此"存在"义的一个基本词汇也是这个"有",这个我们用以表示"所有/拥有/占有"的"有"。但是,在表示这一意义上的"有"时,我们使用实际上并无任何特定明确主语的句型。所以,当所要表达的意思是马本身的存在而不是谁拥有马时,我们只说:"有马",或者,我们会再加上某种时空上的限定,例如,"厩有马",甚至,"天下有马"。由于这里不再有任何表示某一可能的所有者的主语,所以"(天下)有马"这一表述肯定的已经不是任何马之为任何人所"有",而只是"有"马,或马这一事物本身之"有"。最后这一表述中的这个名词化了的"有"所表示的就是我们现在通常以所谓"存在"来理解的东西。就此而言,这一由"所有"义向"存在"义的过渡似乎是动词"有"的本来意义的某种"抽象"化,而这一"抽象"似乎也应该是"有"的意义的某种还原。被"抽"去了主语的,因而不再表示任何具体的所有或占有关系的动词"有"现在仅仅引出或带来一个宾语,亦即,一个事物、一个东西。"有……"这一表述现在只肯定一个单纯的"有某",却不管"谁有"。在已经如此习惯于这种无主语的"有"字句表述的我们的语言感觉中,被没有任何主语的"有"如此带来的东西当然应该是本来就已经"在"那儿的。已经"在那儿"的东西"存在"着,等待着任何可能的"为人所有"。无论什么东西,当然都得本身先"有",然后才能为人所"有"。我们会觉得这是很"自然"的顺序。所以,如果"有"一词二义,那么表示存在的"有"似乎当然应该是表示所有或占有的"有"

的前提。必须先已"有"马,我才可能"有"——"拥有"或"占有"——此马。所以,"有"似乎应该首先意味着事物本身之"有",亦即事物本身之"存在",然后才可以意味着"(所)有",亦即,已经"有了"或"有着"的任何东西之为人"所有"。这似乎是"有"的"存在"义与"所有"义之间的合乎逻辑的联系。

然而,令人困惑的问题仍然是,如果表示"存在"的"有"应该先于表示"占有"的"有",那么"有"的字义似乎也应该从前者向后者过渡和延伸才是。但是,如果关于"有"这个字的形成的分析可以依赖的话,那么这里的实际情况可能却与此相反:在汉语中,一个本来表示"占有"的"有"却反而被借来表示一个意味着"存在"的"有"。此"借"则似乎确实暗示着,汉语思想中本来并没有一个有关事物本身之"存在"的观念,因为这里我们似乎只是从事物之可为人"(所)有"出发来理解事物本身之"有",而不是相反。而这似乎又蕴含着,对事物本身之"有"或"存在"的理解在这里至多只是隐含在人对事物的"有"或"占有"之中,这就好像是说,人若"没'有'"了某一事物,此事物本身就不会"有"。以这样一个"有"来既表示"所有"又表示"存在"是否确实意味着,与印欧语思想中关于"存在"的观念相比,汉语思想中关于"存在"的观念中缺了点什么?甚至是,汉语思想中根本就没有一个有关事物本身之"存在"的观念?不过,情况也很可能是相反的:当汉语思想用"有"这个本来表示"所有"和"占有"的词来表示单纯的"在"或者所谓"存在"(这一只是通过西方哲学才变得在汉语中流行起来的现代哲学观念)之时,"有"所表示的这个"在"或者"存在"其实不仅没有缺少什么,而且比那个单纯表示"在那里"的"在"或"存在"甚至可能还多出点儿非常重要的什么。在以下的分析中,我们就想进而确定这个多出来的"什么"究竟是什么,究竟意味着什么。

三、"有"与"在"

如果"有"始终蕴含着一个"有什么",那么"在"则始终蕴含着一个"在哪里"。"有什么"这一表述可以并不直接涉及时空(亦即,不必一定有表示时间地点的词),但是在汉语中,一说"在"就一定要说"在哪里"或"在何时"。⑪"在哪里"和"在何时"将事物安置在特定时空之内。当然,在汉语日常用法中,表示"有什么"的这个"有"经常就只是一个被用为表示"什么在哪里"的"在"。这就是为什么日常说法在表达这个仅仅意味着"在"或"存在"的"有"时,倾向于为之加上具体的时间地点限制。经验意义上的有总是时空之内的有。因此,古汉语乃至现代汉语一般都并不单说"有某",而是说"某地某时有某"。虽然这样的说法表面上经常能给人以肯定某一特定的时空本身"(拥)有"某物这样的错觉,其实则只是肯定某个东西"(存)在"(于)某一特定的时空界限之内。在古汉语中,"地"之最广者为"天下",而"时"之最泛者为"古今"。所以,"天下古今"在某种意义上就是最大的时空。但即使是在这样的最大时空界限内肯定"有某",也还只是肯定某一事物本身之"(存)在"(于)这样的时空之内。说"天下有马"就是肯定,马"在"天下或"在"世界上,而说"古今'无'(没—有)双"就是肯定,"在"从古到今这段长长的时间"内",还从来"没—有"过第二个同样的东西。正因此,我们才必须再次强调,"天下有马"不能被解释为一个主谓式的"世界本身有

---

⑪ 金克木注意到这一情况。他在《试论梵语中的"有——存在"》中说:"……汉语中……有两个并存的词,一个泛指的'有',一个特指的'在'。'有'无时空条件的限制,而'在'确指其存在的范围,具有限制条件。"(见宋继杰编:《Being 与西方哲学传统》上卷,第 475 页)他对此仅仅止于提及,因其文并非以讨论汉语的"有"与"在"为主题。他没有思考汉语中这一不同的"形而上"涵义。

马",而必须被理解为动宾式的"在世界上有马"。⑫这一坚持的最终根据就是,表示"所有"的动词"有"要求一能有者,而并不"具-体"的时空则不可能真正去"(拥)有"什么。它们只能让已经有了或有着的东西"在"那儿。

这样,抽去了主语/主体并且加上了时间地点的"有"字句似乎确实已在意义上发生了变化:本来是关系性的"所有"似乎已变成了事物的单纯的、不依赖于任何所有者的"存在"。现在,除了为"有"规定时空界限的时间地点,我们不知道是"谁"或者"什么"有这个东西,我们也不必再关心它的所有者。我们仅仅知道它"有",知道它在某时某地"有",知道它或者"曾有",或者"仍有",或者"将有"。但是这个"有"现在给我们的感觉似乎是,这是一个与我们对事物的任何可能的"所'有'"或"占'有'"完全无关的事物本身的"原始"的"有",亦即,事物本身的"存在"。因为,在没有任何特定的具体的所有者作主语的"有"字句中,"有"的重量似乎已经全部压在东西本身之上。现在不再是"谁有这个东西",而只是"——有这个东西"。在后一表述中,本来及物的"有"现在开始带上了不及物的含义,于是我们才有时也可能会说:"这个东西有。"总之,情况似乎是,一旦抽去了动词"有"的主语/主体,"有"就开始描述事物本身的某种状态或者情况,亦即,表示其"在"或"存在"。事物本身现在似乎确实开始变成了独立的"主语/主体",并作为这样的独立者而"存在"。

---

⑫ 葛瑞汉在关于汉语的"有"的讨论中没有看到这一区别的重要性,所以当他说"在汉语中人们从外部接近存在"(Thus in Chinese one approaches existence from something outside)时,他所想的这个"外部"是"某种本身(拥)有此事物者或此事物本身在其之中者"(something outside, usually undefined, which has, in which there is, the thing in question)(A. C. Graham,"'Being' in Western Philosophy Compared with *shi/fei* and *yu/wu* in Chinese Philosophy", *Asia Major* [New series] 7 [1959]: 81)。然而,对于我们来说,这一区别其实至关重要。这一区别涉及有关"有"或"Being"的一系列根本性的问题,不应而且其实也不可混为一谈。

在汉语中，以时间地点词开始的无主语的"有"字句似乎就是这样地仅仅落实了一个某事物之"在哪里"的意思。而这样意义上的"有"所表示的似乎的确就只是事物单纯的"在那儿"，或事物本身单纯的"存在"。

然而，这里我们必须问，"在那里"或者"存在"又究竟意味着什么？事物是否从来就已经"在那儿"了？如果不是的话，那么事物又是如何开始"在那里"或开始其"存在"的？汉语的"存在"意味着：在时中延续（"存"），在空内居留（"在"）。这两个限定则意味着，存在着的东西在时空内接受其限制。这就是说，事物并非从来即已"存—在"，亦非将永远"存—在"。所以，只要一说"存在"，一说某事某物"存在"，事物就已经注定是有限的，而我们也必然已经知道时间和空间是什么了。因此，"在"或者"存在"意味着一个过程，哪怕是一个所谓"无始无终"的甚至"永恒"的过程。然而，如果事物的"存—在"是一个过程，我们就必须问，事物是如何开始作为事物而"存—在"的？或者，事物如何进入这一作为过程的"存—在"而开始成为自身？这也就是问，怎么才开始"有"了事物，或事物是怎么开始"有"的？但"存在"一词本身不能回答这一问题。相反，这一表述遮蔽这一问题。"存在"作为事物的谓语仅仅指点着：事物已经"在"那儿，事物已经"存—在"着。

然而，当我们除去一切时空限制而只说"有某事某物"时，这个"有"却并非仅仅指出或者肯定某个已经在那儿的东西。相反，这个"有"乃是首次将事物带到我们面前者。而这一"带到"的特殊之处在于，正是由于和通过这一"带到"，才（开始）"有"了事物或者东西。这就是说，事物并不"存在"于这一"带到"之前。因此，这一"带到"或者"带来"并非意味着将事物从别的地方或者某个藏身之处转移到我们面前，因为在这一"带来"之前我们还根本就"没—有"这一事物，所以也还根本就不知其"有"。所以，这一"带来"本身才是事物之"首次"出现和进入"存在"，亦即，是我们之开始"有"此事物，也是此事物本身之开始"有"。

这一说法似乎很容易遭到"常识"的反驳，但就是在汉语的日常表达方式中我们也能为之找到充分的支持。在汉语里，我们问及任何已为人知而又暂时不在面前或者无法找到的东西时用"在"："那个东西在哪儿？"只是在问及完全未曾为人所知的，因而根本不知其是否有的东西时才用"有"："那个东西有没有？"这里，我们绝不会将"在"与"有"混为一谈："在"总是蕴含着一个空间意义上的"哪里"，但是"有"却不然。所以，即使有人会在语境明确的特定场合只问"那个东西在不在"，这一问题也必然始终会被理解为"在哪里"或"在不在那里"，而"有"所问的却并非这样一个具体的"在"，而是一个在某种意义上先于此"在不在"的"有没有"。只是随着那个给予肯定的回答——"有"——我们才开始首次知道"有这样一个东西"，或者"这个东西有"。只有在"有"所做出的这一"原始"肯定之后，人们才进而能将上述两种极不相同的句型混合起来："那儿—有没有—这样一个东西？"这一问题现在问的就已经不再是东西的那个原始的"有"，而只是某个已经"有"了的、已经被肯定为"有"的东西之是否"在"某个具体的地方了。而此时的"有"说的也已经不再是那个原始的"有"，而只是一个由此而派生的"在"了。因此，"有没有马"与"某一马厩（里）有没有马"这两个表述之间其实有一根本性的不同。"有"的东西可以不在（亦即，不在任何可能之处），而"在"的东西却不可能没有（亦即，一物之"在"必然蕴含此物之"有"）。⑬在很

---

⑬ 例如，在汉语中，我们甚至可以（有意义地，或在一种完全可以接受的意义上）说"有无"，但是却不能说"无在"。无不在，也不可能在，亦即，无不在也不可能在任何地方，任何时间之中，但是此无却在某种非常严格的意义上有。其实，在说"有（转下页）

多日常的甚至学术的用法中,"有"也许而且确实经常降格为一个单纯的"在",但是,虽然如此,"在"却并不能反过来完全代替"有"。这表明,在汉语中,"有"确实多于"在"。当我们说"在"的时候,这一表述中必然已经蕴含了一个比"在"更原始的"有"。

四、作为语言事件而发生的物之原始性的因"占"而"有"

如果汉语中这个比"在"更原始的"有"并不仅仅表示事物的单纯的"在那儿"或"存在",那么,此"有"比"在"或"存在"究竟多出些什么呢?而以此"有"来表示事物之"在那儿"或"存—在"又究竟意味着什么呢?

此"有"比"在"或"存在"多出来的是人这一根本的能"有"者,而用"有"来表示事物本身之"在"或"存在"就表明,这个似乎已经纯粹化了的、仅仅表示事物之存在的"有"在意义上其实仍然与那个必然蕴含着一个能(拥)有任何事物的所有者的"有"紧密相关。因为,即使仅从句法上看,表示"存在"的"有"字句其实也并没有真正取消"有"这一动词本来所要求的那个作为主语/主体的能有者,而仅仅只是在动宾结构中悬置了被肯定为"有"(存在)的任何事物的任何特定的或可能的占有者。所以,汉语的"有"的特殊之处恰恰在于,即使当我们仅仅以这个"有"肯定一个东西的似乎完全与人无关的单纯的"存在"之时,我们其实也仍然在隐含地将其理解为一个

(接上页)无"时,即使我们省去"有"这一动词,也已经蕴含着对于无之这一根本意义上的"有"的肯定。同样,说"没有无"也已经蕴含了这个根本性的"有",亦即,对于这个根本性的"有"的肯定。这就是此根本性的"有"对于人而言的无可避免或必然。人不得不有,不得不让一切皆有,尽管人有时想得和要的只是一个"没有",一个"让其皆没有"。"没有"蕴含"有";为了能让什么没有,首先得让其有。在一个"让其没有"的"让"本身中,必然已经蕴含了(或"有"了)一个"让其有"的"让"。我们将在本章以下各节中深入讨论人之不得不有的问题。

"可(被)有"者。因此,即使在所谓纯粹表示"存在"的"有"字句中,东西其实也仍然被这个一词二义的"有"隐含地规定为能与一普遍的能有者发生"[占]有"与"被[占]有"之关系者:"有马"即蕴含着,马可以被有,马可以为能有者所有;而"我(作为能有者)有马"则蕴含着,已经有马,马本身有。所以,这里的情况始终是,无论我们说的是哪一个"有",此"有"本身都总是已经在说着(亦即,蕴含着)另一个"有"。从表面上看,此二"有"之间一般会被认为并没有什么关系。因为我们通常都会倾向于根据"日常"经验而认定,事物只能是先"有"("在"或"存在")而后方可为人所"有";但是,需要以"有"来表示这一似乎原始的、单纯的所谓"在"或"存在",却又总是使这一原始单纯的"存在"变得其实并不那么原始也不那么单纯,因为这一表面上说着"在"或"存在"的"有"又似乎总是要把事物之此原始而单纯的"在"或"存在"留在或拉(回)到某种似乎并不那么原始和单纯的、必然有人介入的"所有"或"占有"关系之中。这似乎确实意味着,在汉语思想中,事物本身之"有"不能真正离开其"可有"亦即其与某一普遍能有者的关系而被把握。而这又似乎确实意味着,在汉语思想中,事物似乎是不独立的,事物本身似乎并没有得到真正的尊重,事物似乎从来没有被首先和真正视为纯粹的"自在"者。⑭

汉语思想是否历来都太热衷于"占有"事物,以至从未真正关心

---

⑭ 此处加在"自在"一词上的引号意在引起读者对此汉语词的多重涵义的注意。"自在"首先可以简简单单地意味着,"自己在那儿",由此又可以有"自由自在"的意思。但是,作为一个翻译过来的黑格尔哲学或者萨特存在主义哲学的术语,"自在"(in-itself)与"自为"(for-itself)对立,意味着"在自身之内",亦即,一种不能走出自身而自己与自己相对的"存在"方式——物。"自在"也与康德的"在其自身之内的物"或"物自身"(thing-in-itself)有关。我们这里使用此词则是想在以后的论述中表明,从某种根本意义上说,事物其实没有所谓"自—在",不可能"自—在",因为事物之"在"与"有"不可分,而"有"与人不可分。

过事物本身的"存在"或者"有"？这一思想是否一直就以某种方式认为：存在（之有）就只是被占有（之有）？然而，如果我们不让其本身亦非单质单元的儒家传统以偏概（中国思想传统之）全的话，对于"非占有"（"不有"）的强调难道不恰恰正是中国思想传统的，尤其是道家思想的最重要的特征之一？⑮

如果我们仍然能够体验或重新体验"有"这个汉语动词所蕴含的原始力量的话，那么也许就应该肯定，从最根本的意义上说，被汉语的"有"所肯定的事物本身之"有"或者"存在"确实并不独立于某种根本性的"占有"关系，而且也不可能独立于这样一种关系。没有独立的"有"。事物不可能独立地"有"。而汉语的"有"从其本质深处所说出来的其实也许一直就是：事物自始即已是被"占—有"的。而正是这一原始的"占—有"才从根本上构成任何事物之"有"。事物乃因人之所"占"而"有"。

但是，这一能够真正构成事物之"有"本身的人对事物的"占有"却仍然有待阐明。

如果我们想在汉语中越过"有"而找到某一更原始的词来谈论一切事物，就会发现自己在此似乎完全无能为力。我们无论如何也绕不过这个总是已经蕴含在我们对一切东西的提及和谈论之中的根本的、原始的"有"，即使此"有"并不明确出现在我们的话语之中。谈论"天"或"天命"即蕴含着二者之"有"，谈论"道"即已蕴含着道之"有"，甚至谈论"无"也已经蕴含着"无"在某种意义上的"有"。为了肯定天、天命、道，甚至为了肯定无，这也就是说，为了肯定它们各自之有，我们说："有天"，"有天命"，"有道"，"有无"。

让我们能对任何事物本身做出原始肯定的这个"有"将事物首次

---

⑮ 此处我们也许只需要回想一下老子的"生而不有，为而不恃，长而不宰"的"圣人"就够了。

"带到"我们面前,从而让我们开始"有"此事物。这里,"让我们'有'此事物"当然并不意味着让我们实际上占有这个东西。"让我们'有'此事物"仅仅意味着,让此事物作为一个事物而开始与我们"有"关,从而我们才可以开始把它作为一个事物而思考它,谈论它,或占有它。让事物与我们"有"关就是让事物进入关系之中。但是,这里,"进入关系"却并不是仅仅进入某一关系,而是进入唯一关系,甚至绝对关系,所以这一关系并不与其他关系并列。这一关系是事物与人以及人与事物的独一无二的原始关系,因为在这一关系开始之前,事物还不可能开始其(相对于人之)"有",因而也就还"没—有"任何事物。因此,事物的这一原始性的"进入关系"乃是其进入一切其他可能的有规定和有限度的关系的开始。所以,"有"让事物所进入的这一关系本身的独一无二之处就在于,只是因为我们通过"有"——通过说"有"——而开始让事物与我们"有"关,从而也让我们与事物"有"关,事物才能够开始作为事物而"有",亦即,作为事物而开始"存—在"。这也就是说,只有在这样的"关—系"里,事物才开始作为事物而出现,并且成为事物。"有"在人与物或物与人之间形成了最原始最根本的关系,即关系本身。这也就是说,人与物的其他一切可能的关系都是从"有"——从人开始能够说"有(物)"——这一关系开始的。事物则只是由于这一作为关系的"有"或作为"有"的关系才开始其有与其"(可)有"。所以,使事物成为事物的这一关系本身就是最根本最原始的意义上的"有"。人与物皆在此"有"之中"有",各以其自身的方式而"(去)有"。因为,此"有"既是人之通过"有(物)"而让物"有",也是物之通过为人所"有"而"有"(存在)。所以,此"有"既是人之"有"物,也是物本身之"有"。此"有"就是人的那一让万物皆"有"的根本性的"有"——人对万物的最根本、最原始的"占—有"。这一根本性的"占—有"意味着:因"占"

而"有"。

但这一因"占"而"有"当然不是说,谁具体地"占"了什么就"有"了什么,而是说,万物本身皆只因此"(为人所)占"而"有"(亦即,存在)。因为,去"(占)有"某物首先和必然即是,已经理解着此物之"可有"。而理解物之"可有"又蕴含着,已经理解着物本身之"有",已经将物本身理解为"有"。人不可能"有"某物而没有已然知其"有"。知自己之"有"某物就是已然知此物本身之"有"。而这一知其本身"有"(而非作为个体实际上直接拥有)才是人对物的最根本的"(占)有",亦即,是人通过知物之"有"而让物成为"有"。这也就是说,这一根本性的"占—有"首先乃是让物作为意义而涌现。所谓"作为意义而涌现"即是让物成为可理解者。通过这样的"被占有",物才来到自身,成为自身,亦即,成为一物,一必然有意义因而可以被理解之物。而可在最根本的意义上被理解——被理解为物本身,被理解为一"有"——正是物之为物的应有之"义"。物并非先是自身,或者,就像康德哲学可能愿意让我们相信的那样,先是仅仅在"自身"之内,然而再被人理解和赋予某种外在的或者附加的意义和用处。物作为物自始即已然"有"意义,而其意义首先就是"有",不然它们就根本不成其为物。成为一物就是成为一"有",就是成为意义。反之,成为"有",成为意义,成为可理解者,就是成为物本身。因此,严格说来,"没有意义的事物"是一个不可能的表述。这一说法如果反过来说也许会更加显豁:如果事物不是从根本上就"有"意义甚至就"是"意义,那么我们就根本不会知道它们"是"什么。此"什么"这里当然并非意味着,我们不知道如何将某一具体的东西归属于某一种类。此"什么"意味着,对事物的任何具体理解(亦即,知道"某一什么'是'什么")都必然已经蕴含了对事物本身之"有"的根本理解,因为知道"是什么"蕴含着,已经知道了有这个"什么",或已经知道这个"什么"有。所以，如果事物不能被理解为有，如果事物不是始终已然被理解为有，那就根本不可能有任何"什么"，亦即根本不可能"有"任何东西。在日常生活中，我们当然可能很有实际理由地视某事物为"无意义"。但是这却恰恰表明，作为事物，任何事物都自始已然就从根本上是"有意义"的。也只因为如此，我们才有可能进而在派生的、相对的意义上说某一事物"没有意义"。

让一物成为一物或一有的这一根本性的"占—有"必然只能是一种"不有之有"或者"有而不有"。因为，这一根本性的"占—有"本质上只是"让"万物本身各自开始其"有"。因此，这一根本意义上的"占—有"却又必然表现为放弃任何实际上的直接占有，放弃对事物的纯粹功利性的支配与控制。没有非占有这一意义上的"占—有"，物就无以为物，而那样也就根本不会"有"任何所谓物，或任何所谓"有"。⑯只有通过人对物的这一根本性的"占—有"，物才能开始进入其有限的"存/在"。而也正是由于这一根本性的能"占—有"，这一能"让"物因人之"占"而"有"，人也才成其为人，亦即，成为真正的根本的能有者。所以，这里我们也许可以借用《中庸》的一个说法，将这一意义上的"让物有"称为"成物"之"有"。而如果人能"成（就）物（之为物）"，那么物亦"成（就）人（之为人）"。

作为成物者，"有"乃是人之性。只有人才必然不得不"（占）有"，也只有人才能真正地"（占）有"，因此，也只有人才能真正地

---

⑯ 我们必须注意这一复杂的"成（为）物"逻辑：成为物意味着物进入"自身"。这一"进入"当然暗示着，尚未进入"自身"的物其实还根本无所谓"自身"，因此也无所谓"是"物。但是没有距离的占有、纯粹消费性的占有在让物进入"自身"的同时也将物从其"自身"中驱逐出来，因为它仅仅"消（灭）（浪）费"物。在这样的占有中，物之"物性"没有得到真正的认识和尊重。因此，真正的占有必然同时意味着对于物之为物的真正尊重。所以，只有在这样的占有中，物才真正进入"自身"，成为"自己"。

"有"物或者"有世界"。⑰正是在这一意义上,我们可以说,"有"——汉语中动词意义上的这一多义的"有"——是人之本质或人之性,亦即,是使人之真正为人者。任何动物都不可能像人一样地"有"任何东西,虽然它们在某种意义上似乎也"有"很多东西(食物、巢穴、"领土"、配偶、后代等)。但是,动物是"(占)有"而不知此"有",所以动物之"(占)有"还不是真正的"有"。动物通过某种实际的接触和获取而与其他事物发生直接的关系,但是这些"直接的关系"其实还不是可以为"有"所描述的那种人与物之间的关系。因为,表示"所有"或"占有"之"有"的真正微妙之处恰恰在于,如果我们真想实际抓住和把握这个动词性的"有"所指点的东西,就会发现我们无论如何努力,最终还是会两手空空。之所以如此是因为,"有"所指点的其实只是一个不可能被实实在在地抓住和把握的"关系"本身:"有"是"无关之关","不系之系"。所以,虽然我们能够看到具体的人和具体的物,但是我们却看不到"人'有'某物"之中那个联系着"人"与"物"的"有"本身。这样的"有"从不可能有任何实际的形态。相反,这个意义上的"有"本质上始终只能作为一个语言事件而发生,而且只能在语言之中而为语言所维持。

---

⑰ 这一表述影射海德格尔在《存在与时间》中的一个说法(英译本,第84页;中译本,第72页)。海德格尔在那里仅仅点到为止地提及,像"人有世界"这样的表述若不能从"存在论"上加以规定就微不足道,而此"有"在"存在论"上则仍然是一悬而未决的问题。我们当然只能同意此说。然而,仍然可以提出的是,为什么在《存在与时间》中海德格尔对于"有"仅仅点到为止?为什么"有"在此不能享有"是/存在"所享有的主题特权?当然,最显而易见的回答是,海德格尔在这里仍然在某种意义上处于"是/存在"在西方思想传统中所享有的特权的某种"支配"之下。所以他至少也得策略地利用这一特权,以达到其"解构"(Destruktion)西方形而上学的目的。然而,也恰恰因为"是/存在"的这一特权以及对于这一特权的某种必要的"屈服",海德格尔的"解构"又在某种意义上成为不可能。所以,在某种意义上,晚期海德格尔思想之不再以 Sein [Being] 而以 Ereignis 为中心,也许可以被视为是从"是"向某种"有"的转移。英译"Ereignis"为"Appropriation",就突出了人与存在的某种互相"占有"这个意思。前已提到,汉语译者亦有将此词译为"本有"者,见孙周兴编《海德格尔选集》,第823页。

因此,"有"的可能性就是能够说"有"的可能性。"有"因而意味着:能够说"有"。所以,虽然"人'有'物"这一断言中的"有"在某种意义上似乎既不影响"人"也不影响"物",既未给"人"本身亦未给"物"本身增加任何东西,但是,当此"有"的意义被理解之时,"人"和"物"就被此"有"无形地联系在一起了。换言之,此"有"所表示的"关系"只有当其被理解之时才真正地"有"。反之,也只是因为必然能够理解"有"这个意思,人才能真正地去"有"任何物。

而去"(占)有物"同时也已经就是"让物有"。因为,人在知自己"有"物之时即已知物本身之"有",而知——理解——物本身之"有"就是从根本上让物作为物而"有"。因此,物本身的"有"或"存在"也是作为语言事件而发生的。我们只看到具体的物,却看不到物本身之"有",但是我们说"有万物"或"万物有"。我们通过说"有"而肯定万物本身之"有",而万物之"有"则只是在此"有"被说出之时才发生,并且就作为说"有"这一语言事件而发生。

而且,人之(说)"有"不仅将万物个别地与人联系在一起,而且同时也将万物互相联系和聚集在一起,从而让万物成为一个"有"的整体,并作为这样一个整体而"有"或"存—在"。因此,"有"也是万物本身之间的"无关之关"和"不系之系",而不得不"有"而且必然理解着"有"的人本身就是这一聚集和联系万物的关系本身。这一关系表现为万物之间的差异与联系,而这一关系的"具体"形式就是语言。

这一根本性的"有",这一"不有之有",乃是一切具体的拥有、所有、占有的可能性,因而同时也就是放弃一切实际拥有、所有、占有的可能性。只有"能有"才能"不有"。人的一切实际的占有行为中均已蕴含着这一根本性的"有"作为条件。但是,当人还只能说"我有……"之时,当人还没有与其所不得不(占)有者拉开距离之时,这就是说,当人尚不能做到"生而不有,为而不恃,长而不宰"之时,人就看不到蕴含在任何日常占有关系之内的这一根本性的"有"。"有"于是首先仅仅在经验层面上显现为我或他人之所有者,或我或他人之虽欲有而尚未能有者。只有当人能够在某种意义上与一切直接的占有物拉开距离之时,这也就是说,只有当人能够超出或者超越一切具体的所有之时,或者,用老子的话说,只有当人能够将那个第一人称的"我"或"己""损之又损"之时,这一根本性的成物之"有"才能向人显示出来。此时人就可以不必再说"我有……",而只说"有……"。[18] 这一肯定物之为物的"有"当然并不在"无中生有"的意义上创造任何事物。[19] "有"既没有创造任何东西,也没有给任何事物增加任何东西,"有"仅仅说出并从而一举肯定物作为物所必定应有之义。"有"不是物的性质。相反,物本身就"是"有,是"具—体"化了的有。

而且,代表着任何具体的占有者的主语在表示"存在"的"有……"字句中的消失同时也就是一个理想的主体"我"在"万有"面前的隐退,是任何片面的"有"之消失,因而也是那个根本而普遍的"有"之涌现:"我"在"有"之前隐藏和消退,或更准确地说,"我"化入"有",亦即,成为关系本身,从而让万物开始其"存—在"意义上的"有"。

因此,"让"事物开始其"存—在"的"有"在一种非常严格的意义上先于事物的此种具体的"存—在"。当我们似乎只是首次看到事物"存—在"于某时某地之时,事物其实已经(被)(占)有了。"有"

---

[18] 从这个最基本的"有……"出发,思想才能开始明确地思考"有"的问题,甚至试图否定作为"有"的事物的所谓"实在"性或者"自性"。这些尤其是中国佛教理论所关心的问题。但是我们希望坚持的是,对于"有"的一切否定都必然基于这一最原始的肯定性的"有"。任何"没有"都已经蕴含着这个最基本的"有"。就此而言,试图"空"有的一切尝试与这个最基本的"有"相比都还不够"原始"。

[19] 这里,我们应该提醒自己,这一"无中生有"并不是老子的"有生于无"的同义语。我们将在"有生于无"章中具体讨论这一表述的哲学意义。

让事物有。而只有能"有",只有作为"有",事物才能"存"与"在",亦即存在于特定的时空之内。所以,此"有"在非通常所理解的时间的意义上先于"存—在"。而既然"存—在"的题中应有之义之一就是"在"于时间之"内",那么"有"就应该被理解为让事物"存—在"于其中的时间本身。源始性的"有",让事物能够开始其"存"与"在"的"有",是时间本身的开始,而非时间之内的任何有限(事物的)开始。这也就是说,真正的时间是从"有"被首次说出之时开始的。[20] 然而,作为使一切有限的开始和延续成为可能者,作为时间本身,"有"本身已经不能以"开始"这样的概念来限定了。因为,既然只有在"时间"这一概念之上,或者,只有在时间之中,"开始"才能够被想象,所以想象时间本身的开始就必然意味着去想象另一种时间,一种能让普通所谓时间在其中开始甚至"永恒(亦即,持续)"的时间。而后者作为普通时间概念的可能性其实已经不再能以通常的"时间"来指称了。对于通常意义上的时间我们可以说"有":有时间。[21] 但是严格说来,真正的时间不能以"有""无"论,因为"有时间"(不等于"有空儿")会把时间变为像其他东西一样的某种可有的东西。也许,真正的时间乃是唯一不可以"有"或"无"而论者:有就"是"时间。"有"——人与物之互相"占—有"——既是时间的"开始"也是"开—始"——"开"万物之"始"——的时间。

---

[20] 这里人们当然会问,"那么,在'有'人以前,或者,在还没有能够说'有'的人以前,难道就没有时间了吗?科学家不是已经能够大致确定我们这个地球在有人以前的漫长历史了吗?而如果没有时间,又何来这一人类史前的历史?"这一问题的未思之处在于,如果没有"有"的可能性,亦即,如果没有这一说"有"的可能性,就根本不会"有"这一被肯定的先于人类的"历史"。因此,正是这个"有"首次肯定了这一历史之有。而这一肯定也意味着对一个经验性的、日常意义上的时间的肯定。所以,这一史前的历史,这一自然史,或者,这一段"没有人"的时间,仍然还是由"有"或者这个说"有"的可能性开始的。因此,这一时间并不先于"有"。

[21] 因此,海德格尔在《论时间与存在》中加以专题讨论的"Es gibt Zeit"("它给[出]时间")最好不要译为"有时间"。参看《海德格尔选集》上卷,第665—666页。

五、人与物之互有或相有

现在我们也许可以说，以上全部讨论都可以被概括为一个海德格尔式的表述：物乃是通过一个动词性的"有"而开始成为有的。而如果是这样的话，那么其实人也是通过能够说"有"而成为人的。此话现在至少意味着并且预示着，"有"这个词的意义并不是人自己的发明创造。人作为人必须能理解"有"，必须从根本上能"有"。而只有在"有"之中，通过相互之"有"，即人之"有"物与物之"有"人，人与物才开始进入自身，成为自己，成为"（能）有者"（亦即，能让万物作为万物而皆有者）与"（能被）有者"（亦即，能"存—在"者）。所以，人"有"物，而物亦"有"人。这里的两个"有"现在应该理解为"让其有"或"使之有"，而不只是"所有"和"存—在"。因为，从根本上说，"有"不仅意味着是人使物"有"，而且同时也意味着是物使人"有"。但是这里，使物"有"者并不是某一"造物之主"，而使人"有"者也并不是某一"造人之主（上帝）"。"使物有"只是通过人之说"有"而使物到来，"使人有"则只是通过让人"有"物而成就人之有——人本身之作为必"有"万物者而"有"，而这就是说，人本身之"有"与"有"，或人本身之"占有"与"存在"，或人本身之"占有存在"。

就此而言，"有"既先于"人"也先于"物"。"有"本身既非"主观"亦非"客观"，因为只有在"有"所形成的关系中，人方能成为一在普通意义上能占有事物的"主体"，而物也方能成为一在普通意义上能为人所有的"客体"。但是，此"有"也并非某种其含义仍然有待澄清的"本体"。在"有"之中，所谓"主体"或"主观"与"客体"或"客观"的对立还有待于涌现和成形。而只有当这一分化在

"有"中出现之时,或只有在人与物作为"主"与"客"而对立这一概念框架形成之后,我们才可以进而区分某种"从事物本身开始"的倾向和某种"从外面接近事物"的倾向。

因此,以上对于汉语的"有"之分析所表明的并不是汉语思想缺少某种关于事物本身及其存在的重要概念,并因而只能从"外面"("主观"地)接近事物。以"有"表示事物本身的"存在"并非意味着对于事物本身之"主权"的粗暴干涉或侵犯。相反,只有在(作为关系的)"有"之中,只有在因"占"而"有"之时,事物才开始"有"所谓"本身"可言。因此,"有"说的是,套用庄子的话说,物"本质"上乃"有待"者。物始终有待于(人之)"有"而成为一"有",亦即,成为"自己",成为一物。所以,在汉语中,当我们仅仅以"有"来肯定物本身的这个似乎完全与人无关的"有"之时,在这个表面上已经抽象化或空洞化了的、似乎仅仅只在表示着单纯的"存—在"的"有"之深处维持此"有"者,却始终是那个表示着人与物之间的原始性的根本关系的"有"——人与物之间的那一根本性的相互"占—有",亦即,人对事物的那一"不有之有",以及事物之因其从根本上为人所"有"而有其"有"。

第四章
"有'有'也者"

一、有之成为万物的总名，以及有之有的遮蔽

虽然事物之"有"作为事物本身的"出现""到来"和"成为"必然先于事物之具体的"在"，但是这一关键性的"先于"却必然隐而不显。因为，如前所述，日常意义上的"有"就只意味着具体的"在"。我们所能看到的只是已经"在"那儿的东西。我们看不到"有"本身，看不到事物本身之"有"（因为此"有"只能被理解），而只能看到"有"的事物之已经"在那里"。对于我们那非"形而上"或前"形而上"的日常目光来说，事物之"有"始终就仅仅体现为各种各样已然在那里的"具（有）（形）体"的"形而下"之物。动词意义上的"有"，作为事物之出现与到来的"有"，于是就凝固为事物的具体的"在"。"在"是东西的"在那里"。但是，我们又用"有"来说这些"在那里"的东西："那里有一个东西。"于是，"有"现在就仅指已经"在此"或"在彼"的东西，而"在此"或"在彼"的东西现在就是诸"有"。"有"在意义上遂与"在此"或"在彼"的具体的事物混而为一。东西"在"那里；那里"有"东西；这个东西"有"；这个东西本身就是一"有"。于是，事物现在可以被直接称为"有"：一物就是一"有"，万物就是"群有""众有"或"万有"。于是我们就开始看到"有"的"概（念）化"过

程：既然现在所有事物均可被称为"有","有"于是就可以"概—括"万事万物而成为其总名或者总概念。

然而,"有"在如此化为总名或者总概念之时,被遮蔽被忽略被忘记的又恰恰是有之有,亦即一切东西、一切事物或一切有本身所必然蕴含的那个根本性的动词意义上的"有",亦即那个让万事万物作为万有而出现的"有",那个将万事万物首先带给我们的"有"。我们此处可以通过分析庄子的"有有也者"之说来考察这一遮蔽。

庄子在"有"与"无"的对立中谈论有与无。《齐物论》中有大段以动词"有"开始其主要句子的论述:

古之人,其知有所至矣。恶乎至?有以为未始有物者,至矣,尽矣,不可以加矣。其次,以为有物矣,而未始有封也。

此处庄子借虚构的理想古人而欲表达一个思想:"知"的尽头或者极致乃是知"未始有物"。不把"有物"视为当然的确是"知"的极致,而这一极致其实也是真正的知的开始。不过,庄子这里首先谈论的仍然是"有物"或者"无物",是物本身之有或无,也即其在与不在。但是,很快他就开始谈论起"有有"和"有无"来了:

有有也者,有无也者,有未始有无也者,有未始有夫未始有无也者。俄而[有]有无矣,而未知有无之果孰有孰无也。①

---

① 陈鼓应:《庄子今注今译》,北京:中华书局,1983年,第71页。从文意上说,疑"俄而有无矣"句中,在"有无"之前,应该还有一动词"有"字:"俄而有有无矣。"这样它才不仅与前面那些以"有"为动词的排比句一致,而且也才能真正接上下文之"而未知有无之果孰有孰无也"。"未知有无之果孰有孰无"蕴含着,我们已经相信既"有"有,也"有"无,但其实我们还并不知道有与无到底哪个有哪个没有。陈鼓应对此段的现代汉语翻译为:"宇宙最初的形态有它的'有',有它的'无',更有未曾有'无'的 (转下页)

庄子这段论述所蕴含的诸多困难问题非此处所能讨论。我们这里只想集中于"有有"这一似乎不无同义反复之嫌的表述。应该如何理解"有有"？这一表述可以理解为一动宾结构的句型，也可以理解为一主谓结构的句型，但是这里的上下文排除了后一可能。至于这两种可能的理解之间的区别与联系，此处可暂且不论。而若理解为动宾结构，"有有"意味着什么？一个可能的解释是，"有有"意味着，有"有"这样一个抽象的概念。若用我们已经习惯的"存在"来翻译，那么"有有"似乎就可以被翻译为："有'存在'"，甚至"存在（着）'存在（这样一个概念）'"。这就是说，"有有"说的是，有一个"有"本身，或存在着一个"存在"本身。但"有"本身在庄子这里究竟能意味着什么，这是一个我们现在还无法直接回答的复杂问题。而且，从庄子这里既谈"有有"也谈"有无"的这一上下文来看，这样的解释也不太可能。因为，如果"有无"这里可以被理解为"有着'没有什么'"或"什么都没有"，那么"有有"就应该被相应地理解为"有着'有些什么'"，而一个"什么"就意味着一个东西或一物。这就是说，"有有"在庄子这里意味着："有物"，"有作为有（亦即，可以被称为有）之物"。所以，这里的第二个"有"作为一个名词性的概念应该指物。正是为了指出和讨论物之有或没有（"无"），庄子使用了"有有也者，有无也者"这样的表述。

在"有有"这一表述中，第一个"有"将第二个"有"带到我们

（接上页）无，更有未曾有那'未曾有无'的'无'。突然间发生了'有''无'，然而不知道这个'有'、'无'果真是'有'果真是'无'。"（同上书，第74页）此译在意义上有含混之处，故仅供读者参考，而笔者实难苟同。什么叫"宇宙最初的形态有它的'有'，有它的'无'"？说"形态"不是已经就蕴含了"有"？"无"又是何种形态？而且，在《庄子》的现代汉语翻译中引进"宇宙"和"形态"这类概念，其实已经大大"侵犯"了《庄子》之所欲言或其真正的思想。

面前，呈现给我们，引起我们对它的注意。这第一个"有"让我们可以说"有什么"，而第二个"有"则是第一个"有"所说的"有什么"的这一"什么"。"有什么？"答曰："有有。"这里，我们用作为动词的第一个"有"来说出作为名词的第二个"有"。第一个"有"让第二个"有"成为我们谈论的话题或"对象"。而且，由于"有有"这一表述在字面上乃是同一个词的重复，而重复产生修辞力量，所以意味着万有亦即万物的这第二个"有"的意义强度在这一表述中就被增加了。因此，"有有"这一表述与"有物"这一表述并不完全相等，因为"有有"能够提醒我们想到这里的名词"有"所蕴含的双重意义：作为物之有与作为有之物。但是，我们通常都只会把这一名词性的"有"简单地当作"物"的同义词。因此，名词性的"有"与"物"就会被混为一谈。于是，我们现在所关注和谈论的就只是这个作为万物的总概念的"有"以及与之相对的"无"了。

但是，与此同时，我们却会开始忽略那个能让我们说出"'有'有"乃至"'有'无"的动词"有"。后者现在似乎就只是一个用后即可放在一边的"工具"，即传统的言意之辩中所谓"筌蹄"者，让我们能够捕获已经作为各种各样的物而"存—在"着的"有"。庄子所关心的即是这个他认为我们并非能够确知的名词性或概念性的"有"，亦即物。他的某种认识论上的怀疑论让他相信，我们无法真正知道物是否真"在"那儿，是否真"有"。谁能知道到底是只"有"庄周还是只"有"蝴蝶？或是二者皆无或皆有？谁能知道自己梦中看见的东西和醒着碰见的东西究竟"孰无孰有"？庄子的怀疑在他的论述框架之内是难以反驳的：单纯的知根本不可能确定是否真的"有物"，亦即是否真"有"知之所知者，或知之所知者是否真的"存—在"。② 然而，庄子在

---

② 单纯的知所不能知者其实不是物，而是物本身之"有"。物已经"在那里"了，已经为知所知（看到）了。物在"在那里"这一意义上"有"，但是此"有"其实（转下页）

强调我们无法知道"孰有孰无"之时,却好像并没有对动词"有"加以留意,更没有想到将这个动词的意义当成一个问题。他似乎完全没有注意到,其实正是这个小小的动词才使他这里关于有与无的议论或者"话语"成为可能。换言之,庄子仅仅将动词"有"所提供的可能性视为当然,并且毫不迟疑地将其据为己"有"。庄子并没有向自己提出这样的问题:为什么他竟然能够提出"有"(作为物)与"无"(作为物之"不在")之"孰有孰无"的问题?为什么他不仅需要这个小词来说"有有",甚至也需要它来说那个据说否定一切有的"无"——"有无也者"!而如果"有无"这样的表述并非毫无意义的话,那么这个能够将本质上无法指出的"无"也带来和呈现给我们的"有",这个能够在某种意义上甚至让"无"也有(并从而变为"可道"者亦即可被谈论者)的"有",究竟意味着什么?为什么庄子似乎能够在其关于"有无"的议论中忽视这个动词"有"?

这一忽视的涵义也许是:当思想开始将"有"作为一个有关万物的根本"范畴"亦即一个总概念而加以关心之时,当思想试图理解和把握这一意义上的名词性的"有"的本质之时,首先被忽视和遗忘的却恰恰正是作为动词的"有"的真正本质。这一也许已经不应再以"本质"来描述的"有"是试图认识和把握那个作为万物之总和的"有"的思想在其中运作的"环境"或者"空间"。正因为如此,思想却可以忽视这一根本性的"有"。思想现在作为知的"主体"所欲把握的只是已经成为万物的"有"(亦即,作为思想之"对象"的"有"),因为此时万物已经通过这一根本性的"有"而开始进入"存—在"或者开始"在此"了。作为指涉一切已经如此"存—在"着的事物并将

(接上页)被知为在那里的物,而不是此物之有。这一"有"是看不到的,因此也是无法"确知"的。但是,既然我们只能以"有"来表达这一是否有物的怀疑,亦即,既然我们只能以"有"来问是否"有"物,物本身之"有"在被如此怀疑之时其实就已经被确定了。

其囊括者,"有"现在被理解和把握为一个抽象的静态的概念,一个概括一切事物的总名。然而,也只是因为这一根本性的"有"已经将万物带到作为知的思想面前,思想才有可能作为"主体"而将它们仅仅作为"客体"或"对象"来认识。

但也正是由此开始,思想才有可能困惑于这样的问题:怎么才能知道作为所知之对象的"有"——作为有之物或作为物之有——是否真有?这一庄子式的问题所无视的乃是那个使其成为可能的条件。因此,我们必须将这一问题与另一更为根本性的问题相区别。因为,"是否有(作为万物的)有?"并不等于"何以竟然会有(任何)有?"以及"有本身的意义是什么?"前一问题所关心的其实只是,那里是否真的有物,或物是否真的已经"在那里"③,而后一问题所关心的则是,物何以竟可能"有"或"没有"?能够提出前一问题表明,我们其实已经在以某种方式理解着"有"的根本意义。因为只有这样,我们才有可能说"有有"甚至"有无"。但是,已经运作于对"有"的意义的这一根本性理解之中的思想倾向于将自己的目光仅仅集中于作为万物的具体的"有",而忘记这一根本性的(能)让(我们说)万有皆有之"有"。因此,"有有"这一肯定"有物"或肯定"物之有"的表述既揭示但同时也遮蔽这一必然为任何一有所蕴含的根本性的"有"。

---

③ 因此,这仍然还是"感知"层面的感性确定性的问题。面对着一棵树,我知道这里有树。但是,如果我转过身去,树就在我面前消失了。因此,我可以怀疑那里是否真有一棵树,因为树可以在我转过身去以后消失。我甚至可以因此而怀疑我刚才是否真看到了一棵树,因为看只在面对其所看之时才能肯定自己正在看到其所看。离开其所看,看就不能对另一能看者或自己肯定看到"过"其所看了。感知的确定性是直接的确定性。但是,能说"有树"或者"这里有一棵树",却必然蕴含着,此"有"的意义必然已经被理解了。否则,我们就只能看见无数的树,却不可能知其"有"。

二、人不可能不有

其实，当"有"演变成为万物之总名时，这一根本性的"有"仍然蕴含在这一所谓总名或者总概念之内。作为一个集合性的总名，"有"与"物"这个概念似乎毫无分别。然而，称物为"有"，称万物为"万有"，又毕竟不同于径直称物为"物"，因为"有"在这里总是既可指物本身（因而似乎只是"物"之别名），亦可指物本身之"有"。而物本身之"有"则既可简单地意味着物之已然"在那儿"或已然"存—在"，也可意味着物之那一根本性的原始的"有"。"有"因而同时意味着：物本身，物本身之"在（那里）"，以及物之"通—过"有而进入和成为有。正因为这一根本性的"有"现身为物，并且通过这一"现身"而让自己的"真相"在必然的遮蔽中得到揭示，所以我们看到的才只是作为万物之有而非"有"本身。但是物其实始终已然在"有"之中了。以"有"称物就表明，我们在想到和说到作为物之有之时必然已经理解着有的根本意义，已经理解着物之根本性的有。我们不可能在想到任何一具体的有之时而没有已经理解着"有"本身，或理解着此有本身之"有"，即使后一"有"并未或尚未明确地成为思想的主题。因此，关于"有"的任何思想，作为关于事物的思想，都必然自始即已蕴含着这一根本性的"有"。

即使我们所想到的只是虚构之物或理想之物，亦即事实上"没—有"的东西，我们也已经在理解并肯定着它们的最根本的"有"了。此"有"是无可逃避的。因为，即使我们试图否认这些虚构或理想之物的"有"或"存在"，我们也仍然不得不借"有"一臂之力。我们只能"通过"这一根本性的"有"而否定任何特定的"有"："没—有"此有，"没—有"这样的东西。因此，这一否定在否定一个特定的"有"

的同时却也在肯定着这一根本性的"有",这一让我们可以说"有什么"也可以说"没有什么"的"有"。就此而言,我们其实根本不可能真正想象任何东西的完全的"没—有",我们也不可能真正有意义地说"没有'有'"。因为,对任何一有的任何否定都必然自始即已首先肯定了这一根本性的无可逃避的"有"。任何"没—有"都只能借助这个无所不在的"有"以成为否定任何一有的"没—有"。所以,"有"是"有"的否定表达"没—有"的可能性的条件;但是,作为其可能性的条件,它同时也是其不可能性的条件。"有"使"没—有"同时成为可能与不可能,因为我们不可能有一个并不已经蕴含着"有"的纯粹的"没—有"或"无"。如果人真有所谓"天命"的话,"有"——在对物的"原始"占有之中让自己有物,从而也让物有——才是我们的不可逃避的"天命":我们受命而(让有成为)有。

现在,让我们也像海德格尔那样假定,如果没有这个必然已经蕴含在我们关于作为事物之有的任何思想之内的根本性的"有",那又会如何?那就根本不可能有有,亦即不可能有任何作为物之有,因为能够说"有有"意味着:我们已经理解着"有"的根本意义,所以我们才能有可以被谈论的东西,所以我们才能将任何东西作为一有来议论。因为,想必然总是想到点儿"什么",而这个关于"什么"的想必然已经蕴含着:有这么一个"什么",或这个"什么"有。"有"必然蕴含在我们关于一切事物或者一切有的思想和议论之内。因此,从某种非常严格的、非"唯心主义"的意义上说,归根结底,是我们的想"让"此一"什么""有"。思想在"具体"地想任何一个"什么"的时候并不一定同时去想这个"有",甚至根本就不会去关心这个"有",但思想却必然已经在理解着这个"有"。没有对于根本性的"有"的这一必然的理解,我们就根本不可能说"有东西"或"有物"或"有有",而这样也就根本还不会有语言和作为有的事物。因此,这一必然蕴含在一切关系到具体的有的思想之内的"有"乃是真正让有（成为）有者，亦即，是让任何具体的有或作为万物的有能够（成为）有者。然而，这一必然蕴含在关于一切有——作为有之一切物或作为物之一切有——的思想之中的"有"，这一根本性的"有"，却不可能出于任何人的发明，人的谋划，人的设计。因为，思想，就其始终是关于某一有或者某种有或者一切有的思想而言，在其开始（成为）思想之际就已经运作于这一根本性的"有"之中了。这也就是说，人在成为人之际就必然已经在"（占）有"而且也已经为此"有"所"（占）有"了。人通过"（让）有（有）"而进入自身。这也就是说，成为人，成为唯一的真正的能有者。而既然人作为人就必然已经在"（让）有（有）"，所以这一根本性的"有"并不依赖于任何人类主体。而因为其并不出于人的设计、谋划、发明，人也不可能以一己之力抹煞或者消除这一蕴含在一切思想之中的"有"。人不可能抹煞这一构成思想本身的"有"而没有已经抹煞任何思想，或者思想本身。因此，人不可能不有。

如此说来，通过对汉语中"有"的分析，我们已经可以开始与海德格尔一道质疑"主体性"这一虽然陌生于中国传统但却已经在极大程度上掌握了中国现代思想的西方哲学观念。因为，西方现代意义上的严格的"主体"必然是"我思"，亦即思想的主体；然而，"有"的思想——"有"这一思想，作为"有"的思想，或作为思想的"有"——并不依赖任何"主体"。相反，正是在"有"的思想之中，或者干脆说，正是在"有"本身之中，才可能有主体与客体在存在这一意义上的有，也才可能有主体与客体之间的区别。因为，正是在有的思想之中，人才第一次有可能确认事物为客体。但是，说"有的思想"——"有"所产生的思想，属于"有"的思想，关于"有"的思想——并不依赖作为主体的人，却并不是要说这一思想必然来自并依赖另外一个能产生"有"者，例如，"上帝"。因为，关于上帝的思想也必然已经蕴含着"有",蕴含着关于"有"的思想。上帝当然应该被理解为让一切有有者,但是我们欲肯定或者否定这样一个让一切有皆成为可能的上帝时仍然得说:"有上帝",或者,"没有上帝。"因此,我们不可能在想到和说到上帝之时而没有已经想到了(亦即,理解着)上帝(本身)之"有"。这也就是说,首先并不是上帝之"有"(存在)引起我们的想,而是我们的想"让"上帝"有",但此"有"却并不一定就意味着"在"。因此,严格地说,上帝并不先于也不产生"有"。但是,这样说却并非意味着"有"是上帝的上帝。

三、"有"什么都不可能"是"

因此,"有"这一问题应该区别于传统的"起源"问题。后者始终会以某种方式将我们的思想引向某一能够产生一切事物的造物主或上帝。④如果我们被局限于这一问题的框架之内,那就始终都会无法避免在寻找最终起源之时所必然发生的无穷逆向运动:起源必然蕴含或者要求另一起源。然而,无论我们能将终极起源逆推到什么东西之上,在需

---

④ 这是西方形而上学的基本倾向。当然,这一上帝并非一定就是一宗教性的具有人格的神。按照海德格尔的看法,西方形而上学本质上就有"神学"倾向,因为形而上学总是把万事万物(一切存在)的存在最终追溯到一个作为"自因"(causa sui)的终极原因之上,而这一作为自因的终极原因就是作为形而上学的哲学的上帝的正名。应该把这一哲学的上帝与神性的上帝明确区别开来。所以,海德格尔说,那必须抛弃这一哲学上帝亦即一个作为自因的上帝的思想,也许与神性的上帝更加接近。而这仅仅意味着,无上帝的思想比那作为"本体—神—逻辑学"(onto-theo-logic)的西方形而上学对真正神性的上帝更加开放(见海德格尔《同与异》,英译本,第72页)。海德格尔这里所说的无上帝的思想指的是他自己所致力的有关"存在"的思想。此思想乃是对西方形而上学将一切存在都追到一终极原因之上的做法的解构。中国传统的关于"形而上者"的思想并没有走向这样一个作为自因的造物主或上帝。道作为生万物者并非造物主或终极原因,而是本质上可与海德格尔所思考的"Sein [Being]"对话者。此论详见于本书下篇。我们关于"有"的讨论将引向对"无"的思考,而有无之思最终指向对道的思考。此处,仅就有关"造物主"的问题而言,我们可以预先点出下文将会涉及的《庄子》注释者郭象的"造物无主,而物各自造"之说。那里我们将尝试指出这一与追求一个哲学的上帝似乎截然相反的做法所含有的问题。

要谈论这样的起源之时,我们却仍然得用"有"来发言。或者,如果这样的起源之是否有或没有本身已经成为一个问题的话,我们也仍然得用"有"来发问:"有作为起源的造物主吗?"或者得用基于此"有"的"没—有"来否定:"没—有一个作为起源的造物主。"因此,无论我们将万有或万物的起源最终追溯到哪里,已经在那里等待我们的仍然是这个先于任何起源并且能为我们"带来"并肯定那一作为起源者本身之"有"。但作为一切可能的起源本身的起源,"有"本身却并非任何起源。

但是,当我们用"是"来说"有'不是'上帝的上帝"时,人们必然会欲借此"是"而继续追问:那么,这个根本性的"有"究竟"是"什么呢?严格地说,"有"什么也不"是",而且什么都不可能"是"。其实,这一问题原则上是不可问的。问"有'是'什么?"就意味着将"有"当作一个"什么"去想,然而,这个被作为"什么"而被想到的"有"却已经蕴含着:有这一有;这一有有。因此,我们不可能在问"有'是'什么?"之时而不把"有"具体化为一有,一个"有"着的或"存在"着的东西。但是,当我们谈论这个东西的时候,我们还是要说"有这个东西"或"它有"。"有"为我们带来一切有,让我们肯定一切有,然而,恰恰因为如此,我们原则上不仅无法问"有'是'什么?",而且也不可能真正有意义地说"有此有",亦即不可能用动词"有"来说"有这一根本性的有",因为这一表述必然会将此根本性的"有"也变为一有。正是由于这一根本原因,庄子的"有有也者"才仍然只能是一个"形而下"的表述,因为在这一表述中被动词"有"肯定为有的"有"只能是"万有"即万物或一切东西,而不可能是那个根本的、纯粹的、不是任何一有但也并非在万有之外的"有"。正因为"有"是一切"有什么"和"是什么"的可能性,"有"本身恰恰是唯一不可以"是"和"有"而论者。⑤

说"有"本身恰恰是唯一不可以"是"和"有"而论者并非故弄"玄虚",因为我们也许可以非常严格地证明,这个根本性的"有",这个不是任何一有的"有",确实就是让一切有或者一切事物皆由之而出的"玄"与"虚",或我们将在下一章具体讨论的"无"。但是我们的语言在对付这样的"玄/虚"或"无"之时总是从根本上就力不从心,因为我们很难在思考和谈论玄虚之时而不在某种程度或者某种意义上将之"实化"。这就是说,一旦我们试图认认真真地思考纯粹的玄虚,纯粹的玄虚就已经从我们的思想中溜走了。因为,无论我们想任何什么和说任何什么,我们都必然已经在我们的所想和所说中蕴含了这个原始的"有",虽然此"有"并不一定总是直接出现在我们的思想和言说之中。但是,当我们欲直接对付这个让"有什么"和"是什么"的思想和言说成为可能的"有"之时,亦即,当我们同时也想知道此"有"是什么或是否也有此"有"时,我们就不可避免地会将此"有"也化为一

---

⑤ 我们谈论"有"时所遭遇的此种困难并非偶然,并非因为我们尚未发现更好的表达方式。这一困难是本质性的。如果从中国思想传统中寻找资源,我们也许可以庄子关于"一"的讨论来阐明这一必然的困境。"有"不可言但是却又必须成为言谈议论的主题,因为否则就根本不可能有关于"有"的任何思想。庄子讨论那个理想的"一"时面对着同样的必然困境,而对此困境庄子有着极其明确的意识:"天地与我并生,而万物与我为一。既已为一矣,且得有言乎?既已谓之一矣,且得无言乎?一与言为二,二与一为三。"(《庄子·齐物论》)无须言说也无可言说的"一"当然是"一"的永恒理想。然而,如果没有这个必要的"谓之",就不可能让"一"出现在思想之中。这也就是说,就根本不可能"有"所谓"一"。然而,一旦有了这个"谓之",亦即言说,就永远也不可能有那理想的、纯粹的、绝对的"一"。为了让"自身"成为一(亦即让一成为其所是之一),"一"必须让自身进入语言而成为可"谓"者。而这同时也就意味着,为了能得到自身,为了能有一个自身,"一"必须首先让自身变质、变杂、变为相对。然而,这个看似近乎绝对困境的局面其实正是"一"之得以成为"一"的必然条件/真实情况。这一表述当然意味着,在"一"如此成为自身或其自身之前,还根本无所谓"一",亦即无所谓"有"一。当然,虽然庄子可能在某种意义上并不喜欢这个必须以言言"一"从而使"一"失之为"一"的局面,但他的"感觉"还是不错的:"有言"的必要恰恰表明,一从来不一。二先于一;异先于同。

有。但是，既然我们也不可能因此就不思考和谈论此"有"，假如我们应该知道为何有（一切）有或有何以有的话，而谈论此"有"也仍然需要此"有"，那么这一最根本最原始的"有"就必然会受到其自身的影响：此"有"不是一有，但此"有"在谈论自己时会将自己变为一有。所以，我们在这里必然处于一种"双重要求"或"双重束缚"之中：我们不能不谈论此"有"，我们又不可能谈论此"有"。

不过，无论什么纯粹都只能以不纯为纯，不粹为粹，舍此我们并无他法。因为在讨论这个根本性的"有"之时，我们所欲对付的其实正是那使思想与语言本身成为可能者，亦即，那使一切有关"有什么"和"是什么"的断言成为可能者。在这一意义上，我们也许可以说，作为"有什么"和"是什么"这些表述的可能性，"有"就是思想和语言本身；而就人必然是思者和言者而论，我们也许又可以说，我们自己就"是"有，而且，也只有我们自己才能"是"有。而我们之所以自己就"是"这个根本性的"有"则是因为，我们必然从一开始就在最根本的意义上并非出于任何自由选择地以一种本质上不有之有的方式被动地"（占）有"万物了。这也就是说，我们让万物因此一为人所"占"而"有"。只有"通—过"我们，"由—于"我们，并且在我们"之中"，万物才能作为相联相属的万物或万有而到来并"存—在"。

但这也就是说，作为这一根本性的"有"本身，作为让万有或万物皆有者，人其实只是万有或万物之间的差异/联系。作为分开/连接万物者，差异和联系只在万物之"间"，只"是"万物之"间"。⑥但此间却至为重要，因为没有此间就根本不可能有任何物。正是在这一意义上，庄子言简意赅而意味深长地肯定："其分也，成也。""分"就正是创造或者产生"间"，而有"间"才可能有相异而又相联的万物或万有。所

---

⑥ 参看本书下篇第二章"'虚'（之）'极'与'静'（之）'笃'"中有关此"间"的讨论。

以"分"乃物之"成"。然而,这一能让万物或万有出现而成为万物或万有的"间"却并非一物或者一有。相反,此"间"本身不"有",没"有"。因此,虽然此"间"似乎也可在两物之间经验性地现身,虽然我们似乎也能具体地看到两物或诸物之"间",但此"间"却并非仅是日常意义上的事物之"间"。相对于"形而下"的或有形的万物或万有,此"间"可说正是某种"形而上"者。

当然,如果严格地说,既然这一作为万物之"间"的"间"仅在一切"形而下"者之"间",那么"形而上"其实就已经不再是形容此"间"的恰当词汇了。我们将在下一章中尝试论证的就是,这个既分开又联系万事万物从而让万事万物成为万事万物的"间",恰恰就是中国传统中由老子和王弼等所代表的那一在某种意义上确实可以称之为"贵无"的思想传统所理解和把握的那个能让万有皆"有"之"无"。

第五章
"有生于无"

我们已经尝试回答了第三章第一节结束时所提出的前三个问题。现在我们希望简要地讨论一下其中提出的第四个也即最后一个问题：为什么在《老子》之后，"有"在汉语思想中似乎并未真正享受殊荣？为什么"有"在汉语思想中似乎并未变得像"Being"在西方哲学中那么重要？①

我们的回答其实已经基本包含在上章最后的话中了。如果在中国思想传统中关于"有"的思考似乎经常让位于"无"，或者经常走向并且落实在"无"之上，那可能是因为，"有"的最根本的意义恰恰是通过这一传统所思考的"无"才真正凸显出来的。因为，正如我们以上分析所欲表明的，在汉语的历史文化语境中，"有"这个词内含着的"物化"倾向——"有"之成为概念性总名的过程——遮盖了那个根本性的"有"。这样，"有"虽然可以贵为万物之总名，但却不再明确地回答那个"何以竟然有有"的形而上问题。在此关节之上，汉语思想在与

---

① 我们这里想到的是以"Being"为中心的整个西方形而上学的历史。"形而上学"（Metaphysics）由之得名的亚里士多德的著作《形而上学》就是专题探究 Being 之为 Being 的。探究"Being"问题的形而上学后来被西方经院哲学家命名为"ontosophy"或"ontology"，此名称即来自古希腊语表示存在的"on"。与西方思想不同，中国思想则没有循这样的道路而发展出探究有之为有的各种专论，如果从某种意义上说"有"与"Being"确实可以相比的话。但是，这当然并不意味着中国思想中没有关于有之如何为有的深刻思考。本章即将讨论的"无"所关切的其实正是"有"之如何能有及其如何为有。

"有"相对之"无"的引导之下另外开辟了蹊径。

在其最深刻的意义上,关于"无"的思考所回答的问题却正是"何以竟然有有"。这里,后一"有"当然是作为万有之有,即作为具体的事物的有。在传统表述中,此"有"自老子起即被确定为"生于无"者。而作为"生出"万有之"无",作为让万有皆"有"之"无",亦即,作为能让有有者,"无"不再仅仅指点着任何一有的个别的"不在"。因为,这样的有限意义上的"无",作为对任何具体的"在"的否定,其实必然已经蕴含那个原始的"有"为其前提。而且,作为生有者,"无"既非与"有"处于同一层面,也并不与"有"构成任何概念性的"二元对立"。所以,"无"在此并非是与"有"单纯相对的否定性"反面"。

因此,《老子》第二章中谈论的"有无相生"就必须在其特定的语境中才能得到确定的解释。这里,正如"高下""前后"等其他相辅相成的对立概念一样,"有"与"无"也是被作为类似的对立概念而谈论的。因此,此"无"与生有之"无"并非一致。只有这样,我们才能恰如其分地将"有无相生"这一说法明确区别于《老子》中的另一说法:"有生于无。"后者才是一个真正的"形而上"表述,而其所欲回答的正是"何以有有?"这一根本问题。②

"有生于无"这一表述的力量与深度可以下述文字初步点明:如果神话性的形象思维总是倾向于将万物的起源追溯至某一事物或神,亦即某一"具(有)(身)体"者,而如果这样的思维方式与倾向仍然能够

---

② 庞朴在《说"無"》(深圳大学国学研究所编:《中国文化与中国哲学》,北京:东方出版社,1986年,第62—74页)中试图区分"无"的不同而又互有联系的三种意义。他认为"无"的这三个意义分别为汉字"亡""無""无"所代表:"亡"为"有而后无",即在此者之不再在此;"無"为"似无实有",即不可感知的无形无声者;"无"为"无而纯无",即"绝对的空无"。他认为老子和王弼等所言之无乃第二意义上的"无",即"無",而崇有论者认为"有"不可能生于无之"无"则为第三意义上的"无"。我们这里不拟具体讨论这一观点,而仅欲录此以供读者参考,并比较我们这里所做的不同分析。

与我们思想深处的"原始"或者"童稚"倾向一拍即合,那么老子的这一超越任何"形—象"而达于"形而上"层面的思想就仍然令人惊奇甚至困惑:思想何以竟能超出一切"有"而深入"无"?思想何以竟能以"无"来描述"有"的"起源"?"无"何以竟能被确定为可以生"有"?正是由于这些持续不断的问题和困惑的不易回答和澄清,所以老子思想的诸多阐释者才经常只能有意无意地从"无"所维持的真正高度下降,而将此"无"等同于某一无名者,从而将"无"重新拉回或拉下到"有"的行列。而每当此"无"不能获得理解之时,真正失落的其实恰恰就是"有",是那个根本性的"有"。

《老子》中有关于这一根本性的"有"以及与之相应之"无"的深刻思考,但是我们似乎只是刚刚重新开始重视并且试图以我们的方式重新理解这一重要的思想,而这一"重新开始"至少部分上应该归功于海德格尔所致力的有关"存在"之思的启发。③当然,说"重新开始"不无故意耸人听闻之嫌。我们当然不会忘记,在中国思想史上,在老子之后,曾经有过整整一个时代的思想致力于"有无"之思与辩,其主要出发点之一就是《老子》这一文本,而其所突出的就正是一个根本性的"无"。所以,在《中国哲学史新编》第四册中,冯友兰就将这个以"魏晋玄学"为人所知的思想时代的基本关注描述为"关于'有'和

---

③ 本书下篇中对《老子》的重读就深受海德格尔思想的启发,虽然我们重读《老子》的努力首先只是尽力回到《老子》的文本,而不是直接比较老子和海德格尔。因为,如果没有一个对于老子思想的首先基于《老子》文本的重新阅读和重新阐释,如果我们不能通过我们的重新阅读和重新阐释而重新接近老子,那么一切"直接"的比较都只会再一次地或更多地遮蔽老子的思想,而不是揭示之。所以,尽管我们必须承认另一者的思想的启发甚至要求(说"要求"是因为我们确实也迫切而深刻地感受到,重新阐释我们自己的传统不仅是我们自己的需要,而且也是另一者的要求),并且对之表示明确的感谢,但是我们却尽力避免立即直接套用西方思想概念来解释老子。如何在对我们自己的传统的重读中既对来自另一者思想的任何可能的启发保持开放,而又谨慎地保护着传统思想而不让其受到西方的或"现代"的概念和理论的侵犯,是我们在面对自己的传统时的一个必须被承担起来的困难的责任。在本书下篇第三章中,我们将通过对一篇尝试比较老子与海德格尔的论文中的问题的评论而点出这一困难的责任。

'无'的问题"。④但冯友兰以"共相与殊相""一般与特殊"这些来自黑格尔辩证法语言的汉语翻译字眼来概括（"翻译"）魏晋玄学的主题，却提醒我们想到中国现代历史上那个特殊的时代，一个以骨子里仍然非常黑格尔的"辩证唯物主义"与"历史唯物主义"来解释一切的时代。如果我们从一开始就接受对魏晋玄学主题的这样的"翻译"或解释，那就根本没有可能去接近魏晋玄学对形而上问题的真正的思想关切。但是，此处我们不拟直接讨论有无问题是否可以被简单地"翻译"为一般与特殊这一黑格尔式的哲学问题。我们这里希望做到的只是，透过冯友兰上述哲学史中对魏晋玄学主要人物的思想的讨论，而初步分析一下这一思想时代的真正的基本关切，亦即，"无"，从而尝试从这些人物对"无"之"意义"的理解这一方面来回答我们在本书第三章第一节中为自己提出的问题：为什么"无"在汉语思想中似乎却比"有"更为重要和更为根本？我们之选择"魏晋玄学"为例是因为，在这一重要的"玄学"时代中，在代表人物的激烈的有无之辨中，"无"，或有关"无"的形而上问题，被以一种前所未有的强度突出和深化了。当然，既然本章并非是有关魏晋玄学的专论，我们这样的出于特定角度的讨论显然就不免挂一漏万。对魏晋思想的真正全面深入的研究是专题论文与专著的任务。这方面已经有不少出色作品可以参看。⑤

---

④ 我们不应忽略当时玄学的有无之辨与佛学的空有之论之间的相互思想联系。汤用彤《魏晋玄学论稿》（收入《中国现代学术经典：汤用彤卷》，石家庄：河北教育出版社，1996年，第655—769页）言此甚详，可以参考。中国的"无"与佛学的"空"在思想上如何"交流"，仍是需要深入研究的课题。

⑤ 例如，除了以上提到的汤用彤的开拓性著作《魏晋玄学论稿》，读者可参看余敦康的《魏晋玄学史》（北京：北京大学出版社，2004年）。

一、魏晋玄学所关心的无

所谓"玄学"首先开始并集中关注的正是那个被确认为能够生"有"之"无"。"贵无"是这一思想时代的主调,虽然其间亦响起过"崇有"的泛音。何晏与王弼是"贵无"论的公认代表。在《中国哲学史新编》第四册中,冯友兰引《晋书》说:"何晏、王弼等祖述老、庄,立论以为:天地万物皆以无[为]为本。无也者,开物成务,无往不成者也。阴阳恃以化生,万物恃以成形,贤者恃以成德,不肖恃以免身。故无之为用,无爵而贵矣。"冯友兰指出,说何晏王弼也祖述庄子是不准确的,因为他们二人并不讲庄子,但是这个概括本身却是很"确切扼要"。不过,这些话作为总结仅仅概括论点,却并不提供阐释。"无"何以如此重要?为了提供进一步的线索,冯友兰将读者指向《列子·天瑞》篇所引何晏《道论》中的话:

有之为有,恃无以生;事而为事,由无以成。夫道之而无语,名之而无名,视之而无形,听之而无声,则道之全焉。故能昭音响而出气物,包形神而彰光影。玄以之黑,素以之白,矩以之方,规以之圆,圆方得形,而此无形,白黑得名,而此无名也。⑥

照冯友兰说,何晏这段话的头十六个字就是对《晋书》中"无也者,开物成务,无往不成者也"的解释。"有之为有,恃无以生"就是

---

⑥ 据《隋书·经籍志》,何晏曾著《老子道德论》二卷,但今已不存。据《世说新语·文学篇》,何晏见王弼所注之《老子》比自己的好,就将自己对《老子》的注释(应即是《老子道德论》二卷)改为《道德二论》(或《道德论》)。此文已不存,仅在张湛所注的《列子》中保留了两个片断。《道论》即指何晏的《道德二论》(或《道德论》)。

"开物","事而为事,由无以成"就是"成务"。而其下边的话的意思只是说,"无"什么都不是,而且正因为它什么都不是,所以才能什么都是。⑦

"无"是否如冯友兰理解的这样如此"空洞无物"?如果我们暂且集中于上引《晋书》语及何晏这段话的头十六个字,那么这里的关键问题就是,在《晋书》有关王弼与何晏之思想的描述中,"无"何以竟能被肯定有此大"用"而成为万物之"本"?"有"如何依赖于"无"而生?事如何通过"无"而成?而"本"又当如何理解?如果我们认真对待这些关于有无的思想,如果我们相信——而学者们对于这些思想的长篇大论本身已经表明,我们确实相信——这些思想并非纯粹"清谈"或空论,而是确有深刻涵义并且仍然在向我们提出无法回避的问题,那么我们就必须去重新思考这个被何晏、王弼视为根"本"的"无"所具有的真正的意义,否则我们就无法解释,为什么一个据说"什么也不是"的"无"竟能抓住整整一个时代的思想,并且激起了——照冯友兰的说法——一个"否定"与"否定之否定"的辩证思想运动?我们的分析将尝试附带表明,无与有之间也许并没有这样一种可以被称为"辩证"的关系,因为这里的问题已经远远超出了所谓对立面的联系、转化与统一这一经典的"传统"辩证法问题。我们将表明,作为让有之为有者,无这个经常被认为是有的对立面的东西其实并不在任何可能的意义上真正与有对立。

在通向"无"本身的道路上,阻碍抵达的另一危险陷阱是我们前面已经提到的中国现代哲学中人们早已耳熟能详但似乎却从未意欲认真

---

⑦ 冯友兰:《中国哲学史新编》第四册,第48—49页。其所引《晋书》中之"天地万物皆以无[为]为本"一语,其中本无方括号中的"为"字。冯友兰以为此处应有此"为"字。但以"无为"为本与以"无"为本有非常重要的区别。我以为,根据整个魏晋玄学的趋向,应为"以无为本"。

质疑的一对概念：一般与特殊。如果我们面对的问题首先是，"无"，这个据说总是在与"有"的对立之中被肯定或者被否定的"无"，在魏晋玄学的语言中所"说"的和所欲"说"的究竟是什么，那么我们就应该让"无"自己说话。然而，因为冯友兰似乎在开始提出这样的问题之前就已经决定以"一般与特殊"作为分析有无问题的理论框架，所以无在冯友兰的阐述中根本没有得到一个自己发言的机会。"无"在这一分析中首先被等同于抽象的"有"，而后者又被理解为"最大的类名"，亦即前文提到的"总名"或者"总概念"。其证"有"为"无"的公式为：

因为："有"作为名其外延大至无限，因此其内涵亦小至为零；
所以：抽象的有就是无。
证讫。⑧

这样，"无"就被弄成了一个"什么都不是"又"什么都是"的东西，一个毫无任何确定内涵的最一般的"一般"，仅仅只在纯形式上（在名称上）才与"有"略分彼此，但却"异名同谓"⑨，以至于可以让人奇怪为什么何晏、王弼等思想家竟能以如此信心强调"无"对于万物的重要性和根本性。

相反，如果我们相信，所谓魏晋玄学关于有无的思想确有某种意义，那么"无"就不会也不应只是所谓"抽象的有"的一个别名。作为讨论的出发点，我们这里试图论证的看法是，如果"无"在极其重要的意义上与"有"相通，那是因为我们前面所讨论的那个根本性的

---

⑧ 冯友兰：《中国哲学史新编》第四册，第31页。
⑨ 此乃戏借帛书本《老子》第一章之言。我们将在下篇第一章中尝试指出为什么"异名同谓"这一读法似不可取。

"有",那个不是任何一有但也不是抽象总名的"有",在某种极其深刻但仍有待于进一步论证的意义上,其实恰恰就是何晏、王弼等欲以"无"或者通过"无"而思考者。如果"无"与"有"相通,那是因为,那能让有有的"有"在某种极其深刻的意义上只能是"无",而不是因为抽去了一切其他规定性的"有"只能沦为一个空洞的"无"。

我们将以具体分析何晏、王弼对"无"之若干论述来初步阐明这一论点。在以上所引何晏《道论》的话中,作为道之"无"被认为是"生有"与"成事"者:"有之为有,恃无以生;事而为事,由无以成。"此处暂且只论"生有",因为"生有"这一问题可以暂时不须"人事"之介入,所以容易在某种程度上保持讨论的纯粹性。"成事"问题容待不久再论。作为道之"无"被何晏在这里描述为"道之而无语,名之而无名,视之而无形,听之而无声"者。这个无形、无声、无名而且不可谈论的"无"即是何晏对"道"的形容。当然,这一"形容"却必然只能是形容作为道之"无"本身的不可能有任何形与容。而作为道之"无"本身则被描述为能够赋予一切事物以"形"与"容"者:"昭音响而出气物,包形神而彰光影。玄以之黑,素以之白,矩以之方,规以之圆。"显然,"无"在这里被理解和描述为能让一切东西作为东西,亦即作为有规定性的事物而(进入)"存在"者。"无"让事物出现:"昭"之,"出"之、"包"之、"彰"之;让其获得特定的"形"与"神";让其相互对立:"光"与"影"。换言之,事物"由无"即通过"无"而得到自身的规定性,或者,用传统的、仍然尚待澄清的西方哲学术语说,得到自身的"本质"。而这也就是说,成为有,成为事物。因此,所谓"生有"("有之为有,恃无以生")亦即"成物":让物成为物。

然而,为什么据说"什么都不是"的"无"竟能生"有"或"成物"?也许,这个能够"生有"之"无"毕竟还是某个"什么"?何晏这里的语言似乎就很容易让我们将"无"想象为一个"东西",一个作为万事万物之根据的东西。而如果是这样,"无"就只是某一终极的无名者的"名"而已。而这样的无名者无论怎样无名,都仍然还只是一"有"。在我们看来,关于"无"的思想中的一切含糊和混乱都肇端于此。正因为一个纯粹的"无"不仅是难以想象的,而且是不可表述的,所以思想在试图把握和表述这个难以想象和不可表述的"无"之时才只能借助于比喻或者形象。王弼以下这段讨论"无"的话将这一问题以极为醒目的方式呈现给我们:

夫物之所生,功之所成,必生乎无形,由乎无名。无形无名者,万物之宗也。不温不凉,不宫不商,听之不可得而闻,视之不可得而彰,体之不可得而知,味之不可得而尝。……故能为品物之宗主,苞通天地,靡使不经也。若温也则不能凉矣,宫也则不能商矣。形必有所分,声必有所属。故象而形者,非大象也。音而声者,非大音也。然则四象不形,则大象无以畅;五音不声,则大音无以至。四象形而物无所主焉,则大象畅矣;五音声而心无所适焉,则大音至矣。⑩

像何晏一样,王弼这段话中开始的部分似乎确实也是在谈论某个"无形无名者",因此倾向于在我们的心目中产生有关"无"的某种"形象",尽管也许是某种没有任何"特"点的"(非)形象"。然而,虽然没有任何"特"点,没有任何让人能将之区别于其他事物者,这个"万物之宗"仍然容易让人觉得,它毕竟还是某个东西。其实,潜藏在一切所谓"无"是"本体"的说法之下的都是对"无"的这一"形象

---

⑩ 王弼:《老子指略》,引自冯友兰:《中国哲学史新编》第四册,第49页。"夫物之所生,功之所成"两句在楼宇烈《王弼集校释》中为"夫物之所以生,功之所以成"(第195页)。

性"理解的某种变形,尽管这些变形甚至可以变到让形成为没有。

但是,王弼对于这个所谓"万物之宗"的进一步分疏却表明,对于无的"意思"他其实别有所解。让我们试着更深入地分析一下他的意思。照王弼说,是温就不能同时是凉,是宫就不能同时是商。这当然不是说,一个东西不能同时有两个特点或者两种可能。但是,一个东西之所以能"是"一个东西,是因为它能被明确地区别于其他一切东西。试仅以音乐为例,一个乐音之所以能被确定为宫或者商是因为,而且仅仅只能是因为,它能够被明确地区别于其他一切与之相连而有别的乐音。因此,宫之为宫仅仅是因为,它不是商,也不是角或徵或羽。作为一个确定的、具有一定意义的,因而能被我们识别的乐音,宫仅仅"存在"于它与其他乐音的区别性联系之中。这也许就是王弼所谓"声必有所属"的严格含义:一个乐音只能在与其他乐音的连属——相连相属——中存在。同样,任何一形之所以为形也在于它能让自身区别于其他的形。换言之,一个形,作为可以被识别和认出者,亦即作为有意义者,作为能够告诉我们它是某一形者,只能存在于其与其他一切形的区别性联系之中。否则,我们就既不会有任何声,也不会有任何形。

然而,这些可见之形或者可闻之声当然不是王弼接着老子的思路所思考和谈论的"大象"或者"大音"。因为,既然一切有形之象和有声之音都只能非此即彼,所以均尚不足以为"大",因为"大"之为"大"即应该能够包括一切。然而,我们能够到哪里去找此非方非圆的"大象"与此非宫非商的"大音"呢?老子不是早已说过,"大音希声,大象无形"?这如何可能?应该如何想象无声无形的"大音"和"大象"?显然,既然大音大象由于其"本质"——如果它们真有某种"本质"的话——而注定不可能有声有形,它们已经不与任何有声之音或有形之象处于同一层面。那么,它们又能"在"哪里呢?西方形而上学思想在这里也许会将这样的大音大象确立为所谓"理念"或者某种理想的存在。⑪但是王弼的思想却并不在这样的意义上走向形之上的某种"形而上"存在。照王弼说,大音大象与诸音诸象具有这样的关系:如果"四象不形,则大象无以畅;五音不声,则大音无以至"。这就是说,"大象"和"大音"只有在四象五音或者诸象诸音之"间"才能作为大象大音而形成、出现、到来、畅行。这也就是说,所谓"大象"和"大音"并不在一切形象和声音之"外"或者之"上",而仅仅在它们之"间",并且其实就仅仅作为此"间"而存在。这也就是说,我们从根本上就不可能在具体的音象之外或者之上找到大音大象。大象大音从根本上就必然是隐而不显的。因此,为了能够真正"看到"和"听到"大象大音,所需要的不是向"形(之)外"或"形(之)上"超越的欲望,亦即一种"形而上"的欲望,而是真正渗入四象五音之"间"的能力。王弼在这一点上十分明确:"四象形而物无所主焉,则大象畅矣;五音声而心无所适焉,则大音至矣。"正因为大象大音并非一切象与音之外或之上的存在,所以为了让大象大音在某种意义上可以出现、到来和畅行,我们只能让自己的闻而无闻与见而无见的"闻—见"游移于一切象与音之"间"。⑫

所谓大象大音只是王弼试图思考和阐明"无"之时所用的不同比喻。然而,"无"乃是本质上就不可接受任何比喻者,并且必然抵抗任

---

⑪ 在西方思想的开端阶段,柏拉图就是这样做的。照柏拉图说,美、正义、善等本身都是理想性的(亦即,非经验性或物质性的)存在。而一切具体的美的事物或善的事物等等都是这些理想性的存在的摹仿。"理念"是柏拉图的"eidos"的较老的汉语翻译。现在有建议将其译为"型相"或"相"者,取"相"乃物之相之意。参见柏拉图《理想国》中的有关论述。

⑫ 就此而言,与柏拉图的"理念"或"相"不同,四象五音不仅并非大象大音的可有可无的摹仿或具体"例子",而且后者对于前者似乎还有一种奇特的依赖。没有四象五音,就没有大象大音。这从一个角度表明了,无之生有并不意味着,无"创造"了有。无并不是造物主。所以,无也并不先于有,就像大象大音并不先于具体的四象五音一样。大象大音必然隐藏"自身",从而让具体的象与音出现和到来。无必然隐藏"自己",从而让万有出现和到来。正因为无无(没有),所以才可能有有。无"让"有有。

何比喻者，因为任何比喻都会把"无"转化成某种"有"。虽然王弼所谓无名无形的说法不断地将我们推向欲将"无"想象为某种东西的方向，但是对于上引王弼语的后半部分的分析表明，王弼接着老子的思想而继续思考和阐明的"无"正是让"有"能有者。作为万事万物，"有"在"无"中出现、到来，而作为让万事万物能够成为"有"者，"无"仅仅存在于一切"有"之间，并且严格地、一丝不苟地就仅仅作为此间而"（不）存在"。一旦越出此间，"无"就不再是"无"了。

因此，"无"本身并非某一无名者。一个作为无名者的"无"仍然是一"有"，并且即因此而仍然与万事万物或者万有处于同一平面，因此也就还不足以被称为"万物之宗"。"无"就是"无"，只是"无"。但是，另一方面，"无"是一切"有"或一切物或一切意义的"条件"，是使意义亦即意义的表达和理解成为可能者。如果"没—有"无，如果"没—有"必然只"存在"于四象五音之"间"或万事万物之"间"的无，就不会有独立的、可以感知与可以理解的亦即"有意义"的四象五音或万事万物。如果"没—有"这一根本性的"无"让一切"有"从其中涌现，那就只可能有一个声音或一个形象（或一个东西），但一个声音就根本不是声音，一个形象就根本不是形象，因为要知道一个声音或一个形象"是"一个声音或一个形象，它们就必须能被区别于其他声音或形象。所以，如果绝对只有一个声音或一个形象，那就根本还没有任何声音或形象。因此，王弼之以音乐为例来阐明大音绝非偶然，因为音乐是最能阐明"无"之如何"昭音响"的例子。音必须被分开，分成不同的音，才可能有所谓"音"——乐音，音乐。分则有赖于无：分"创造"无；无"形成"分。所以无才是"昭音响"者。

因此，如果何晏、王弼所贵之"无"正是让"有"——任何有，任何物，任何东西——能由此而有者，那么"无"也就是"有"，就是那一能将万有带到我们面前并令其"在"此之"有"，即那一根本性的

"有",那一让万有皆有之"有"。这样,真正的"贵无",那真正理解了无之为无的"贵无",其实也就正是真正的"崇有"。是以王弼才会说:"将欲全有,必反于无也。"⑬

二、"以无为(本)体"还是"以无为用"?

但是,恰恰由于"有"与"无"问题本身的"形而上"性质,谈论它们的语言对于这一任务从来都力有未逮。魏晋玄学论者已经非常深切地意识到这一点。当时流行的所谓"言意之辨"即与此有关。而之所以如此,并不是因为他们(或我们)尚未找到或发明一种适于完成这一任务的语言,而是因为,从根本上说,我们不可能于谈论上述意义上的"有"与"无"之时不把"有"与"无"变成某种东西,而东西本身则可或有或无。这就是说,"有"与"无"的"东西化"或者"物化"是谈论"有"与"无"问题时所必冒之险。然而,若非如此,我们就不可能在语言中为这些问题赢得一席之地,而关于"有"与"无"的思想也就根本不可能在我们的思想中出现,因而也就得不到任何机会以成为这一思想。

何晏、王弼等的语言表述已经不可避免地含有这样的危险,虽然他们经常力避可能导致误解的表述。以王弼为例:虽然,一方面,王弼明确而有力地强调"无"并非一物;但是,另一方面,为了阐明"无"的"意义",王弼又不得不诉诸"本"和"体"这类说法来形容"无"。王弼被认为是所谓体用概念的创始者。而"本"或"体"之说又似乎恰恰有导致思想将"无"理解为所谓"本体"的可能。冯友兰即根据王弼《老子》第三十八章注中那句"不能舍无以为体"做出判

---

⑬ 王弼《老子》第四十章注。引自楼宇烈:《王弼集校释》,第110页。

断说，虽然这里的意思字面上并不是太清楚，但是照王弼的"唯心主义"体系看，王弼是应该认为"无"是体，"有"是用的。然而，王弼真能被说成是一个"以无为（本）体"论者吗？

其实，通观冯友兰提到的这一段可能是王弼《老子》注中最长而且最系统的注文，王弼反复强调的却恰恰是"以无为用"，而非"以无为体"。首先，"以无为用"是此段注释的起点与主调：

德者，得也。常得而无丧，利而无害，故以德为名焉。何以得德？由乎道也。何以尽德？以无为用。以无为用，则莫不载也。故物，无焉，则无物不经；有焉，则不足以免其生。是以天地虽广，以无为心；圣王虽大，以虚为主。⑭

王弼此处明确区分了"得德"与"尽德"。人（乃至物）从道得到作为得之德，但是必须通过"无"而使得于道之德充分实现。此实现则意味着能够尽量发挥特定的"得/德"之（作）用，而此用则有待于"无"而后尽。因此，"以无为用"的意思字面上看是"把'无'当作自己的作用"，但是此一"当作"其实乃是去用"无"。只有能够"用无"者才能真正"有用"。

此"无"恰可以《老子》第十一章所说的那个能使车轮、器皿、宫室各有其用之"无"为喻。⑮这是一个能让有为有之"无"，一个能让诸有各尽其德之"无"。各尽其德亦即各尽其用。"无"是使任何具体的用能够"通—过"它而成为用的一个"（非）东西"。为什么？具体

---

⑭ 王弼《老子》第三十八章注。引文据楼宇烈：《王弼集校释》，第93页。
⑮ 顺便说一下，王夫之似乎完全误解了老子此处所欲表达的思想，并因而做了一个近乎滑稽的评论："老子曰：'三十幅共一毂，当其无，有车之用。'夫所谓无者，未有积之谓也。未有积，则车之无即器之无，器之无即车之无，几可使器载货而车注浆？"（王夫之：《船山全书》第一册，长沙：岳麓书社，1996年，第862页）

的用始终是相对于某一特定目的而言的。例如,轮之用是行车,器之用是容物,室之用是居人,等等。这些具体的、相对的用(途)最终指向一个能用诸用者:人。诸用可能更相为用,例如蜂从花采粉酿蜜,花借蜂授粉结果,等等,但人才是最终的使一切用之为用者。使用之为用者无用,有用者则不足以使用之为用。或者说,使用之为用者的唯一之"用"就是使用之为用。因此,虽然在日常经验层面上人亦与人甚至与物相互为用,但从根本上说,人之为人正在于人乃是因其无用而使诸用各有其用和各尽其用者。人本身只是显用之无,用物之无。⑯而这却正是"人"之为人处。人无"用",或者说,人乃"无用之用"。人本身只是"无"。然而,正是在这一根本性的"无"之中,万物才各得其所,各尽其德,各有其用。

正是在这一意义上,我们可以理解王弼之所说:"天地虽广,以无为心;圣王虽大,以虚为主。""以无为心"乃"无心","以虚为主"即"无主"。因此,这一思想虽然绝无轻视或贬低人之"地位"的涵义,但是其对"人"的理解却很难纳入西方哲学的主体思想框架。因为,至少从表面上看,与所谓以人为"主体"的思想相反,这一思想强调的却是,"人"不仅不应该"殊其己而有其心",而且应该"灭其私而无其身"。⑰因为,只有这样,"有"作为万物才能出现和到来。为了让有"有",人必须能"无"。此"无"不仅不否定"有",而且成全

---

⑯ 但这却并不意味着,"人是目的"(康德语)。以无为"本"(而非以无为"体")的思想与一切目的论思想有异。老子已经说得很清楚:"天地不仁,以万物为刍狗;圣人不仁,以百姓为刍狗。"(《老子》第五章)当然,这一思想的复杂性及其与神学或者人本主义目的论思想的区别仍有待于深入分析。现代所谓"人权"问题亦与对于上述区别与联系的理解有关。关于人权与中国传统的"兼容"这一迫切问题,已经有若干英语著作做出讨论,如 Stephen C. Angle, *Human Rights and Chinese Thought: a Cross-cultural Inquiry*, Cambridge; New York: Cambridge University Press, 2002;及 W. Theodore de Bary 与 Tu Wei-ming 编:*Confucianism and Human Rights*, New York: Columbia University Press, 1998。

⑰ 王弼《老子》第三十八章注。引自楼宇烈:《王弼集校释》,第 93 页。

"有"。所以,在王弼以及老子这里,我们根本不可能离开人而思无言无。离开人而论无,无就会沦为一个空洞的、无法解释的"(本)体",从而令人莫名其妙。

"无"需要人以成为无。这就是说,"无"需要人来"体—验"和"体—现"。正是在这一意义上,王弼说"圣人体无"。[18] 圣人,作为理想的人或者人的理想,与"无"同"体"。这个被王弼用为动词的"体"字非常微妙,需要略赘数语。"体"乃是所谓"设身处地",亦即让自身与某物成为"一体",从而获得最直接的"身体性"感受。我们仍然在这样的意义上说"体验""体察""体会""体悟"等等。"体无"因而就意味着,与"无"成为"一体",从而"体—现"无,或成为"现"无之"体"。这在某种意义上当然也可以被说成"以无为体"。然而,如此说来的"以无为体"仅仅意味着与无为一,与无无别,或者某种意义上的"成为"无。而成为无则恰恰是要"无(其)身""无(其)体"。所以,"体无"这一表述包含着一个冒犯"常识"的悖论:"体无"即需要一能体无之"(身)体",但"体无"却恰恰又是欲"无体"。而只有通过"体无"而达到"无体","无"才能真正成为"自己",亦即,成为无"本身",成为"无"其实必然本质上就不可能有的"本身"。

如果以上分析能够成立,那么把"无"当作所谓"本体"的做法其实是无法强加到王弼思想上去的。讨论中国传统中的有无之思的一些现代学者在使用"本体"这样的表述时,无论是否明言,想的其实都是西方哲学意义上的与"现象"相对的"本体"。王弼关于无的论述却并

---

[18] 说见《世说新语·文学》:"王辅嗣弱冠诣裴徽。徽问曰:'夫无者,诚万物之所资。圣人莫肯致言,而老子申之无已,何邪?'弼曰:'圣人体无。无又不可以无训,故言必及有。老庄未免于有,恒训其所不足。'"此段文字在《魏志》卷二十八"钟会传"注中为:徽"问弼曰:'夫无者,诚万物之所资也。然圣人莫肯致言,而老子申之无已者何?'弼曰:'圣人体无。无又不可以无训,故不说也。老子是有者也,故恒言无所不足。'"(转引自楼宇烈:《王弼集校释》,第639、645页)

不蕴含着这一"现象—本体"的框架。在王弼关于"无"的思想和论述中,"无"从来不是一切事物之后或之下的"本体",因此"有"也不是"本体"的"现象"。正因为在王弼这里,有与无或无与有的"关系"完全不能纳入这一西方哲学的概念框架,所以其相对于西方哲学传统的新颖之处——尽管这一"新颖"在中国传统中其实并不新颖——才更加值得我们注意。王弼坚持的其实正是,"无"不可能有任何体,更不可能是任何体。所以,当他说"道"乃"无之称"时,他亦强调,其名为"道"之"无""寂然无体,不可为象"。⑲所以,"不能舍无以为体"这一被某些论者引以作为王弼的"体用"观念之根据的表述需要在其语脉中重新考察:

夫大之极也,其唯道乎?自此已往,岂足尊哉!故虽德盛业大,富(而)有万物,犹各得其德。……(德)虽贵,以无为用,不能舍无以为体也。(引者案:此处有"不能舍无以为体,则失其为大矣。所谓'失道而后德'也"。冯书未引)……以无为用,德(得)其母,故能己不劳焉而物无不理。⑳

冯友兰和冯契即皆引此段以论王弼所谓"体用"之说,但是二者

---

⑲ 王弼:《论语释疑》"述而"篇之"子曰:'志于道'"注:"道者,无之称也。无不通也,无不由也。况之曰道。寂然无体,不可为象。是道不可[为]体,故但志慕而已。"(楼宇烈:《王弼集校释》,第624页)据楼注,方括号中之"为"字见于《玉函山房辑佚书》。其实,此处有无此"为"字均可通:正因为"寂然无体",所以不可体(验),所以也不可为体。应该注意的是,王弼在《老子》三十八章注中明确区别了"道"与"无",此处却以"道"作为"无"的名称,二者似乎互相矛盾,但是专题分析应能表明,"道"与"无"如何在非常严格的意义上相互联系,以至于王弼能够时而区分"道"与"无",时而又合二者为一。但是我们不能因为"道"与"无"之间的联系而完全混其为一。简单地说,在王弼这里,道乃万物之所由,无乃万物(万有)之所出。所以,着眼于万物之所由时就说道,而着眼于万物之所出时就说无。

⑳ 冯友兰:《中国哲学史新编》第四册,第54—55页引。

谁也没有全引此段，因为这里的文字原来颇为不顺。冯友兰认为，"犹各得其德"后之"虽贵以无为用"六字前应有一"德"字。所以他通过增字而将其读为"德虽贵，以无为用"。此两位论者的讨论集中在以下问题："无"在这里究竟应该被理解为"体"还是"用"？冯友兰据此说王弼应该是认为"无"乃"体"，而"有"为"用"，但他自己对此也无甚把握，因为他觉得这里的文本根据似嫌不足。㉑冯契则据此说王弼的观点是"体用不二"，但其解说本身亦仍有未畅。㉒这里首先要解决的问题有三：一、从王弼的基本思想和整个文本出发来确定"以无为用"的主语；二、解释"不能舍无以为体也"的句法；三、理解"不能舍无以为体，则失其为大矣"的意思。关于第一点，王弼注释《老子》时通篇反复强调的始终都是物通过道而"得德"，通过"以无为用"而尽德。其三十八章之注也是从一开始就讲，万物是通过道而得到各自之德，而通过以无为用而尽各自德，所以此处之"以无为用"的主

㉑ 冯友兰说："王弼在这里说'不能舍无以为体'，那就是说，道是体，万物是道的体所发生的作用。这就是说，无是体，有是用。照王弼的唯心主义的体系看，他本来应该是这样说的。照字面上看，他说，'以无为用'。又说：'言无者，有之以为利，皆赖无以为用也。'（《老子》十一章注）'有'和'无'究竟哪个是体，哪个是用，有点分别不清。但是他说：'以无为用，得其母'，'失用之母'，他认为'无'是'用'之母。这样说，就是认为'无'是体，'有'是用。"（冯友兰：《中国哲学史新编》，第四册，第55页）

㉒ 冯契在《中国古代哲学的逻辑发展》中讨论王弼思想时说："王弼认为'体'和'用'是统一的，即体用不二。他说：'故虽德盛业大而富有万物，犹各得其德。虽贵以无为用，不能舍无以为体也。'（《老子注》三十八章）意思是说，圣人效法天地，有日新之盛德，富有之大业，这是'以无为用'，因为盛德大业就是道的作用和表现。但德业既然是靠无的作用，那就不能'舍无以为体'。只有真正'体无'或'以无为体'，才能具有'无'的德性，表现出'无'的作用。在这里，体和用是统一的。"（冯契：《中国古代哲学的逻辑发展》，上海：上海人民出版社，1985年，中册，第492—493页。）让我们此处满足于仅仅引出此文，而将评论和质疑留给读者。又，钱穆在一篇短文《王弼论体用》中，亦据此段文字肯定"此为〔王弼〕体用两字连用成一概念之至显然者。宇宙万物，莫不以无为体，既皆不能舍无以为体，故亦必以无为用，此弼注之意也。"（钱穆：《庄老通辨》，北京：生活·读书·新知三联书店，2002年，第357页）此处姑不论体用为两概念而非一概念，我们对此的主要保留是，若无既为万物之体亦为万物之用，那么万物"本身"的地位又在哪里？

语应该不难确定：不论个别物或人（作为广义的"物"）之德如何"盛"或"大"，它们/他们也仍须"以无为用"，因为离开"无"它们就无以"尽德"。这一点，如果我们接受王弼《老子道德经注》校释者楼宇烈对此段文字的校补，就更一目了然："夫大之极也，其唯道乎？自此已往，岂足尊哉！故虽［德］盛业大，富（而）有万物，犹各得其德，［而未能自周也。故天不能为载，地不能为覆，人不能为赡。万物］虽贵，以无为用，不能舍无以为体也。（不能）舍无以为体，则失其为大矣。所谓'失道而后德'也。"㉓据此，这里"以无为用"的主语非常明确地是"万物"。

如果我们可以接受上述分析，亦即王弼此处是说，无论其德大小，万物都必须以无为用，那么下一句"不能舍无以为体也"就并不一定只能被解释为"万物必须或者只能以'无'为体"。理由如下：首先，通观王弼的整个《老子》注，除此一说法似乎可以解释为"万物不能不以无为体"外，并无一句正面肯定"以无为体"的话。而"以无为用"却是一个被经常重复和强调的主题。如果王弼真的是认为"无"才是万物之体，或者，如果在王弼的思想中，"体"与"用"至少享有同等地位而不分彼此（所谓"体用不二"），那么王弼对"以无为体"至少也应该有哪怕一次的明确的正面肯定。其次，在这个双重否定句里，"以"字也可以读为"而"，这样整个语脉就会更为顺畅："不能舍无而为体也。"但是这一读法需要进一步的分析来支持。㉔详下。如果我

㉓ 王弼《老子》第三十八章注。楼宇烈：《王弼集校释》，第94页。引文中方括号中的文字，楼宇烈据《道藏》及《道藏集注》本所校补，圆括号中文字则为其认为应删去者。

㉔ 王葆玹在《正始玄学》（齐鲁书社，1987年）中从不同的角度质疑了将"不能舍无以为体"解释为"以无为体"的读法。他以为："所谓'不能舍无以为体'，是说舍弃本无便不能保持形体的完整，其中的'体'字乃取本义，指形体而不是指本性，指有而不是指无，指身而不是指心。这就意味着，王弼老学不是'以无为体'，而是'以有为体'，并以无为用"（第275—276页）。我们同意这一质疑本身，但是我们的分析则与之有异。陈少峰在《王弼的本体说及其对于〈庄子〉义的发挥》（《原道》第三辑，第134—［转下页］

们可以这样地建立关于第二个问题的解释,上面所提第三个问题就将迎刃而解:因为没有任何物或人能够不通过"无"而成为"体",所以任何物或人所体现或者建立的盛德大业都不能被视为真正的"大"。这里,在楼宇烈的校补中被放在圆括号中而认为应该删去的第二个"不能"于整段文意其实至关重要,因此恐绝非衍文。下面我们将试图为这些论点提供进一步的分析。

既然反复出现的"以无为用"不仅是此段注解的主调,也是王弼在注释整个《老子》中所阐发的基本思想之一,我们可以试沿这一线索继续发展思路。㉕例如,我们前面已经试图说明,"以无为用"的意思是,万物通过那个根本性的"无"而实现各自之用。"用"则蕴含着有用者之体。而只有知道一物之用,我们才能真正确定此用之体。㉖这就是说,体只能是用之体。用才决定体之为体。如果万物"以无为用",或者通过"无"而有各自之用,那么万物乃是通过"无"而成为特定的用之体,亦即某一特定的用所"依附"的特定的体。而这也就是说,获得特定的"性质"和"功能"而成为特定的物。而作为特定的物,它们必然各有其体。因此,在王弼这里,万物确实被认为从根本上"依赖"无。但这一"依赖"却只能意味着:通过无而有其体。所以,结

[接上页] 135页)中不同意王葆玹的看法,并断言王弼《老子》第四章注中"形虽大,不能累其体"之"体"意味着王弼认为"无"是"本体"。但陈少峰并没有提供任何分析以支持他的看法。其实,王弼此语仅以"体"来提及"无",而并非谓"无"是一"体",更非谓"无"是"本体",恰如《老子》二十一章之"道之为物"并非意味着"道"是一"物"。

㉕ 例如,王弼注第一章"以观其徼"云:"徼,归终也。凡有之为利,必以无为用。欲之所本,适道而后济。故常有欲,可以观其终物之徼也。"(黑体字为笔者所为)

㉖ 让我们不要埋没王夫之在这个问题上的看法:"天下之用,皆其有者也。吾从其用而知其体之有,岂待疑哉?"(王夫之:《船山全书》第一册,第861页)。在一定程度上,王说当然无可辩驳。但是,王夫之未能思考的是,作为具体事物的"体"如何才能有其用。

论应该是：万物通过以"无"为用而各有其体。㉗

但是，万物各有其体，而"无"无体。然而，如果舍去"无"，万物就无以为体，亦即无法单凭自身而成为特定的个"体"。所以，万物确实不能"舍无以为体"。但是，此说却并非意味着只有"无"才是万物之"体"。果真如此，万物就只能被理解为"无"本身之用，或者"无"本身之不同"表现"而已。但是，"无"却不可能有任何所谓"本身"。"无""本质"上就不可能有任何"本身"。所以，将万物视为"无"本身之用才是真正欲将万物压缩为某种由"（虚）无"所产生的幻影或虚像（"现象""表象"）。㉘这样的解释乃是套用西方哲学的

㉗ 万物通过无或道而各有其体这一思想其实是道家传统中一个最基本的观念。《庄子·知北游》中说的"秋毫为小，待之成体"，就是这一观念的一个典型的表述。"秋毫"是万物中在某种意义上几乎可以完全忽视的小物。但即使是这样的微不足道的小物，也仍然有待于道或无而成为一"体"，亦即，一具有特定形体的、可以与他物相区别的物。体，作为"具'体'"的"有"，只能从"无"中涌现。而让物有体者，亦即，让物作为物而有者的道或"无"，则不可能有体，不可能是体。但是，问道者却无法避免问道本身之"体"。《淮南子·说山》："魄问于魂曰：'道何以为体？'曰：'以无有为体。'"《文子·上德》："道以无有为体。视之不见其形，听之不闻其声，谓之幽冥。幽冥者，所以论道而非道也。"但以"无有"为体就是无体。而无体之道或无体之无更不是本体。

㉘ 很多论者持类似观点。例如，王弼文本的校释者楼宇烈在《王弼集校释》的前言中就说，"王弼所谓'本'、'体'，指根本或原则，所谓'末'、'用'指表象或作用。他认为，'有'（天地万物及其运动变化）只是'末''用'，即只是各种表象、作用，而'无'才是天地万物及其运动变化的真正根本、共同原则。"（楼宇烈：《王弼集校释》，第4—5页）这段话中有很多问题，首先是混淆了不同的概念范畴。如果说王弼所谓"本""体"是"根本"或"原则"，那么所谓"末""用"就不可能是"表象"或作用。"根本""原则"并不与"表象""作用"相对。说"有"是"表象""作用"蕴含着，其下存在着或潜藏着的是某种"实体"或"本体"。然而，如果这一"实体"或"本体"是"无"，那么"有"如何竟可以成为"无"的"表象"或"作用"？"无"还能有任何"表象"吗？所以，"有"与"无"这两个汉语表述本身在这里就不容许"表象"或"原则"这类概念的侵犯。只有重新回到这些中国传统概念本身，而且让这些概念回到中国传统之中，我们才有可能重新接近这些基本概念所蕴含的原始思想力量，并且让它们重新向我们说话。而一切以西方哲学概念侵犯和占领这些传统概念的做法，都只能窒息这些概念本身的思想力量。关于王弼所言之"无"的意义为何，康中乾在《有无之辨——魏晋玄学本体思想再解读》（北京：人民出版社，2003年）中概括了五种不同看法：一、"无"是抽象的一般，是"把客观世界一切属性抽空了的、最高的抽象概念"（汤一介等）；二、"无"是（转下页）

所谓"本体"概念来规范中国思想。然而，这一概念不仅与王弼所阐释的老子思想格格不入，而且在西方哲学中其实亦尚待进一步质疑。㉙王弼在同一注解中说，"用夫无形，故形以成焉"㉚。套用这一说法，我们也许亦可代王弼说："用夫无体（亦即，无），故体以成焉。"这样，"不能舍无以为体也"是说没有"无"万物就不成其为各有其体的万物，而"不能舍无以为体，则失其为大矣"则是说，因为离开"无"万物就没有自己的"体"，所以再大的东西也不能真正当得起"大"，因为，与使大为大者（亦即，"无"）相比，任何一大都还不够大。但是，使大为大者则不再能被称为"大"。如果万物离开"无"即不可能有"体"，那么"无"就确实是真正使万物成为万物者，亦即，让万物作为万物而有者。但是这一所谓"让万物成为万物"或者"让万物有"乃是让万物"进入"有，即让其出现，到来，而不是作为万物的"本体"——例如，造物主或者上帝——而产生或创造万物。因此，此处严格区分"本"与"体"也许不无裨益："无"在需要严加规定的意义上

(接上页) 一种共相（许抗生等）；三、"无"是万物的"本始"或生成者（侯外庐等）；四、"无"相当于黑格尔哲学中的"纯无"的意义（陈来等）；五、"无"是某种'作用方式'或原理、原则，其内容指自然无为"（第161—167页）。此处无法评论这些看法本身以及这一概括本身的问题，而只能重复强调，我们在正文中试图阐述的看法与此五种皆有异。

㉙ 作为现代汉语哲学词汇的"本体"是"substance"或者"noumenon"的一种翻译，当然此二西语哲学字眼并非仅有此一种汉语翻译。此外尚有"实体""本质"等等。所谓"本体论"则是"ontology"的翻译。这些西方哲学概念如何通过"体"这个仍然有待深究的传统概念而渗透并控制中国传统思想的"现代"解释，仍是一个十分重大而迫切的研究课题。又，"本体"在某种意义上可以视为"本"与"体"这两个观念的结合。但是二者其实大有区别：与"末"相对之"本"强调的只是重要性，亦即何者相比之下更为重要，而与"用"相对之"体"说的却是具"体"的有或者物。因此，"无"在某种意义上可以为"本"，却不可为"体"。

㉚ 楼宇烈：《王弼集校释》，第95页。

是万物之"本",但却绝非万物之"体"。㉛

因此,王弼此段文字其实并非如冯友兰和冯契以及其他一些论者所说是讨论所谓"体"与"用"的,所以并不能用来支持王弼乃"以无为体"的论断。㉜而且,王弼的基本思想,如果我们仍然能阅读他和理解他的话,应该恰恰是与此类二元对立方式判然有别的。而关于"道"与"无"的思想恰恰是解破此类对立者。王弼理解的"无"严格说来正是让"有"为有者,亦即让"有"出现和到来者。没有这一根本意义上的"无"就不可能有"有"。就此而言,王弼所谈论的"有"与"无"从根本上说其实已经越出了体用这对概念所能圈定的范围。严格地说,物之用当然离不开物之体。物既有其用,则必有其体。而"无"则既非物之体,亦非物之用。我们已经反复强调,"以无为用"严格地说只能意味着"用无"。"无"其实不可谈论,因此,根本问题始终是,"有"如何成为有,亦即,如何成为既有"体"亦有"用"的万有或万物?"无"所试图回答的其实正是这一根本问题。如果说王弼的思想是

㉛ 王弼注释《老子》三十九章时关于"一"所说的话可以引为我们以上分析的又一支持:"物皆各得此一以成。既成而舍(一)以居成。居成则失其母。"(楼宇烈:《王弼集校释》,第105—106页。"一"字为楼宇烈据《道藏集注》本校补)。"得一以成"是通过"一"而"成为"自身,亦即,通过"一"而各有其体,从而成为特定的物。"舍以居成"是物丢开使其成者而"自以为是",即自以为"自给自足","与世无争",所以"洋洋自得","不可一世",而以"物"自居。而这正是所谓"忘本"(王弼意义上的"本")。如此一来,"自以为是"的"物"就失去了"母",亦即其真正的"来源"。当然,所谓物之"自居其成"只是比喻。物本身无所谓"自居"。真正的"忘本"只能是人忘物之本,亦即,忘记并从而失去"一"。就根本不可能有"一"而言,"一"只是"无"。而不可能有"一"是因为,没有二就无所谓一,而二又必然使一成为"'二'之'一'",成为数中之一,而非"一"本身真正希望去成为者:唯一者,独一无二者,"绝一对"者。
㉜ 余敦康没有忽视王弼这里所说的"以无为用",但他还是认为王弼在强调无是万物的本体,即"以无为体"。为了调和二者,他说王弼同时提出了"以无为体"和"以无为用"这两个命题,而"这两个命题的综合,就是即体即用的思想,所以王弼说:'万物虽贵,以无为用,不能舍无以为体也。'"但这里其实并没有一个"所以",因为如此引用的王弼本身是说不通的,因而并不能支持作者这里提出的观点。见余敦康:《魏晋玄学史》,第179页。

所谓"贵无",这一"贵无"其实并不"贱有"(裴頠语)。相反,这样的"贵无"正是真正的"崇有"。或者,再借《崇有论》著者裴頠的话说,王弼像老子一样,其虽"以无为辞",但"旨在全有"。而"有"之所以在最根本的意义上需要被"(保)全",正因为被理解为万事万物的具体的"有"必然"偏无自足"而"凭乎"某种"外资"。

但是,对于这一"外资",著名"崇有论"者裴頠的观点与王弼似乎截然不同。因此,如果我们认为王弼的"贵无"才是真正的"崇有",那么就必须对裴頠的未能真正崇有的"崇有"也略加讨论。

三、"崇有论"之何以非真崇有?

裴頠针对他所谓"贵无贱有"之流行议论而欲肯定他自己所理解的"有"。《崇有论》一开始就说:"夫总混群本,宗极之道也;方以族异,庶类之品也;形象著分,有生之体也;化感错综,理迹之原也。"㉝

㉝ 冯友兰:《中国哲学史新编》第四册,第112页引。《崇有论》全文见《晋书》列传第五"裴秀传"所附之"裴頠传"(《晋书》,北京:中华书局,1974年,第1044—1047页)。司马光《资治通鉴》卷八十二节录"夫利欲可损而未可绝有也"至"由此观之,济有者皆有也。虚无奚益于已有之群生哉!"(司马光:《资治通鉴》,北京:古籍出版社,1956年,第三册,第2620—2621页。关于《晋书》和《资治通鉴》二书所引《崇有论》在文字上的差异问题,参见汤一介:《裴頠是否著有"贵无论"》,《学人》第十辑,第345—350页)。冯友兰认为裴頠"夫总混群本,宗极之道也"的意思是,"'总混群本'是宗极之道"(冯友兰:《中国哲学史新编》第四册,第112页)。这一试图解释裴頠之语的表述本身有些含混。如果冯友兰的意思是说,群本之总混本身就是宗极之道,那么我们的读法就与之有异。如果"总混"在这里应该读为动词,那么此句的意思就应该是,"'总混群本'者(那个)是'宗极之道'",或,"宗极之道"乃是总混"群本"者。汤一介明确认为,"夫总混群本,宗极之道也"的意思就是,"整个无分别的群有本身就是最根本的'道',或者说'道'最根本的意思就是指整个无分别的群有本身,并非在'群有'之上还有什么超越'群有'的'道'。"(汤一介:《郭象与魏晋玄学》,北京:北京大学出版社,2000年,第153页)我们对此的保留是,承认有"总混群本"的"宗极之道"并不一定就意味着此道在"群有"之上。通观《崇有论》全文,裴頠似不仅不否认这样一个"宗极之道",而且强调万物就是由一个"宗极之道"联系起来的,尽管他所想的"宗极之道"与所谓"贵无"论者的"道"在意义上的联系与不同需要此处篇幅所不容许的专题研究。

裴頠所理解的"宗极之道"乃是集合或者统一万物者。虽然裴頠并未深究此"道"的意义，但是这一字眼之使用表明，他也是将万物视为一个相互联系的整体的。在这个由"宗极之道"集合起来的"世界"中，万物皆有其互不相同的"具—体"形象，并因各自之间的相似与差异而形成不同的品类。这些品物相互联系，相互交织，相互影响，相互转化，表现出有"迹"可寻之"（纹）理"。《崇有论》接着说："夫品而为族，则所禀者偏。偏无自足，故凭乎外资。"这就是说，既然物分为不同的品类，各有相异的特性，所以没有任何东西是绝对自足的，因此物相互依赖。换言之，在裴頠所刻画的由万有集合而成的世界里，"有"意味着"具—体"的有，亦即具有形象的各有限度的物。这里诸有或诸物互相依赖，而这种相互依赖就是裴頠所说的诸有或诸物为了（成为）自身而需要的"外资"或者依凭。对此看法我们在一定程度上并无异议。但问题是，"有"何以成为有？诸有从何来？换言之，何以"有"有？何以能"有"有？这一问题不仅是所谓"贵无论"，而且也是所谓"崇有论"最终必须面对的问题，而正是裴頠对这一最终问题的回答能将我们引向"崇有论"中的根本问题。

裴頠并不像王弼一样认为"无"可以为"有"之最终依凭。照裴頠看，无是无，有是有，二者毫不相干。因此，"有"不可能生于"无"："夫至无者无以能生"——裴頠对此似乎是非常肯定的。不过，"至无者"这一说法其实有些含混。如果裴頠的意思是"至无"，亦即绝对的"无"，那他就不应该使用"者"字，因为这就把"无"变成了一个东西，一个其实不可能是任何东西的"东西"。而如果他想说的真是某一"至无者"，那么他就与自己所肯定者自相矛盾：这个"至无者"作为一个东西原则上显然必定会有产生其他事物亦即其他"有"

的可能，但这个东西同时亦需要被其他东西产生出来。㉞从裴頠的文络判断，他说的应是"至无"而非某一"至无者"："夫至无〔者〕无以能生。"但如果"至无"无法产生任何东西，"有"又自何来呢？裴頠，作为崇有论者，认为既然"无"不能产生"有"，"有"只能自己产生自己："夫至无〔者〕无以能生，故始生者自生也。"但是，裴頠其实也意识到这一说法包含着一个致命的漏洞："生"这一概念本身必然蕴含着"生者"，因此从"有"生"有"乃是一个可以无穷逆推下去的过程。所以，为了终止这一恶性循环，裴頠决定，第一个被生出者乃是自己生出自己者："始生者自生也。"为什么这一本应"生生不息"的无穷连环必须容忍裴頠的暴力而让自己接受一个"开端"，我们不得而知。可以猜测的是，试图肯定"有有"的裴頠也必须面对下述无法回避的"形而上"问题："为什么居然有有而非一无所有？"裴頠虽然否认了"有生于无"之说，却未能同时一起否认"生"的问题，亦即，关于一切"有"本身的"起源"的问题，于是才有此权宜之计："有生于有" = "有自生"。但是，"始生者自生"这一说法或者无法成立，或者只能意味着，"有"，最初的"有"，第一个"有"，生出万有之"有"，在生出"自己"之前尚无"自身"，尚非"自己"，亦即，尚为"无"，或更准则地说，尚"无"。如此，崇有论者裴頠在否定"有生于无"之时所肯定

㉞ 这一关键性的含混亦时见于何晏、王弼等所谓"贵无"论者的文字。这一问题非此处所能详论，而有待于专题研究。但是，我们的基本看法是，详尽的、真正批判性的分析应能表明，"道"与"无"均在严格的意义上非"物"。汤用彤对此非常强调："及至魏晋乃常能弃物理之寻求，进而为本体之体会。舍物象，超时空，而研究天地万物之真际。以万有为末，以虚无为本。夫虚无者，非物也。非无形之元气，在太始之时，而莫之与先也。本无末有，非谓此物与彼物，亦非前形与后形。命万有之本体曰虚无，则无物而非虚无，亦即物未有时而非虚无也。"（汤用彤：《魏晋玄学论稿》，第697—698页）。无或虚无非物：在这一点上我们与上引之文是一致的。然而，对于汤用彤之试图以"本体/substance"这个西方概念来解释"无"（汤用彤：《魏晋玄学论稿》，第699页），我们有不同的看法。但此处不拟直接讨论汤用彤的看法本身，而只欲为读者提供某种参考或参照。

的其实仍然还是"有生于无",尽管他自己并未意识到这一点。此若其然,则裴頠其实就最终必须仍然面对老子的"有生于无"而思考这一何以竟能生"有"之"无"。容易理解的是"形而下"的有生于有,因为这对于只看到有形之物的"形而下"目光似乎顺理成章,因为这里只有生与生或有与有的连续而无断裂。不容易理解的则是"形而上"的有生于无,因为这对于"形而下"的目光来说似乎不可理解,因为在这里我们通常所了解的因果联系已被打断。

我们的这一论断在某一方面也适用于裴頠之后的"无无论者"(冯友兰语)郭象。㉟在其著名的《庄子》注释中,郭象是这样解释有与无之间的联系的:"无既无矣,则不能生有;有之未生,又不能为生。然则生生者谁哉?块然而自生耳。"㊱与裴頠的话相比,郭象这段颇为一些论者所欣赏的话把问题暴露得更加明确。在郭象对于有与无之关系的分析与对于"自生"的断言之间,我们找不到任何可能的逻辑联系。如果"无"不可能生"有",而能够生"有"之"有"本身在未被生出之前又不可能生"有",而有待于被另一"有"产生出来,那么所谓"自生"如何才有可能?"有",被郭象认为应该能够自生之"有",在自己产生出自己之前又能"是"什么呢?如果能将"自己"生出来的"有"在其自生之前还不是"有",还"没—有",亦即,尚为"无"或尚"无",那么我们是否还有可能在"无"与"有"之间清楚地划出郭象似乎希望划出的界线?

如果"崇有论者"裴頠或者"无无论者"郭象向自己提出上述问题,他们就有可能或者去进一步探究"有"的双重涵义,或者去试图理

㉟ 这里并不是在对郭象的全部思想做出评价,而只是想讨论其"自生"说所蕴含的问题。

㊱ 郭象《庄子·齐物论》之"夫吹万不同"注,冯友兰《中国哲学史新编》第四册引。

解老子所谈论的这一被何晏、王弼等人视为根"本"而力加阐释的"无"的"意义"。然而，因为未能理解这一表面上似乎并无任何意义的"意义"，他们不仅没有如此去做，而且毫无牵挂地把"有"与"无"一刀两断，并以一个方便的"自生"说而取有无之思以代之。于是，郭象等陷自己之说于真正的"自相矛盾"：一方面，"有"不能生"有"（"有之未生，又不能为生"）；另一方面，"有"能自生（"然则生生者谁哉？块然而自生耳"）。而这一局面又蕴含着：一方面，"有"与"无"无关；另一方面，"有"与"无"有关，亦即，"有"离不开"无"，"有"不可能离开"无"，想"有"就无法不想"无"，想"有"本身之生就必然已经以某种方式想到了"无"本身。

无力理解"无"的深刻涵义表明，裴頠意义上的与郭象意义上的"崇有"或"无无"之论乃是从老子的言说与王弼的注释所在的思想高度的某种下降。权宜之计性的"自生"之说的真正否定性成就是取消对于"有"这一问题的继续追问。既然"始生者自生"，或万物"块然而自生"，"无"对于"有"似乎就不再有什么"用"了，而照冯友兰说，这就是崇有论的"无无"。而"无无"的必然结果却不是"有有"，亦即去强调和思考"有"之"有"，以及"有"之为何与如何"有"，而是将"有"仅仅视为具体之物，亦即"万有"，并且视这样的"有"为理所当然，从而不再为居然会有"有"而惊奇，也不再为何以竟然会"有"有而操心。于是，"有"遂与"物"或者后世所谓"东西"再也不分彼此，"有"与"物"在意义上的此种完全重合则遮蔽了"有"在与"无"密切相连时所具有的思想力量。

于是，"无"与"有"现在就都因为孤立无援而变得死气沉沉，而与"自生"相联系的"自尔"或"自然"则被赋予了解释一切"有"或天下万物的大权。此可仍以郭象之语为证："谁得先物者乎哉？吾以阴阳为先物，而阴阳即所谓物耳。谁又先阴阳者乎？吾以自然为先之，而自然即物之自尔耳。吾以至道为先之矣，而至道者乃至无也。既已无矣，又奚为先？然则先物者谁乎哉？而犹有物无已。明物之自然，非有使然也。"㊲的确，"道"作为"无"并不先于物而生物，而且物在"日常"意义上也确实可以说是"自然（而然者）"，亦即，本来如此，从来就已经是其自身的那个样子。但是，如果真是这样，如果确实没有什么能先于物，那么，说"'有'物"，而且还是说"有物无已"，又能意味着什么呢？说"'有'物"当然就是肯定物本身之"有"。如果说，确实并没有任何东西能先于物，那么，同样确定的是，物也确实并不先于"有"，亦即，并不先于这个对其做出原始肯定的"有"，这个本身不"有"之"有"。所以，这个"有"离不开"无"。物之"有"而"无已"，亦即，物之"生生不息"，物之连续不断地存在，依赖于这个根本性的"有"。这个"有"让万物从其中——从作为"无"的"有"之中——涌现出来。但这当然绝不是说，让我们再重复一下，物之有与无仅仅依赖于一个特定的音或字——"有"。但是，如果我们根本不理解"有物"这一表述中那个根本性的动词"有"的意思，也根本不能说"有"，世界上还能"有"任何物或任何东西吗？而如果物乃是通过"有"——通过我们说"有"，通过"有"之被我们说出——而出现和到来，亦即，成为物并作为物而"有"或存在，那么物还能在最本来的意义上"自然"吗？物之"自—然"的这个"自"从何而来？物如何才能成为"自然而然"者，或成为相连而有别之万物？㊳

"自生""自尔""自然""独化"之说割断了老子与王弼等思者在

㊲ 郭象《庄子·知北游》之"有先天地生物者耶"注，冯友兰：《中国哲学史新编》第四册引，第137页。黑体字为本书作者所为。我们将在集中于《老子》文本之重读的本书下篇中表明，老子之"道"既非物，亦不在世界起源论的意义上产生任何物，但却在最根本的意义上是使物之为物者。尤见本书下篇第四章中的讨论。

㊳ 参见本书下篇第三章中的有关讨论。

"有"与"无"之间所把握到的真正"形而上"的亦即无形的联系,从而使"有"仅仅作为孤单的"自然"之物而沦为某种无"本"之"末"。㊴然而,无论是裴頠还是郭象,都没有能够彻底取消这个根本性的"有何以生"或"孰能生有"的问题。相反,肯定"始生者自生"或万物"块然而自生"就是肯定,物并非从来就"有",也并非始终都"有"。因为,物来自生,始于生,而生即意味着:始,开—始,开始

㊴ 前文分析王弼时已经讨论过这一"本末"比喻。姑试就此处所论再申之如下:这里,"本"不是本体,不是基础,不是根据,而是使一切"末"互相有关者,是联系诸"末"而使之成为相连而有别之诸"末"者。这就是说,所谓"本"就是众"末"之间的联系本身。没有这一联系,没有这一"本",就不可能有任何"末"。所以,无"本"之"末"其实已经不成其为"末"。但是,"本"与"末"在此其实并无高下贵贱之分,因为"本"只是"末"之本,所以无"末"即无"本"。当然,反之亦然。"末"必为"本"之"末",所以无"本"即无"末"。但是,必须强调的是,联系诸"末"以使之成为诸"末"之"本"本身并非一"末"。此一强调之必要在于,在"本末"之喻中,"本"其实很容易被想象为一"末",当然,此唯一之"末"会被理解为一终极之"末",一"终末"。就其字面而言,在众"末"之末的"本"不正是总众"末"之"末"吗?正因为"本末"之喻内在地包含着"本"之被"末化"为一特别之"末"或终极之"末"的可能,所以"本"才容易让自身被解释为某种"本体"。然而,"本"之"本(体)化"其实不仅不是"本"的提升,而且是其真正的"末化"——被化为一"末",被拉到众"末"之"中"。这样,"本"与"末"之间其实就没有真正的差别了。当然,前面已经说过,"本"并不"高贵"于"末",但是"本"却与"末"完全不同。这一根本性的"不同"即在于,"本"非终极之"末",而是使"末"之为"末"者。使"末"之为"末"者非"末"。正是在这一意义上,"本"可比于我们所讨论的"有"或"Sein [Being]"。郭象的"自尔"与"独化"说设想的是,物首先是各自独立的,然后它们再从自身出发与他物发生关系。此关系则是所谓"相与于无相与,相为于无相为"。但肯定这一点就意味着,物在与他物无关时有关,在对他物无影响时有影响。这就是说,"自尔"和"独化"之物作为物必然与他物发生关系。而如果这一关系不是出于物各自的"有意识"的目的,那么就必然是有某种能使它们发生关系者。正因为它们必然相互有关,所以才能有"自",才能"自尔"和"独化",才能"相与于无相与,相为于无相为"。如果没有这一根本性的关系,那就根本还说不上"自尔"和"独化",因为"此时"还没有任何"自"与"独"可言。"自"与"独"必然蕴含着"他"与"众",必然是相对于"他"之"自"与相对于"众"之"独"。所以,肯定物之"自尔"和"独化"已经蕴含着对物之间的联系与差异的肯定。而物则正是在这一联系与差异中成为"自一身"或成为物的。而这在某种意义上就是"有"之自"无"而生。由于否认"无"能生"有",郭向遂肯定万物各自的自生、自尔、自然、独化。这等于是否认万物有统一的"本",而肯定万物首先各有所本——本于自身。但是,在做出如此肯定之时,郭象其实必然隐含地肯定了那个将万物联系在一起的"有",而通过肯定此"有",他也就隐含地肯定了"无"。

有，开始在，或开始存—在。如果"始生者自生"，那么，在这一最初的生者开始自生之前又怎么样呢？这一最初的开始之前"是"什么或"有"什么呢？关于这一其实无法想象的"开始之前"，我们也许只能说，"它"（这里我们甚至不可能用"它"来说这一"开始之前"）什么都"不—是"，"那时"（这里我们其实也不可能说"那时"）什么都"没—有"，无。于是，我们还是离不开无。但是，"无"又是什么呢？有"无"吗？能"有""无"吗？"无"能"有"吗？当然，从某种意义上说，这些问题是不可能这样问的。为了想象"始生者"之"自生"，我们必须想象"始生者"的这个"始"。而为了想象"始"，想象这个"开—始"，我们又必须想象此"始"之"前"，但这却是一本质上无法想象的"前"。我们只能勉强说，在"始生者"之"前"（是）"无"。但是通过这个"无"，我们想的和说的又只是，什么都"没—有"。所以此"无"只是"有"的反面，"有"的否定。但是，为了想象"有"之"前"，为了否定"有"，我们又必然已经知道"有"的意思了。所以，我们离不开"有"。但是，这个根本性的"有"，这个可以让我们肯定万有皆有之"有"，如果我们问它"是"什么的话，却又发现它什么都不是——"有"（是）"无"。而万有作为万物即在此"无"中出现和到来。我们想"有"时和肯定"有有"时离不开"无"。有——作为万物之有——生于一根本性的有，一并非仍然只是万有之一有的有，而此有生于无，或者，此有就是无，一并非仅仅意味着什么都没有的无，一让任何事物都可以作为有而有之无。所以，我们必然在想"有"之时已经想到了"无"，而且必然只能在"无"之中想"有"，尽管我们在想"有"——在想那些仅仅作为物之"有"——时可能经常忘记"无"，甚至有意否认"无"："无无"。

但是，只要我们想"有"，只要我们想汉语的这个"有"的意思，只要我们想有之何以有，我们其实就已经在无之中了。因此，为了理解有，为了理解"有"这个词向我们所说的一切，包括我们那个欲有一切的"有"，我们那个欲将一切有皆据为己有的"有"，亦即，我们那个为现代生活所刺激的现代的"占—有"欲望，我们应该在思想上重新面对和思考这个在中国思想传统中备受重视的"无"，并且在这一思考中重新"体—验"有之为有以及之何以为有。

当然，重新回到中国传统的有无之思的努力仍然必须面对自以为理解"有"的各种现代"崇有"论者的严肃质问。其质问不仅会包括："'无'有何用？"而且会包括："关于'有'与'无'的这些抽象思想究竟与我们的时代和生活何关？这些形而上的关注究竟有何用？"这些问题也必然会指向我们这一试图在语言和思想的"边境"之上讨论有关西方的"Sein［Being］"的问题和有关中国的"有—无"问题的尝试。对于这样的问题，海德格尔在他那封讨论与澄清其当时的思想立场的著名信件《论人道主义》中已经有过一个回答。海德格尔知道人们不会以其关于"存在"的思想为然，所以他强调："存在思想的奇怪之处正在其简单性。"他说，"这一思想的成就既非理论的亦非实践的，也并不存在于此二种行为模式的结合之中。"而正因为"其本质非常简单"，所以"存在思想不使自己为我们/人所知"⑩。如果放在老子或者庄子或者王弼的口里，此话也许只要几个汉字足矣："'无'有无用之用"，或者，"'无'之用者，无用之用也"。的确，对于中国思想传统来说，"无"也同样不使自身为人所知，而这不仅是因为"无"不可能"有"任何"自身"，而且也是因为，"无"必然始终已经隐去"自身"，从而让一切有能有。是以王弼才可以说，"有"以"无"为用。的确，"有"之所以能有任何用，就因为已经有"无"，而且因为"无"

---

⑩ 见海德格尔：《论人道主义》，熊伟译。以《论人道主义的书信》为题收入孙周兴编：《海德格尔选集》，上海：上海三联书店，1996年，第404页。此处汉语译文我参照英译本做了一点调整。

已经让"有"有。所以,对于我们这个如今似乎已经日趋"实用"并因而日益只看到"有"——仅仅作为已在那里的有用之物的"有"——的时代来说,难道不应重新努力体验一下"有"之如何以"无"为用,以及"无"之如何"有"(无用之)用吗?

上篇结论
中国之"有"与西方之"存在"（Sein［Being］）

达到了对中国思想传统中的"有"与"无"的分析的这一阶段，我们似乎已经可以开始明确地肯定，汉语的"有"可能是一个比汉语的"是"或"在"或"存在"在某些重要的方面更加接近海德格尔所思考的"Sein［Being］"的意义的词。我们前述分析试图表明的就是，在这些非常重要的方面，海德格尔关于"Sein［Being］"的意义或真相或"真理"的讨论确实可以通过自老子起即被思考的这个汉语的"有"，以及与此"有"密不可分的"无"，而与中国思想传统就"同样"的思想问题或——按照海德格尔的说法——"思想之事"发生真正的接触，并从而开始二者之间的富有成果的思想对话和思想交流。

在《同与异》中，在一个涉及黑格尔以及整个西方形而上学传统的论述语境中，海德格尔曾经这样谈论应该如何与思想家进行对话：与一个思想家的对话必须涉及同样的思想之事；而且，在这一对话中，我们应该不仅谈论同样的思想之事，而且还应该以同样的方式来谈论这一同样的思想之事。海德格尔的意思应该是，如果我们不能以同样的方式与所对话者谈论同样的思想之事，我们就有可能只是在自说自话，而真正的对话却并没有发生。不过，海德格尔在此又同时强调了另一非常重要之点：所谓"同样"并非意味着全然无别的"同一"或"一致"。在单纯的"同一"或"一致"中,差异就消失了。而在"同样"中,差异才涌现出来。而且,思想越是毫不含糊地让自己以同样的方式关心同样的思想之事,差异就表现得越加明确。①当然,我们这里以汉语的"同样"和"同一"来解释海德格尔的意思,其实是很难达意的,因为我们几乎从未在汉语中从哲学上认真区别过这两个在意思上有时很难区别的词。②如果我们可以试用"同"和"一"来解释他所想说的东西,情况也许会更好一些。用汉语的这两个古老的单音词来说,海德格尔这里所欲区别的其实就正是"同"与"一"。同则有异,一即无别。因为,同必为不同者(亦即,有分有别者)之同(亦即,同在一起,同在一处),而一则必为浑然不分的整体。所以,在同之中,亦即,同在一起或一处之时,同在一起一处者相互之间的差异就会更明确地表现出来。相反,如果同(者)变为一,那么差异就消失了。而思想的对话当然不仅欲"求同",而且要"存异"。不能存异的对话,让异完全消失于"一"——"一致"——之中的对话,就已经不再是真正的对话了。于是,在与不同的思想家或与一个不同的思想传统对话时,我们的问题既是如何找到我们与对话者之同,也是如何与之同而不一。无此"同(而不同)"即不能有真正的对话,但只有"一(而无别)"也不可能有真正的对话。

当我们的思想对话和交流所涉及的是不同语言中的思想时,问题就变得更加复杂了。因为,我们且不论对话者各自的说话方式如何,或是否"相同",首先,如何确定对话者是否正在不同语言之中谈论着"同样"的思想之事或思想问题,就已经是非常困难了。是以我们才从一开

---

① 见海德格尔《同与异》,英译本,第42、45页。汉语译文可参见《海德格尔选集》下卷,第820、822页。

② 在英语翻译中,"同样"是"the same","同一"是"identical",前者意味着两个不同的东西之间所具有一定的相似性,后者则意味着两个东西同一而无别,即已经不会被辨认为两个不同的东西。

始就要问,"存在"在汉语中所说的与"Sein"在德语中或"Being"在英语中或其对应词在其他欧洲语言中所说的真是一回事或至少基本上是一回事吗?所以,这里,为了给思想的对话确定同样的"思想之事",我们首先就需要翻译。而为了翻译,我们就不仅需要理解我们所必须翻译者,而且需要理解我们所能用以翻译者。我们以上从对海德格尔所讨论的这一西方的"Sein"或"Being"等的意义的阐释一路走到对中国思想传统的"有"的不厌其烦的详细分析,就是一个为了要理解我们所必须翻译者以及我们所能以之翻译此必须翻译者而做出的初步努力。当然,我们也已经知道,必须被翻译者在某种意义上也总是不可翻译者。

因此,我们这里真正的困难在于,我们必须翻译不可翻译者,无论我们是在哪一语言中翻译,或是翻译到哪一语言之中。因为,与不同语言中的思想的对话必然只能在某一语言中进行。在不同的语言之间,我们并没有可以让对话者不带自己的语言"成见"而进行思想接触的任何中立地带。我们之所以在汉语这一特定语言中开始与西方的"存在"思想进行这一对话,首先是因为我们发现自己已然被生入这一语言之中,并即因此而对之负有无可推卸的责任。从某种意义上说,我们似乎当然也可以选择越出这一"语境",这一以某种方式限制着我们的言说与思想的"语言边境"。但是,即使我们真的享有如此"自由",等在任何语言边境另一边的却都只能还是另一特定语言,而不会是某种不为任何语言所限的普遍语言或某种透明的意义世界。所以,无论是在哪一语言中进行思想的对话,甚至是同时在不止一种语言中进行思想的对话,都必然要包含着复杂的翻译:为了理解对方的话,我们必须翻译;而为了让对方理解我们的话,我们也必须翻译,但是翻译在这里却并非仅仅是对某一单纯的对应词的寻找甚至"发明"。翻译在这里首先意味着在自己的语言之家中尽力最好地款待作为客人的另一者的真诚努力,意味着理解另一者的思想——另一者之说与另一者之所说——的真诚努力。但是这样的理解—翻译既然只能在我们自己的语言里进行，我们就离不开这一因为我们已然属于它而属于我们的语言，离不开这一语言所已然赠予我们者。因此，这样的翻译每一次都意味着，回到我们自己的语言，或回到我们自己，从而重新发现或发明我们自己，我们自己的语言，以及这一语言所已然托付给我们的一切。正因为如此，我们需要翻译：翻译另一者，但同时也翻译我们自己。

离开海德格尔对于"存在"问题的思考，离开其对于西方形而上学的"存在"的意义的深刻探究，离开这一西方的"存在"的汉语翻译问题，我们以上这一关于中国思想传统中的"有"以及"无"的分析也许是无法想象的。在这一意义上，我们对于汉语传统中的"有"与"无"的分析确实可以说已经就是海德格尔关于"存在"的思想在汉语中的某种翻译。这一翻译尝试表明，在某些非常重要的方面，"有"在汉语思想传统中所关心的与"Sein［Being］"在西方形而上学中所关心的确实是同样的思想之事：像"Sein［Being］"一样，汉语中的"有"是动词但却可以名词化为一个可以概括一切有或一切事物的总概念；像"Sein［Being］"一样，在汉语中，对任何有或任何事物的理解必然已经包含了对其本身之"有"的理解——"有"蕴含着"有"；像"Sein［Being］"一样，汉语的"有"从根本上说的是物之何以有；等等。但是，我们的这一分析却同时也想表明，"有"并不完全同于"Sein［Being］"。而其最重要的不同就是，在汉语中，"有"所说的不仅是物本身之有，或物之存在，而且是人之有物，而这就是说，"有"在汉语中所说的最终是人与物之相有。而人与物之相有，物之通过人之（占）有而成为物（亦即，来到物之自身），以及人之通过双重意义上的有物——占有物与让物有——而成为人（亦即，进入人之本性），又恰恰可以与海德格尔后来所集中谈论的"ereignis"（appropriation），即

"人与存在之通过相互占有而进入自身,成为自身",发生对话。就此而言,我们可以做出的预想之一是,也许汉语的"有",如果我们真能恢复其原始的思想表达力量的话,不仅是一个能与海德格尔所思考的"Sein〔Being〕"进行更好的交流者,而且还是一个能与海德格尔后来越过"Sein〔Being〕"而思考者,即"ereignis",进行更好的交流者。当然,这还需要深入具体的专题分析,而我们这里所能做的仅仅只是对此一可能的未来研究的提示而已。

汉语的"有"当然不是"Sein〔Being〕"的语言形式上的对应词。在与后者的交流中,前者在语法形式上所受到的最大限制是,"有"不可能翻译系词意义上的"sein"或"to be"。但是,如果我们以上几章中的分析可以接受的话,汉语的"有"却表明其在某些更根本的方面与西方语言中的"Sein〔Being〕"相通。这就意味着,在尝试与不同语言中的思想就同样的思想之事进行真正的思想交流和对话时,如果我们将目光仅仅局限于在汉语中寻找其语法形式上的对应词,就像现在有些论者之试图以汉语的"是"为印欧语中的"sein/Sein"或者"to be/Being"的纯语法形式上的对应词一样,我们就很可能因某种表面上的相同或相似而错失我们应该关切的真正同样的思想之事。③就海德格尔所关切的"Sein〔Being〕"的意义或真相而言,这就是说,如果我们仅从字面上把"Sein〔Being〕"对应于汉语的"存在"或"是",我们就很可能不仅无法重临海德格尔关于"存在"的思想在某一特定语言中所达到的高度,而且可能也无力窥见或重新发现汉语某些词汇本身已然蕴含的可以与西方形而上学的"存在"问题进行更深刻更根本的交

---

③ 我们当然不应只在语法形式上寻找汉语中可以对应于动词"sein"(to be)和名词"Sein"(Being)的词,但语法形式也并非完全不可以为我们提供一条接近西方的"存在"的不同路径。如前所述,在汉语的"是"是否也可以用来同时翻译动词"sein"(to be)和名词"Sein"(Being)的问题上,本书作者现在的观点已与二十年前写作本书时有所不同,详见本书上篇第二章第三节之注15。

流与对话的可能性及其真正的原始的思想力量。

当然，在某种意义上，正是海德格尔本人之如此在思想上关注他自己的语言中以及他所继承的欧洲语言中的这个"基本的"或"唯一的"词，这个据他在《形而上学导论》中说是任何其他词都无法与之相比的"独一无二"之词，让"我们"这些没有恰好生在德语或其他欧洲语言中的人感到困惑。我们从一开始就已经看到，是海德格尔本人说，如果没有"Sein〔"Being〕"这个词，就根本不可能有语言。而且，也正是海德格尔本人宣称，只有德语和希腊语才是真正能够让哲思运作的语言。④但是，这一在某种意义上确实不无欧洲中心主义甚至日尔曼中心主义之嫌的断言，这一必然也只能是在某一语言中做出的肯定某一语言在哲学或思想能力上超越其他语言的断言，当其与另一语言遭遇之时，却也必然不仅引出真正的问题，而且激发真正的思想：关于一个词的性质，海德格尔何以竟能如此断言，在"他的"德语中断言？他说的只是某一个词在某一语言中的"有"或"没有"吗？这一断言，作为一个哲学的断言，能否越出其特定的"语（言）（边）境"？如何在一个没有与这个"Sein〔Being〕"完全对应的词的语言之中讨论由这个"独一无二"的词所命名及其所表达的这一被海德格尔视为最具根本性的思想问题，这一被他在"他的"德语中围绕"Sein"这个词而不断提出和持续讨论的问题？正是由于我们的这一与西方的有关"Sein〔Being〕"之意义的哲学问题的遭遇，才有我们这一欲回到汉语传统中之

---

④ 见海德格尔《形而上学导论》。他在其中说："西方语法学之形成是从希腊人对希腊语言的思考中得出来的，这件事将其整个含义传给了整个过程。因为此一语言是（从思之可能性上看来）与德国语言并立为最强有力同时最富精神的语言。"（中译本《形而上学导论》，第56页。参见英译本，第56—57页）当然，海德格尔此话所蕴含的某种西方中心主义是非常复杂的，因此需要我们此处之论题与篇幅皆不容许的长篇专题分析。关于此问题的一个非常深入的讨论和分析可以在德里达《论精神》一书中发现（Jacques Derrida, *Of Spirit: Heidegger and the Question*, Trans. Geoffrey Bennington and Rachel Bowlby, Chicago: University of Chicago Press, 1989）。

已思与未思的努力，才有我们以上对于汉语传统中欲以"有"与"无"所思者的分析。如果我们对汉语的"有"与"无"的分析可以接受，那么这一分析应该可以表明，海德格尔在一个深刻的哲学意义上可能是对的。说没有"Sein"（或"Being"）这个词就没有语言并不是说，语言就像依赖上帝一样依赖某一个终极词。相反，关于"Sein"（或"Being"）这个词的意义的问题其实已经是关于语言本身与思想本身的可能性的问题。任何语言作为语言都必然已经包含着某些能够同时表达其可能性的条件的词于其中。就西方哲学思想在其中发端和发展的印欧语言而论，在某种意义上确实可以说，没有"Sein"或"Being"，没有这个词所表达的意思，就没有语言，就不可能在语言里谈论任何事物。因为，在这些语言中，在某种意义上，对于一切事物的谈论都必然已经蕴含着"Sein"或"Being"，蕴含着对于"Sein"或"Being"的理解。而就汉语而言，在某种意义上也确实可以说，我们无法越过"有"而找到一个更"原始"的词来谈论一切事物或一切的有。在汉语中，我们对于一切事物的谈论都必然已经蕴含着"有"，蕴含着我们对"有"的理解。

然而，如果中国的"有"与西方的"Sein"或"Being"等虽然无法直接对译，但却在其各自的"语（言）（边）境"之内"独一无二"并因此而有其"绝对"的特权，那么任何一种试图将这些必然来自某一或某些语言的词在一切语言中加以绝对化的做法就都只能以失败告终，因为虽然它们在特定的"语（言）（边）境"之内享受其"绝对"的特权，但这些"绝对"的特权若欲成为普遍于所有语言之中的特权，就必须让自己被翻译到其他语言之中，从而让自己在某一语言中的这一似乎本来自然而然的特权经受其他语言的不同"语（言）（之）法"的检验。翻译的必要性和不可能性则将会表明，这些在特定语言中似乎"绝对"的特权本身其实始终都只是"相对"的。这些在特定语言中似乎享有特权的特定语词受着这些特定语言本身的特定结构的制约，它们并不超越它们身在其中的作为差异活动的语言本身。否则我们就无法理解和解释，为什么作为西方形而上学的基本概念的"Sein"或"Being"无法被直截了当地译入汉语而无所改变，而作为汉语思想传统的基本概念的"有"与"无"也无法被直截了当地译入西方语言而无所改变。否则我们也无法理解，为什么同是对于所谓"形而上"问题的关心，从古希腊哲学和基督教传统中发展出来的是围绕"存在"（"Sein"或"Being"）这个词的思想，而在中国传统中发展出来的则是围绕"有"与"无"这些词的思想。如果这些思想由以发展起来的这些词真是唯一的和绝对的，那么西方的"Sein"或"Being"与中国的"有"与"无"就无法互相翻译，互相理解，互相对话。这种"无法"可能会被视为某一或某些语言的优越、成熟、深刻、有力的标志，以及另一语言或另一些语言的低劣、原始、简单或不够成熟不够复杂甚至不够"哲学"的标志。但这样的看法之所以可能只是因为，某一或某些语言事先就已经被视为标准和榜样了。所以，解构某一语言的或文化的中心主义并不是要确立另一与之对立的中心，而是欲将此中心"翻—译"到其自身之外。

当然，我们的讨论并没有从"技术"上或者语言形式上解决作为名词的"Sein [Being]"以及作为动词的"sein [to be]"的汉语翻译问题。在一定程度上，汉语的"有"与"无"虽然确乎能与海德格尔所讨论的"存在"的意义问题更好地沟通，但它们在"外表"上却似乎很难成为汉语中众望所归的哲学翻译"词选"。但是，如果我们承认翻译所受到的双重约束的话，那么我们也许最好先放弃对"Sein [Being]"的理想汉语翻译的追求，而集中于为了任何一种可能的翻译的到来而必需的准备工作。这样的准备工作，如我们以上所尝试的，本身就已经是某种翻译。我们只要稍加思索就能想到，在中国思想与西方思想的百多年来的交流与对话的近代历史中，不可翻译而又必须翻译的情况几乎随处可见。在某种意义上，我们几乎可以不犯错误也不夸张地说，迄今为止，其实还没有多少西方哲学的基本概念有真正差强人意的汉语翻译，同样，也没有多少中国思想的基本概念有真正差强人意的西方语言翻译。我们现在所有的似乎经常不是"一名之立，旬月踯躅"的谨慎，而是倚马千言的急就，是急就中定出的译名对所译之概念的歪曲或侵犯。而如此定下的译名又只是会延续和巩固每一个"我们"对于另一者的思想的错误观念。

也许，是应该停下来先想一想翻译，尤其是哲学翻译，所包含的根本性问题的时候了。如果缺乏这一必要的停顿和反省，那么情况就很可能是，人们或者因感到哲学翻译的困难而简单地放弃必要的哲学翻译，或者因相信哲学翻译的必要而继续一种缺乏足够反思的翻译。但放弃哲学翻译就意味着，不再接受我们的思想和文化上的客人，而只持守在我们自己的思想和文化传统之中，并即因此而让我们自己在语言、思想和文化上封闭起来。然而，一方面，在已经为大量现代汉语翻译所深刻影响和改变之后，我们其实已经不再可能简单地重返自己的传统，另一方面，如果我们在西方思想的汉语翻译中仅仅追求在表面上贴近所译者，那么像海德格尔这样的关于"Sein［Being］"的意义的复杂思想的满意汉语翻译，乃至于作为关于"Sein［Being］"的问题的形而上学的整个西方哲学传统的满意汉语翻译，似乎都只有彻底改造汉语本身的结构并且创造全新的词汇甚至音译才有可能。就此而论，在语法与词汇上其实已经十分"欧化"的现代汉语仍然远非差强人意。

然而，在这样的彻底改造之后，还有什么"汉语"可言吗？而且，在汉语变得再也不再"像"汉语之时，在汉语可以真正"亲密无'间'"地拥抱西方思想之时，留给我们的还能"有"什么呢？或者，还有什么会继续"存在"呢？反之，如果没有类似汉语这样的非欧洲语言继续构成对于欧洲语言具有限制作用的"语（言）（边）境"，如果某几种甚至某一种欧洲语言（例如英语）终于能够彻底"化异为同"并成为"至大无外"，而这又将意味着这些语言本身（像一切其他语言一样）所必然具有的局限的普遍化与绝对化，那么还能"有"翻译吗？而离开了通过"感染"而增加不同语言之活力的翻译，还能"有"语言——复数意义上的语言——吗？也许，为了我们还能继续使用我们这个与西方的"存在"既不同而又相近的"有"，这个集"占有""拥有""所有"与"存在"或"存有"诸义于一身的汉语的"有"，为了能够让"何以有有而非一无所有"或"Why are there beings rather than nothing"这个已经激发过中国与欧洲思想（而且我们相信它必定也以其他方式激发过在其他语言中运思的思想）的问题继续在不同的语言中激发和产生可以而且应该被"翻译"的思想，我们应该而且也只能继续在不同语言的边境之内和之上探测西方形而上学中关于"Sein［Being］"的思想与中国思想传统中关于"有"与"无"的思想的深度并体验它们的不同的思想力量。而这也就是说，我们仍然只能继续努力翻译，翻译那不可翻译而又必须翻译者，并且在这样的翻译中重新发现或发明另一者和我们自己。

下 篇

重读《老子》

本书上篇所做的工作是通过对海德格尔所思考的"Sein［Being］"的意义的分析而回到对汉语思想传统中的"有"与"无"的重新思考。这样的"通—过"意味着，让一种语言、一种话语、一种思想、一个传统穿行于另一种语言、另一种话语、另一种思想、另一个传统之中，并让它们在如此穿行时既留下自身的痕迹，但也带上另一者的痕迹。因此，这样的"通—过"应该能让西方的"Sein［Being］"与中国的"有"以及与之紧密相连的"无"开始一个有关同样的思想之事的有成效的交流与对话。

本书上篇中已经提到，"有"与"无"自老子以来就是中国思想传统中用以思考所谓"形而上"问题的基本字眼。那么，在《老子》的"语（言）（边）境"之内，在《老子》这一文本的似乎经常相互独立的各个章节之中，"有"与"无"以及与之密不可分的"道"又究竟应该怎样理解？对《老子》中这些重要概念的具体分析能够印证上篇中的抽象论证吗？本书下篇即欲通过对《老子》的有限重读而回答这些问题。我们这里的努力首先将是回到《老子》的文本。然而，重读整部《老子》（这一重读需要不仅考虑通行本《老子》，而且也考虑帛书《老子》和郭店《老子》）是一个远非本书的有限篇幅所能容许的工作，所以我们将把本篇中对《老子》的重读暂先集中于通行本《老子》的第一章、第十六章与第二十五章。我们将在对此三章的具体分析中显明对于《老子》文本的这一极为有限的选择的合理性。在对此三章的重读中，我们将避免直接比较老子的思想和可能与之相近的西方思想，例如海德格尔的思想。相反，我们所希望的是尽量不以不属于这一文本的概念"侵犯"这一文本，而尽量首先让文本自身为自身发言。只有这样，我们才有可能言而有据地表明，假使我们重读中的分析能够成立并可以接受的话，《老子》中所表达的关于有、无和道的思想是否以及如何与海德格尔关于"Sein［Being］"的思想相近，而这一可能的相近对于中国和西方这两个不同的语言思想传统又可能意味着什么。这一工作将在作为下篇的某种结论的第四章中进行。在这一章中，笔者将通过对一篇直接比较老子和海德格尔思想的论文的评论而明确表达我们自己在这一问题上的观点。本书下篇中各章与上篇中各章以或隐或显的方式相互发明，读者可以互相参看。

既然我们以下将对《老子》进行有限的重读，所以我们应该先回答一个预备性的问题：重读《老子》意味着什么？

"重读"之"重"意味着我们的"读"绝非"前无古人"。因此，此"重"首先意味着对于一个长达两千多年的诠释传统的尊重。这一由无数诠释文本构成的传统才是《老子》这一文本唯一的存身之所。任何试图"自我作古"的阅读都必然在尚未真正开始其阅读以前即已"作古"。然而，"重读"之"重"也意味着，在前人的诠释之中或之后，《老子》仍有可读之处。因此，"重读"之"重"也意味着试图在与传统的联系中将我们对于《老子》的阅读区别于其他阅读。所以，此"重"亦表达着求新和创新的欲望。但是，阅读之新并非意味着欲通过读者的奇情异想而推出一个"现代"的老子，虽然此种（文学性的？）工作不仅值得尊敬而且也有一定的价值。真正的阅读之新只能通过返回《老子》文本的努力才有可能达到。这就是说，此新在某种意义上乃是"旧之新"，是在"旧"中发现"新"，从而让"旧"为"新"。而这同时也就意味着，我们以为"新"者有时可能并不"新"于我们以为"旧"者。"新"这一概念的复杂性也许即在于此。

正因为"重读"欲在某种意义上返回《老子》的文本,所以我们才需要强调"读"。"读"意味着予文字本身以充分的注意。从某种意义上说,文字是"物",因为文字具有某种物质性的存在,所以,作为读者与言者,我们不可能对文字随心所欲。然而,既然作为"物",文字就并不可能完全独立于言语之"事"。如果言语为"事",那么文字就是此"事"之"物"。事是发生,是活动,是创始。事发明,事产生新的东西。没有事,物即不得其用,因而即不能为其所是之物。物在事中获得其用,而文字之用就是其意义。言语之"事"是利用文字之"物"的创造。文字可以在言语之"事"或作为事件的言语之中获得新的意义,从而成为不同的"物"。在这一意义上我们可以说,没有《老子》这一言语事件的发生,某些汉语文字——"道""有""无"等等——就不可能由此获得那些后来的读者和言者习以为常的意义。就此而言,正是《老子》这一言语之"事"为我们创造了"道""有""无"等文字之"物"。因此,"重读"之"读"必须往复运动于两个层次之间。一方面,《老子》中使用的文字已经就是其他言语事件的产"物"。在这一意义上,《老子》的作者也必须尊重它们的独立性,亦即它们已经被建立和接受的用法或意义,否则他就不可能利用它们来表达他的思想。这就意味着,我们的阅读必须充分注意这些文字本身在汉语传统中的基本意义和用法,并对之进行认真分析。然而,另一方面,作为一个重要的言语事件,《老子》又改造或更新了这些文字的意义,所以这些文字必须也同时在《老子》的思路和文脉中被理解。只有通过这一往复运动,我们的阅读才有可能开始接近《老子》的概念与思想的结构。

第一章
"道可道……"

道可道，非常道；名可名，非常名。

无名天地之始；有名万物之母。

故常无，欲以观其妙；常有，欲以观其徼。

此两者同出而异名。

同谓之玄。

玄之又玄，众妙之门。①

我们的重读将开始于通行本《老子》第一章。当然，由于帛书本《老子》的存在，以及郭店楚墓《老子》的发现，此"第一"在篇章顺序上是否确为或者应为"第一"仍然有待于确定。这里我们想先避开这一复杂问题，而暂以通行本为据。② 我们的有限目标是尝试渗透第一

---

① 参见朱谦之：《老子校释》，北京：中华书局，1984年。本章以下引《老子》文句时仅于句末括号内注明章节。帛书甲乙本《老子》（高明：《帛书老子校注》，北京：中华书局，1996年，第221—227页）此章为："道可道也，非恒道也；名可名也，非恒名也。无名万物之始也；有名万物之母也。故恒无欲也，以观其眇（妙）；恒有欲也，以观其噭（徼）。两者同出异名。同谓玄之又玄。众妙之门。"因为我们的讨论有时会涉及通行本《老子》与帛书本《老子》之间的不同，所以引出帛书相应章的全文在此以供读者参考。但请注意，我们这里对此章的标点与所引书中的标点有异。

② 所谓"通行本"是宽泛和笼统的提法，并非特指《老子》的任何一个版本。如果除了郭店《老子》，帛书《老子》是目前最早的古本，那么"通行本"在这里就意味着后于帛书《老子》的诸通行本《老子》，其中当以魏晋以来的王弼注本、河上公注本、唐初傅奕注本等为代表。关于通行本之第一章是否本为第一章的问题，其所涉及的其实并非只是一个事实问题。如果我们以更早的帛书本为据，通行本的第一章当然不是本来的（转下页）

章的文字，深入分析其中的关键词语或概念，以期理解第一章的思想的内在结构。这一阅读亦将在一定程度上有助于理解第一章在整个通行本《老子》的"哲学"之中的结构地位。

(接上页) 第一章。但是，如果我们将郭店《老子》也考虑在内，那么问题就更加复杂了。因为，郭店《老子》中根本就没有通行本和帛书本所包含的第一章。所以，这里更为根本的哲学性的问题是，古典文本如何在其流传过程中变得与自身不同，或如何获得新的"生命"。文本在其流传中被传抄被改写。改写是阅读的结果。有些抄写者在抄写之时就可能会根据自己的阅读理解而将其认为不通或错误的部分改写为其自以为是者。在著作权概念与现代有别的过去，匿名或不知名的改写是发表自己的阅读的重要方式。通过此种改写，读者以匿名的方式为所读文本隐秘地署上自己的名字，并从而参与一个文本的生命延续活动。其实，过去的很多注释也都在以不同的方式"改写"其所注释的文本。郭店本、帛书本与通行本《老子》之间的差异，在有些部分上就应该属于这类改写的结果。被如此改写的文本或部分文本已经是不同的文本，并应得到其应得的尊重。我们认为，从原则上说，通行本第一章与帛书本中相应章之某些不同处即可能属于此种改写——如果前者确实出于后者的话（此不包括出于为避尊者讳而作的改写，如改"恒"为"常"之类）。例如，通行本中的"此两者同出而异名。同谓之玄。玄之又玄，众妙之门"在帛书本中为"两者同出异名同胃（谓）玄之又玄众眇（妙）之门"。此段现在通常被标点为："两者同出，异名同胃（谓）。玄之又玄，众眇（妙）之门。"若按照这一读法，帛书本第一章此段的前后部分之间缺少明确的意义上的联系，所以很难确定"玄之又玄，众妙之门"指的到底是什么。假如通行本真的出于帛书本，那么这一匿名的改写者这里所做的就是，把一个其中没有紧密意义联系的表述改成了一个在意义上环环相扣的表述。再例如，通行本中的"故常无，欲以观其妙；常有，欲以观其徼"（这是我们所取的读法，另一种读法为"故常无欲，以观其妙；常有欲，以观其徼"）在帛书本中作"故恒无欲也，以观其眇（妙）；恒有欲也，以观其噭（徼）"。这里，若以帛书为据，则我们的读法当然不可接受。然而，如果我们考虑到，所谓"恒有欲也，以观其噭（徼）"这一表述不仅本身在意义上很难理解，而且与《老子》中强调"无欲"的思想不合（详见以下正文中的分析），那么我们所取的不以"欲"字为实词的读法就并非"大逆不道"（高明在《帛书老子校注》中严厉指责严灵峰在帛书面前仍然坚持将"欲"读为"将"的立场，说"严氏为维护己见，不惜否定古本，一手焉能遮天"［第227页］。这样的指责所隐含的原则是，我们只能无条件地接受已经被确定为时间上更早的古本的权威。这一原则不仅否认"有意义"的改写，而且假定一个文本的流传只是单线传递。然而，在没有最终证据之前，我们无法排除下述可能，即一个文本的多途并进。这就是说，帛书本和通行本有可能分别得自同一祖本，并因此而出现帛书"误"而通行本"正"的情况）。因为，从意义结构上说，"欲望"意义上的"欲"似乎根本就不应该出现于此章之中。所以，我们此处仅将注意集中于通行本，是欲尊重其本身作为一个在某种意义上相对独立的文本本身的内在结构。通行本与帛书本和郭店本《老子》之间的文本比较或"互校"当然是具有独立价值的学术工作，但我们却不应允许这一工作本身取代对不同文本本身的阅读。我们这里之有此一注释部分是因为我们意识到自己在这里所尝试的阅读可能会被人根据文本越早越有权威的原则而否定。

在以下讨论中，"老子"之名仅仅代表《老子》的可能作者。

一、道"可道"，名"可名"

道可道，非常道；名可名，非常名。

《老子》第一章始于"道可道，非常道；名可名，非常名"。这两句话容许三种不同的句读：

一、道可道，非常道；名可名，非常名。
二、道，可道，非常道；名，可名，非常名。
三、道，可道非常道；名，可名非常名。

因为"道可道"这一分句与"名可名"这一分句结构相同，所以我们可以将分析暂限于第一分句的读法。如果以上第一种读法中第一个"道"字照通行的解释被定为名词，那么这种读法与第二种读法就并无根本性的差别。因为，在句法上，第二种读法中第一个"道"字也因逗号后的论断而成为此论断对之进行论断的主语。然而，这两种读法无论如何解释都难脱暧昧之嫌。虽然二者均肯定，道是可以被言说或者议论的，但是，所谓"非常道"说的究竟是什么呢？"非常道"可以意味着，道，即那可被言说或议论的道本身，并非"常道"，亦即并非一持久恒常之道，但"非常道"也可以意味着，有关此道之道亦即言说和议论本身不是"常道"，亦即不是恒常持久之言（常言）。如果取前者，那么这句话就同时做出了两个肯定：我们可以论道，但却并无任何"常道"，或者至少我们所议论之道——那可让我们议论的道——并非"常道"。如果取后者，那么这句话就意味着，我们可以言说和议论道，但是我们的言说和议论本身"非—常"或"不常"。前一说的暧昧之处在于，老子可能意味着，根本就没有所谓"常道"，但也可能是在说，任何可以言说或议论的道都不是"常道"，"常道"本身则始终不可道即不可言说或议论。这其实正是第三种读法所明确的意思：有不同的道，"常道"与"非常道"；可以言说的道不是"常道"，"常道"则不可言说。

那么，老子在准备做什么呢？议论那些可以议论的道，并否认有任何常道，还是欲肯定常道不可言说，甚至只是要说自己之"道"——言说与议论——不能持久恒常？考之《老子》全文，老子既非仅欲议论微不足道的非常之道，亦非只想断言常道不可道。如果是前者，老子不必道，如果是后者，老子不能道。这样，老子自始就已剥夺了自己言说和议论其所思所想之"道"的任何可能性，而白居易对老子那似乎漫不经心的善意诘问就完全合法而无从反驳：如果老子知道自己自始即应沉默，却又"何为自著五千言"，如果真有常道，而常道又不可道，那么老子应该无言。然而，老子却打破了这一沉默而有言。

老子有言。老子为我们留下了五千言。老子之言本身成为一个重要的思想和文化事件。这一事件意味着什么？任何言所蕴含的第一个词都是一个"可"字。即使老子明确说"常道不可道"，这一否定也离不开这个最原始的"可"字。因为，首先，"不可"只能是"可"的否定，因此任何"不可"都必然已经蕴含着一个先在的原始的"可"。没有这个"可"，就不可能有任何"不可"。更有甚者，说出"不可"即已意味着"可（亦即肯定）不可"。所以，肯定任何"不可"为不可的话本身首先乃是一"可"。任何"不可"均须通过这一原始的"可"并为这一原始的"可"所认可才能成为"不可"。现在的问题是，虽然《老子》的第一言通常均被理解为否认"常道可道"，但是"道可道"一语本身无论怎样理解其实都已蕴含着某种肯定。因此，如果我们暂置"道

"可道"的其他可能解释于不顾，那么其次的问题就在于如何理解紧随"道可道"之后的"非常道"一语。我们前面已经建议，这句话也可以意味着，道是可以言说和议论的，但是我们的言说和议论本身却"非常"，亦即不可能持久恒常，不可能永远不变。不久我们将试图表明，这一理解可能更接近老子的文本。

但是，以上分析皆基于将"道可道"读为"道可以道"。然而，与"道可道"对文的"名可名"句却威胁着这一读法的确定性，并且提示了另一种可能的读法。现在，让我们尝试通过对"名可名"的分析来接近这一不同的可能性。

"名可名"句造成的困惑始于"名可名"这一表述本身的读法。通常的读法按照上述"道可道"的句式来理解"名可名"，所以会将此句的第一个"名"视为名词。这样，此三字就只能意味着，"名可以被'名'"，亦即可以被叫出或被称谓。然后，根据对于"非常名"三字的理解，这一整句就可以有两种标点或两种翻译。一、"名，可名非常名"："可以称谓的［名］不是永恒不变的名"（冯友兰）③，或者"名，可以叫得出来的，不是永恒不变的名"（冯达甫）④。二、"名可名，非常名"："名［是］可以被称谓［的］，但是［任何］名［都］不是永恒不变的（常名）。"后一读法优于前一读法，因为后者至少在语义上并不自相背谬。"名可名"肯定任何一名都可以被称谓，"非常名"则表明任何可被称谓的名皆非永恒之名。前一读法的根本问题在于，"可以称谓的［名］不是永恒不变的名"这一表述意味着，除了可以称谓的名，尚有不可称谓的（永恒不变的）名。然而，什么是"不可称谓之名"？从原则上说，不可称谓之名就根本无所谓名，根本不成其为名，因为名作为名即在其可被说出和重复。所以，"不可称谓的名"是一个

---

③ 冯友兰：《中国哲学史新编》第二册，第46页。
④ 冯达甫：《老子译注》，上海：上海古籍出版社，1991年，第3页。

不可能的概念。我们不可能想象这一概念而不自相矛盾，不可能在想象这样的名时而没有实际上已经将其化为可称谓之名。中国传统文化对尊亲之名的避讳并非因为其名不可称，而是因为其名不能称。不可以并非等于不可能。换言之，名这一概念逻辑地蕴含可名，名必然可名。从老子的整个论述看，"不可名之名"这一观念从来也没有进入其议论之中。因此，"不可称谓之名"是不成立的。然而，如果"不可称谓之名"这一表述的合法性必须质疑，那么"可称谓之名"这一表述也同样难以成立。这就是说，上述第二读法也有根本性的问题。如果名必然可名，那么"可称谓之名"这一表述就毫无意义。如此，"名可名"就完全会是一种没有意义的同义反复。而如果"道可道"与"名可名"句式相同，那么"名可名"的读法问题就必然也会影响前者。因为，尽管我们能通过区别两"道"字的含义（亦即不以首"道"字为"言"）而使"道可道"这一表述不致沦为同义反复，但我们对于"名可名"句却束手无策，无能为力。

"名可名"是否还能有不同的读法？在古汉语中，"名"作为动词意味着给事物以名。《论语·泰伯》中有"荡荡乎民无能名焉"之语，说的是民不能为尧的伟大找到一个合适的名（称）。这一表述意味着，有些东西是不易名或者不可名的。当然，这一"不可"也可能只是暂时的，而非根本性的。但无论如何，有一点是非常清楚的：有可名者，有不可名者，但是可名者与不可名者本身皆非名。《老子》书中反复申说的就是，道"不可名"（第十四章），故只能"强为之名"，例如，名其为"大"⑤，等等。道本身不是名，不可名，所以我们所能给它的一切名称，包括"道"这个名本身，本质上都是勉强的、暂时的。如果"名"作为"名—词"意味着"实"之名，那么作为动词的"名"首先就意

---

⑤ 《老子》第三十四章："可名为大。"

味着"命名",亦即以一名来称呼一物。如果某事某物已经得名,那么动词意义上的"名"就是去叫出或称谓它们的名。反之,"无以名之"这类表达则意味着:叫不出某事或某物之名,找不到一个名来称呼它们。所以,作为动词,"名"始终意味着以名名实或以名命实,亦即以特定的名来称呼特定的事或特定的物,乃至称呼那些所谓不可名者。然而,虽然有不可名者,名本身作为名却必然"可名",亦即可称可道。

既然名必可称,而老子又不关心以"名"名"名"的问题,对于"名可名"的解释就必须另辟蹊径。老子的任务是如何"形—容"道,即说出道之"形—容",假如道在某种意义上也具有"形—容"并因而可以被"形—容"的话。形容或者描述某物首先就是为某物找到名称,亦即为之命名。但是,老子又确定道从根本上为不可名者。因此,问题就是如何名此不可名者。⑥ 这正是所谓"双重约束"的问题:道不可名,而我们又必须描述它。此处无法详论为什么道"本质"上就不可名。这一问题只能留给我们对道的专题研究。简略地说,道之不可名恰恰正是因为道并没有任何所谓"本质"。根据中国传统思想,名以命实。"名"始终相对于"实"。名为实之名。道非"物",无"实",故不可名。⑦然而,如果道完全不可名,那么我们根本就没有论道的可能,而这样道也就根本不可能让自己为人所知。因此,道虽然从根本上说就不可名,但是"不可名"这一问题之能被提出本身却已然表明,我们至少可以暂时地称这一不可名者本身为"不可名"者。"不可名"当然不是道的恒名常名,但"不可名"作为一名却说出了道不可名这一现象本身。没有这一"名不可名"的可能性,关于道的问题就根本无从在思想和语

---

⑥ 《老子》第十四章:"视之不见,名曰夷;听之不闻,名曰希;搏之不得,名曰微。此三者不可致诘,故混而为一。其上不皦,其下不昧。绳绳不可名,复归于无物。是谓无状之状,无物之象,是谓惚恍。迎之不见其首,随之不见其后。"

⑦ 严格地说,道乃是名的可能性,是使名之为名者。所以,道无名,不可名。

言中出现。因此，虽然道不可名，但是我们至少仍须名其不可名。名其不可名，从而以一系列的虚名、假名、暂名——一系列的勉强之名——"凌空"支撑起那"本质"上即不可名者。反之，"本质"上即不可名者或无名者亦只能如此存在于一系列的虚名、假名、暂名等勉强之名之"间"。因此，名道本身之不可名即是以某种方式在某种意义上名其所可名。对于那从根本上就不可名者，此种"名其所可名"乃是一种间接而并非直接的命名方式。

因此，"名可名"可以读为"为可以被命名者命名"，"以名（词）来形容和描述那些可以被形容和描述者"，等等。但是，就道而言，"名可名"却只能意味着，道作为从根本上即不可名者必须仍然以某种方式被说出，亦即，必须仍然容许我们以某种方式来形容它和描述它。然而，"名可名，非常名"：虽然我们可试以不同的名来称此不可名者，但这些名却不能被视为此不可名者之常名。例如，我们试称此不可名者为"道"，于是"道"这个名在某种意义和某种程度上就是对此不可名者的某种形容和描述：道被形容和描述为人可行于其上而走向某处者——路。通过这一形容和描述，我们就得以接近这一被称为"道"者。但是，"道"仍然只是一从根本上即不可名者之暂名或勉强之名。所以，如果我们执着于"道"这个名，并以之为此不可名者之"常名"，就可能失去此不可名者，失去这一被名之为"道"者之"本身"，假如道可以有所谓本身的话。又如，照老子说，此被名之为"道"者在某种意义上可名为"大"，但是"大"同样也不可能是此被名之为"道"者之常名。因此，关于此不可名者，我们只能以"道"或"大"等暂名而试名其可名者，但是却不可能把任何一名当成此暂名为"道"者之"常名"。因为，对于本质上即不可能有任何名的道来说，一切名都只能是暂时的，策略性的，随机应变的，等等。对于道来说，一切名从根本上说都只能是"权宜之计"。⑧

如果对于"名可名"的这一分析可以成立,那么"道可道"句亦可得新解。"道可道"的通行解释是,"可以言说的〔道〕不是永恒不变的道"(冯友兰)。然而,通观《老子》全书,除第一章的"非常道"似乎蕴含"常道",并无一处使用"常道"一词,亦无一处论及与此之相对的"非常道"。对于老子,"道常无名"意味着道不可以通常的方法来形容,所以道之暂名"道"从来没有被任何其他形容词所修饰或限定。⑨因此,虽然《老子》中其他意义上的"道"字常带形容词,例如"明道""进道""夷道"(第四十一章)等,但是作为《老子》中的"最高概念"的道却总是独立出现的。而且,这一通行解释将《老子》的作者置于某种不可思议的地位之上:我准备议论道,但是可以议论的道并不是常道,因此,我准备以我的议论表明并无常道。与此相反,老子的总姿态却是:我准备道出道之可道者,但是我的关于道之道

---

⑧ 我们此处所强调的道之从根本上不可名并非仅仅意味着,任何名都不可能穷尽道之无限丰富的本质或内容。王弼对老子思想的理解非常深刻,但他对道之为何不可名的解释似乎却有这样的意思。在其《老子指略》中,王弼说:"名必有所分,称必有所由。有分则有不兼,有由则有不尽。不兼则大殊其真,不尽则不可以名,此可演而明也。夫'道'也者,取乎万物之所由也;'玄'也者,取乎幽冥之所出也;'深'也者,取乎探赜而不可究也;'大'也者,取乎弥纶而不可极也;'远'也者,取乎绵邈而不可及也;'微'也者,取乎幽微而不可睹也。然则'道'、'玄'、'深'、'大'、'微'、'远'之言,各有其义,未尽其极者也。然弥纶无极,不可名'细';微妙无形,不可名'大'。是以篇云'字之曰道','谓之曰玄',而不名也。"(楼宇烈:《王弼集校释》,第196页)王弼这里非常准确地强调,"道"等字眼在《老子》中都不是真正的名,而是老子对从根本上不可名者之勉强"形容"。但是,王弼认为,道之不可名与不可形容的原因是,用以形容道之词没有一个可以达到道之"极"或道之尽头,亦即,没有一个能穷尽道的无限丰富的意义。我们所理解的老子的道之从根本上不可名的原因则是,道本身乃是使一切名或一切意义成为可能者。作为使一切意义成为可能者,道本身并无任何"意义",是以才无法以任何词语来充分"形容"。就此而言,道之本质——假如我们可以谈论道之"本质"的话,假如道有任何"本质"的话——不是无限丰富,而是无限贫瘠,道只"是"无。

⑨ "道常无名"为通行本《老子》第三十二章首句。帛书本《老子》相应于通行本第三十二章的首句为"道恒无名"。此句亦为帛书本《老子》相应于通行本第三十七章之首句。但诸通行本第三十七章之首句均为"道常无为而无不为"。

或言本质上却只能作为暂时者或不得已而为之者而存在，因而我们不可以将其视为"常道"，亦即，"常言"，恒久不变之言。

这样，"道可道，非常道；名可名，非常名"就表现出工整的语言对仗与严密的概念衔接。上句之三"道"字或为动词或为名词，其义均为"言"，即言说，议论，下句之三"名"字仿此，其义为"命名"或"名称"。言由名之编织而成，名须言之支撑乃立。名与言可用以论道，但是我们只能言说道的那些可以言说之处，而且我们不可以把这些说出来的东西当作常名常言（道），因为它们只是那不可言说者的暂时性、策略性的存身之地。然而，让我们此处也提醒自己：道舍此也并没有其他任何存身之所。

钱钟书在《管锥编》中曾讥笑俞正燮之释"道可道"句中之"道"为"言词"，以为如此一来，"道可道"即等于"言可言"："与一一得一、以水济水，相去几何？"⑩钱钟书曾嘲讽黑格尔不懂汉语而妄评中国思想（"无知而掉以轻心，发为高论，又老师巨子之常态惯技，无足怪也"⑪），但是在此却犯了个他自己不以为然的错误。我们当然也可以学钱钟书说一句"无足怪也"。其实，"言可言"亦有两解。如果以第一个"言"字为名词，那么此语就是某种意义上的同义反复，而如果以之为动词，则"言可言"这一表述是可以非常有意义的。

诸多诠释者出于先入为主之见，即判定老子必然要开宗明义地讨论不可言说的［至］道，所以认定"道可道非常道"句中首与末两"道"字必为此［至］道。其实老子的议论自始就深刻地包含着与道密不可分的言这一层面。朱谦之《老子校释》同意俞正燮之说，以为恰恰是往昔那些释"道可道"句为"以道为不可言"者将理解老子之道的可能封死了。朱谦之进而指出《老子》中这一"言"的层面，谓老子并不

---

⑩ 钱钟书：《管锥编》第二册，北京：中华书局，1979年，第409页。
⑪ 钱钟书：《管锥编》第一册，北京：中华书局，1979年，第2页。

以为道不可言说，而且老子确欲言道。然而朱谦之语焉不详，对于"道可道"这一表述的句法亦存而未论。如此，则仍有将"道可道"的第一个"道"字理解为名词意义上的"言"或"言说"的可能。钱钟书认为俞正燮就是这样理解的。而他自己也认为，如果此处第一个"道"字被理解为名词意义上的"言说"，那么"道可道"就是同义反复。的确，如果"道可道"被读为"道（言说）是可道（可以言说）的"，"名可名"也被读为"名（称）是可名（可以被称谓）的"，那么它们就确实是某种意义上的同义反复。因为，恰似名本身就已经蕴含其"可名"，道，作为言，或者更明确地说，作为已被说出之言，当然亦已蕴含其可道或可言。然而，如果将这里的第一个"道"字读为动词意义上的"言"或"说"，那么"道可道"——言说那些可以言说者，议论那些可以议论者——却绝非同义反复。

"道可道"：这同时是一个许诺，一个肯定，一个要求，一个命令。许诺：我们将议论那些可以议论者；肯定：有可以被议论者；要求：我们应该言说那些可以言说者；命令：我们必须言说那些可以言说者。如此读来，"道可道"就是一个以动词开始的语句，即借鉴欧洲语法的中国现代语法会称之为"祈使句"者。如果这一读法可以接受，那么老子就是以同时蕴含着许诺、肯定、要求和命令的一句千古名言开始其论述的。老子许诺他将说出可说者，而这一许诺又蕴含着：有可说者。他亦要求和命令（他自己和我们）说那些可说者。整部《老子》都将是对这一许诺的肯定和实现，对这一命令的遵守与执行。

从《老子》整个文本看，上述分析有充分的文字支持。老子要求人"为无为，事无事，味无味"，老子的圣人则"欲不欲""学不学"，等等。这些句式的句法与"道可道"的句法相同。论者此处可能会怀疑，老子此类句式多含禁止意味，因而不能引以论证我们对"道可道"的读法。然而，禁止与命令其实只是一物之正反两面。而且，"为无为"

"欲不欲"等亦非禁止，而是一种结构复杂的积极要求。进而，我们还可考虑一个更为重要的现象：如果老子从道本身出发向人提出的要求在某种意义上是"自我否定"性的，例如"为道日损"之类，那么，老子的"第一言"却是一个肯定性的要求。而如果老子的"第一言"的肯定是基于某种必然，亦即我们前面所讨论的"可"字所蕴含的必然，那么，老子的第一言与他的其他言语的对比所蕴含的也许是，先于一切否定的乃是一个根本性的肯定。而这一根本性的肯定必然始于我之"道"，亦即，我之言，我之开始说话。

总而言之，如果"道可道"章确为《老子》第一章，那么此章的头两句就既可视为本章的开始，亦可视为全书的开始。老子的开宗明义不是常道常名之不可道不可名，而是我们应该以必要的谨慎道可道者，名可名者，哪怕我们所道所名者最终只是而且只能是不可道者与不可名者之何以从根本上即不可道不可名。

二、"始"与"母"

> 无名天地之始；有名万物之母。

如果我们应该在上述意义上道可道而名可名，那我们又应该从何处开始我们之"道"即我们的言说，与我们之"名"即我们以名名物的活动？我们似乎当然应该始于始，然而老子却告诉我们说："无名天地之始。"而如果这意味着，老子是在以"无"命名或称呼天地之始，而这也就是说，无——无本身——才是天地之始，因而也是天地之间的万物之始，那么我们，作为生于天地之间者，作为天覆地载者，又将如何"始于始"？如果无是天地本身以及天地之间的万物的开始，那么"始于始"最终就只能意味着，"始于无"。但我们真能始于"无"吗？无真能是一切的开始吗?"始于无"究竟能够意味着什么?首先,如果天地以及万物,包括我们自身皆始于无,那么这就会意味着,根本就"没—有"一个天地与万物皆可最终被追溯至其上的确定的开始,例如,一个天地万物的产生者或创造者,或一个作为造物之主的上帝。其次,如果始只是无,那么"始于无"就意味着我们只能从无开始,必须在无中开始。从无开始并在无中开始则会意味着,在最开始或刚开始时并无始,开始时并没有始,没有我们通常所理解的开始,亦即起点明确的实在的开始,但我们却已经开始了。我们也许自始——自此无始之始——就已经在无中开始了。我们将需要阐明"从无中开始"的具体意义。

以上所说已经以某种方式表明了我们对"无名天地之始"以及与之相对的"有名万物之母"的句法的理解。天地有其"始",万物有其"母",而"有"与"无"即分别被用以名此"始"与此"母"。这也就是说,我们这里是在将这两句中的"名"理解为动词,而将其中的"无"与"有"理解为名。这一读法紧承上章之将"道可道""名可名"理解为要求和命令的读法而来:我们应该"名可名",尽管我们所名者也许只是不可名者之如何不可名。按照我们这里的读法,老子以"天地之始"与"万物之母"为可名,而他即分别以"无"与"有"名此二者。但以"无"名"天地之始",却似乎又恰恰表明了"天地之始"的不可名。

首先,我们这一以"名"为动词的读法能否被接受?为了回答这一问题,我们必须将这一读法与另一读法加以比较:"无名,天地之始;有名,万物之母。"这一读法将此二句标点为古汉语中的无动词(系词)论断句(即纯名词句,或"the norminal sentence"),即"无名者,天地之始也；有名者，万物之母也"⑫。如此一来，"无名"与"有名"就会意味着某一"无名者"与某一"有名者"。如果我们试问"谁"或"什么"为此"无名者"与此"有名者"，回答则很可能是，道就是此"无名者"与此"有名者"。为什么？因为道在对于《老子》的诸多现代诠释中经常被认为是有与无的统一。然而，人们几乎耳熟能详的这一说法其实有几个基本问题。首先，即使承认道是所谓有与无的统一（这一"统一"是所谓对立面的辩证统一，所以这一表述其实蕴含着有关黑格尔哲学的全部问题。这些问题需要单独处理，此处无法详论），这一表述也并不意味着道本身就既是无名者也是有名者。"有"本身并不就等于有名，"无"本身也不就等于无名。而老子经常强调的就是，道无名，不可名，而我们只能"强为之名"。这就是说，我们其实不能说道"是"某个无名者，因为这一表述会蕴含着：道尚待命名。而且，即使退一步承认我们也许可在某种意义上称道为"无名者"，"有名"在《老子》文本中也并没有任何着落。⑬虽然老子反复议论有与无，却从无一处言及道为"有名者"。而如果老子所说的"万物之母"应该被理解为某一"有名者"，而此"有名者"又非道本身，我们又应于何处或在什么上面发现这一可为"万物之母"的"有名者"呢？

所以，"无名天地之始；有名万物之母"这一表述应该并不指向某一无名者与某一有名者。老子是说，让我们就以"无"来为"天地之始"命名，而以"有"来为"万物之母"命名吧。当然，动词意义上的"命名"就是为事物赋予名称，所以即使"无名天地之始，有名万

---

⑫ 帛书本此句为"有名万物之母也"，比通行本多一"也"字。或谓此即"有名万物之母"应该被理解为"有名者，万物之母也"之证。但按照帛书《老子》中虚词用法的一般情况判断，如果"有名万物之母也"想说的确实是"有名者，万物之母也"，那么此"者"字似乎不应少。没有这一"者"字，"有名万物之母也"仍然可以被读为以"名"为动词的主谓句，其语尾的"也"字所起的作用只是加强这一表述本身的肯定语气。因此，帛书本此句其实倒是支持我们所主张的读法。

⑬ 只有《老子》第三十二章中出现"始制有名"一语。此语并非直接论道。

物之母"这一读法也仍然可以让人以为,"天地之始"和"万物之母"就是与"无"和"有"二名相对之二实——两个实在者,两个实在之物,因为中国传统对于名的基本看法就是名以命实与名副其实。但是,在思考"天地之始"与"万物之母"这样根本性的"形而上"问题时,既然我们这里其实根本就找不到也指不出任何与之相对应的"实",所以这里"名"所担任的工作其实已经超过了"以名命实"的传统范围。而正因为在这里名与实的传统二元对立已经难以维持,所以我们不可能仍然只在这一对立中理解名。这里的"名"在某种非常根本的意义上已经就是"实",因为这里我们并非还可以在作为名的"有"与"无"之外找到与之相对的实。所以"无名天地之始;有名万物之母"所说的应该就只是:无为天地之始,有为万物之母。这也就是说,无本身就是天地之始,有本身就是万物之母。这样说是为了避免将无与有分别"物化"为物或"实化"为体,因为其实这里始终有这样的危险,就是以天地之始为某种可被称为"无"的东西,而以万物之母为某种可被称为"有"的东西。这就是"名可名"的两难。一方面,我们必须"名可名",因为没有这一必不可少的起码的"名可名",我们就根本不可能提出和思考那些从根本上就不可能有任何通常意义上的"实"者。而有了这两个不同的名("异名")或"概念",我们就可以凭借它们或"通—过"它们来提出和思考有关天地万物的开始与起源这样的形而上问题。但另一方面,一旦有了这两个名,它们同时也就有可能诱惑我们去寻找和确定与其相对之实,而通向寻找和确定至高至上至大至尊者的形而上学道路经常就是这样展开的。

现在,随着天地之始被名为无,而万物之母被名为有,我们就可以进一步问:无何以可为天地之始,有何以可为万物之母?具体地说,"始"是开始。开始是某一事物之开始。一个朝代开始于某一年,一个国家开始于某一边界,一个东西开始于自身与其他东西的分开之处,等等。开始也是某一人之开始。而取决于我们如何看待人之为人,我们可以说,一个人或者开始于其出生之时,或者开始于其"成—人"之时,等等。"始"因而蕴含着"始于"。万事万物皆始于某一起点或某一边界。事物的起点或边界将一事物与其他事物分开,从而明确标出此一特定事物之"有"或其确定的"存—在"。没有这样一个起点或者一道边界,事物就不可能进入自身,拥有自身。然而,标志事物之开始的起点与边界本身又是什么呢?起点与边界只是事物与事物之分。"其分也,成也!"此"分"成物——成就事物之为事物,而这也就是说,让每一事物各"开"其"始",亦即开始作为特定事物而"存—在"。事物存在,但作为事物与事物之分的起点和边界本身却并不"存在"。我们从来也不可能真正站在起点或边界之上,因为,仅仅在事物之间的分开着事物的起点和边界总是亦此亦彼而又非此非彼,总是既在一事物之外而又已然在此事物之内,总是同时既属于而又并不属于这一事物。任何事物都只有从这样的无形的起点或者这样的无形的边界开始自身之有或存在。反之,也可以说,任何一物,作为与他物有别者,都必然已经在自身之内包含了这一将自身与他物区而别之的"始"或"开始",亦即,包含着让它本身之"有"或"存在"成为可能的这一根本性的起点或边界。任何事物都必然已经被它自身之"始"或"开始"打上了标记。

而如果"无名天地之始"意味着"无为天地之始",那么天地万物的总起点和总边界就是"无"。天地万物皆始于无。但这当然并不是说——让我们再次不厌其烦地强调——有某个可以名之为"无"的事物是天地之始;而是说,无——无本身,如果我们可以这么说的话,如果无也可以说是有所谓"本身"的话——就是天地之始。无既构成天地万物的总起点与总边界,同时也构成每一个别事物的特定的起点和边界。无作为特定的起点与边界渗透万事万物之间,或者,更准确地说,无本身就是万物之"间"或万物之"空"。"没—有"无,就没有任何东西能够开始有或进入存在。"没—有"这一根本性的、既作为有之边界又在某种意义上作为有之反面或有之另一者的无,就不可能有任何有。[14] 有——作为万物之有,包括我们本身及我们之活动成果在内的有——从无开始,在无中开始。因此,无名天地之始。而这也就是说,无为万有之始。

在以上对于"无名天地之始"的解释中,我们已经把万物也包括在里面了。因为,如果无是天地之始,那么无也逻辑地是万物之始,因为万物在天地之间有或存在。但这样一来,我们就好像使与"无名天地之始"相连相对的"有名万物之母"成为一个不必要的表述了,而这样当然是不行的。因此,我们还必须接着回答上述"有何以可为万物之母"这一问题。但对于这一问题的充分回答必须要等到我们的重读接近《老子》第一章的结尾之时才能做出,因为那时各条分析线索才能汇合起来。所以,我们目前必须满足于对"有名万物之母"的一个初步形式分析。

在"有名万物之母"这一表述中,"母"作为一个比喻容有不同的解释。就本义而言,"母"首先是一个"产生者"形象。母是产生子女者。陈柱《老子集训》释此"母"说:"母者一而为子者众。"[15] 如果"有名万物之母"应该被理解为"有为万物之母",那么这就意味着,万物皆由有而来,因而皆可被追溯到此一作为万物之起源的有之上。这样一个"母亲"比喻容易让人产生"具(有)(身)体"的联想,从

---

[14] 《老子》第十一章中所言"三十辐共一毂,当其无,有车之用。埏埴以为器,当其无,有器之用。凿户牖以为室,当其无,有室之用",亦可从"无为有之始"即无为特定事物的起点和边界来理解:车轮之"有"(其有用之存在)始于轮毂中心之"无"或"空";容器与房屋之"有"始于其内部之"无"或"空",等等。如果"没—有"这些"无",这些器物就不可能真正地开始其"有"或开始其真正的"有"。此注中及正文中加在"没—有"二字之上的引号是想表明,我们意识到"'没—有'无"这一说法的不可说性,因为这一否定性的表述已经预设了无之有,但关于无的讨论却也正是欲说不可说,道不可道,或名不可名。

[15] 冯达甫《老子译注》引,第119页。

而诱使我们将作为"万物之母"的"有"去想象为一"具(有)(身)体"的存在,亦即万物之创造者。然而,如果作为"万物之母"的有是万物之起源,而起源即意味着"始"或"开始",那么作为"万物之母"的有就也可以被称为"万物之始",而这就会将我们极有意义地带回到"无名天地之始"这一表述之上。如果我们同意,无既是天地之始,也是万物之始,那么对于"有名万物之母"的一个可能的解释就将会是,作为"万物之母"的"有"本身不仅也始于"无",而且其实也就是"无"。但这可能吗?这一解释只是某种不着边际的奇思怪想吗?

我们或可尝试以《老子》第四十章之中的"天下万物生于有,有生于无"之说来支持这一解释。此章很短,总共只有二十一字,但在《老子》中却非常关键:"反者,道之动;弱者,道之用。天下万物生于有,有生于无。"帛书本《老子》此章与通行本基本相同:"反也者,道之动也;弱也者,道之用也。天下之物生于有,有生于无。"⑯首先,应当如何理解老子的"天下万物生于有"?如果我们执着于"生"的本义,可能就无法真正理解老子此语的内涵。因为"生"这一概念蕴含着"生者",而生者与被生者的关系就会是一物与另一物的关系。但如此一来,生者与被生者就会处于同一层次之上:生万物者本身亦为万物中之一物。而如果生万物者亦为万物之一,那它就不能被称为"万物之母",因为如果"万物之母"本身也是一物,那么"万物之母"就仍需要另一"母"来产生"她",而这一倒退将永无止境。因此,"万物之母"本身不能再是一物,"不—有"。而如果"万物之母"本身不是一物,"不—有",那么"她"就不可能在本来的意义上生出万物。所以,此"生"字应当别有所解,否则我们就或者会走上将作为"万物之母"的"有""实(体)化"为造物主或者创造万物的上帝这样一条宗教道

---

⑯ 高明:《帛书老子校注》,第27—28页。

路，或者会因为无法真正渗透老子这类简短而深奥的表述的意义而简单地将其视为无意义。

"天下万物生于有"，所以"有"可以"名万物之母"，或者"为万物之母"。然而，其本身既非一物因而亦"不—有"的"有"本身作为"万物之母"在我们以后将会详加论证的意义上只可能"生于无"，而且其实就只是"无"。这样，"有名万物之母"这一表述似乎就只是"无名天地之始"这一表述的加强和变调。无为有之始，有生于无。但是，无即无之，又何以能生，何以生有？正是这样的问题在一定程度上导致了中国思想史上那些崇有贵无之争中的"自生"之说。其逻辑为：既然无什么都不是，无就不可能生有，所以有就只能自生。⑰此说不仅没有解决任何问题，而且是一种无力达到老子在其关于有无之思中所达到的真正高度的表现。因此，为了重新接近和理解这一思想，我们应该将下述问题继续保持在我们的视域之中：第一，老子的有究竟是什么（假如我们真可以用"是"来问"有是什么"的话），究竟蕴含着什么？第二，有如何可以作为万物之母而生出万物？我们能否想象一个作为万物之母的有而又不使之被"具—体"化（为某种"东西"）？第三，如果作为"万物之母"的"有"本身不是一物，因而也不可能在物的意义上"有/存在"，如果有本身在一个非常严格的意义上是无，那么有与无之间又究竟有何区别，而它们又是如何联系在一起的？我们将于分析《老子》第一章之"故常无"以及其下诸句时再展开对这些问题的讨论。

而在此之前，我们可以就"始"与"母"的关系再略赘数语。通行本《老子》书中两处出现"[可]以为天下母"这一表述。第二十五章："有物混成，先天地生。寂兮寥兮，独立不改，周行不殆，可以为天下母。"帛书《老子》与之相应者为："有物混成，先天地生。寂呵

---

⑰ 参见本书上篇第五章第三节中的有关讨论。

寥呵，独立而不改，可以为天地母。"⑱此章集中描述道之广大、独立与周行，并由此而论道之大、逝、远、反（返），其主导意象是流行与运动，其文理与思路极为严密。又第五十二章："天下有始，［可］以为天下母。既得其母，以知其子；既知其子，复守其母。没身不殆。"在此章中，"母"是一个反复出现的意象。这些语句可以为我们理解"始"与"母"的关系提供一定的帮助。"天下有始"应该可以与"无名天下之始"连读。如此，则此"始"之名即当为"无"。我们以上对"无名天地之始"的分析已经试图说明，为什么无为天地之始。然而，在第五十二章中，此"始"又直接被称为"天下之母"，而此"母"在第一章中则被名为"有"。这就是说，在第一章中被名为"有"的"万物之母"在五十二章中却被直接联系于第一章中可为"天地之始"的"无"。有与无在第一章和第五十二章中之被如此联系在一起将从另一角度推动我们以下的分析继续深入老子对于有与无的思考。

在结束本节的讨论之前，我们还想引入《老子》第二章"是以圣人处无为之事，行不言之教。万物作焉而不为始，生而不有，为而不恃，成功不居"，以为我们对"无名天地之始"的解释再提供一个有价值的参考。⑲"万物作焉而不为始"意味着，圣人不让自己成为万物的开始，亦即不去产生、建立、引发或启动事物。老子的"圣人"应该被理解为一个理想的人或人之本性的一个比喻。那么，为什么圣人不应该"为始"或应该"不为始"？如果圣人有意为事物之始，开事物之端，

---

⑱ 高明：《老子帛书校注》，第349—350页。此处所引通行本为高明书中所用之王弼本。此处所引帛书本为高明校改后的文字。帛书本与大部分通行本的主要不同为：第一，前者无"周行不殆"句；第二，前者为"可以为天地母"而非"可以为天下母"。

⑲ "万物作焉而不为始"句此处从朱谦之之校订。王弼本为"万物作焉而不辞"，文意与之不同。但帛书本乙（甲本此处残）此处为"万物作焉而弗始"，与朱校订所得者极其相近。帛书本此句之后为"为而弗志（甲本）/侍（乙本）也，成功而弗居也"。高明从王弼本定"志"和"侍"为"恃"。见高明：《帛书老子校注》，第232页。郭店《老子》甲中亦有此段，其文字为："万物作而弗始也，为而弗志（恃）也，成而弗居。"

圣人与万物的关系就会成为一物与另一物的关系，亦即，圣人这样就也会成为万物中之一物。这样一来，圣人充其量也只能成为事物的可见的、有限的、"具（有）（身）体"的"始"，亦即事物的有限的"原"与"因"。这一意义上的始不可能是最"终"之"始"，因为这样的始本身亦必有其始，亦即，亦需要一始。如此倒推，以至无穷。所以，真正的或最"终"的"始"——假使真可以有"最'终'之'始'"这一意义上的"始"的话，假使我们真可以有意义地谈论和思考最终或终极之"始"的话——也许只能是无，或必然是无。而根据《老子》第一章，无确实就被如此肯定为天地万物的最根本的"始"——"终"极之"始"。因此，如果事物和人总能在有限的意义上成为某一特定的开始或者发端的话，那么无就必然是"始之始"。万物皆始于无；万物通过那条"无"形的边界进入"有"。万物为无所环绕，万物在无中有。在无之中，为无所渗透，有——万有之有，作为万物的有——才可以在有限的意义上互相开始，亦即互为原因，相互引发，形成无穷无尽之有的因果链条。圣人不应在这样的意义上"自贬身份"而成为万物之"具（有）（身）体"的始。

而如果圣人必须让万物生发而不去自为其始，如果圣人必须从万物之中抽身而退，那么，既然物乃所谓有，万物乃万有，圣人就不再是一个"具一体"的"有"。圣人本身将成为某种"无"，成为那环绕与渗透众有之"无"，那让"有"皆有之"无"。这样，由于"超越"了有而进入/成为无，圣人反而在无为有之始的意义上真正成为万物之始。此始在"人"的意义上乃是"不始之始"：我无为而物自始。如此理解，我们就能开始感到，"人"正在与"无"发生某种关系。[20]

---

[20] 请允许我们于此仅满足于引出《管子·心术上》中下列意味深长的语句以为读者参考："圣人无之。无之，则与物异矣。异则虚，虚者万物之始也。故曰：'可以为天下始'。"（《诸子集成》第五册，北京：中华书局，1954年，第221页）

然而，这样的"不始之始"又究竟意味着什么？无如何能让有有？圣人又如何能作为无而让有有？而物之自始又究竟意味着什么？自"常识"而言，虽然车船宫室等人造物有待于某一"开"其"始"者，但是所谓自然之物却并不自我而始，因我而有。就此而言，或者我只能是某种有限的始，或者我根本就不可能是始。所以，如果圣人能在任何一种意义上让万物皆有，那么这一"让……有"显然不能从"创造"的意义上来理解。圣人不自为万物始，却恰恰又能在更深刻的意义上成为万物的真正的开始。这样的始必然与任何有限的始不同。而且，在老子看来，恰恰因为圣人从根本上说就是这一意义上的始，亦即，不始之始，所以圣人在作为任何有限的始时才亦应尽力实现自己的这一"本质"。是以圣人不仅必须"万物作焉而不为始"，而且应该"生而不有，为而不恃，成功不居"。这就是说，虽然圣人作为人即不可避免地要"生"，要"为"，并且因此而会有"功"，但他却不可将自己等同于自己的任何有限成就，否则他就会成为"始中之始"，而不能成为"始之始"，因而就不能成为"人"之"圣"。

无如何能让有有？圣人如何可以在"无为有之始"的意义上让万物有？至此为止，我们的所有问题都在指向无与有的"关系"。

三、"故常无……"

> 故常无，欲以观其妙；常有，欲以观其徼。

历来的注释和解说于此二句颇有分歧。问题基本在于，似乎很少有诠释者愿意将"常无"与"常有"之"无"与"有"理解为动词。这样，众诠释者的选择始终徘徊于下述二者之间：以此句之中的"无"与"有"或"常无"与"常有"为对立的概念或范畴，或者将这两句对读为"无欲"与"有欲"。[21]冯友兰即以"常无"与"常有"为两个基本范畴,而释此二句为"用常无这个范畴观察天地万物的苗头。用常有这个范畴观察天地万物的边沿、极限、归宿"[22]。冯友兰将这一阐释基于《庄子·天下》中描述道家思想的一句话:"建之以常无有。"然而,这一读法虽然似乎有《庄子·天下》的支持,却忽视了一个其实不容忽视的语言事实:副词"故"字。按照古汉语的语法,"故"作为表示"所以"的副词或者连词,其后必须跟着一个含有动词的句子,亦即,其后必须跟一个能够独立的语句,即使这个句子仅由一个动词性的词构成,而不能只是一个名词或者名词词组。这一明显的语法规则使人不能将此处之"常无"与"常有"理解为由偏正式词组所构成的名词性概念或范畴。[23]我们可以推想,正是对于这一明显的语法规则的尊重使王弼等诠释者一直将此二句读为"常无欲"与"常有欲"。不接受这一读法而又不能为此处的"有"与"无"的解释另寻出路者则只能强扭语

---

[21] 我们这里充分意识到帛书《老子》中与此对应之文句为"故恒无欲也,……故恒有欲也",并已于本章注释 2 中简略陈述了我们为什么此处仍然据通行本立论的立场。我们将试在此节以下正文中详细阐明我们的理由和根据。

[22] 冯友兰:《中国哲学史新编》第二册,第 46 页。

[23] 或谓,以上正文中所提到的《庄子·天下》即支持将"常无"与"常有"读为以"常"修饰"无"与"有"的偏正式词组的做法。但是,《天下》篇中"建之以常无有"的句法允许将"常无有"读为偏正词组,《老子》此处的句法却不容此种读法。我们这里之所以强调这一点并不是要否认《庄子·天下》所论与《老子》此处毫无关系,而是想指出,在表达思想的原始(此"原始"并无通常所含之不发展不进步之意)力量方面,我们也许应该注意动词性表述与名词性表述之间的重要不同。如果《天下》篇确实是在以名词化的"常无有"概括《老子》关于有与无的思想,而"有"与"无"在《老子》第一章及其他若干章节中确实应该被读为动词,那么这一从动词到名词的转变所标志的可能是思想的原始力量的削弱和静态化。我们不再把"有"与"无"想成发生和事件,而只是将其看成某种已经凝固下来的状态。在这样的凝固状态中,原始的发生与事件就渐被遗忘。然而,"原始"的有与无其实更是发生和事件而非状态。正文中以下将进一步阐述此动词性之"有"与"无"。

法规则而为之解。㉔

其实，老子此处正是以此"故"字来编织他的议论的下一环节。"故"在这里与"欲"字前后呼应，一身二任，承上启下。承上：因为我们已经名"天地之始"为"无"，而名"万物之母"为"有"，所以我们想要永远/经常地"无"，也想要永远/经常地"有"。启下：我们之所以要"常无"与"常有"，则是因为想要（"欲"）由此而如何如何。根据"故"字的语法功能及其在这里所提供的语气作用，"无"与"有"二字此处无疑应为动词，"常"则为修饰此二动词的副词。两句中动词"无"与"有"的隐含主语与"欲以（此'无'与此'有'而）观"者为同一"主体"。以"故"开始的分句"常无"与"常有"给出的是使所欲为者成为可能的手段或做法，随后的主句则说出这一手段或做法的目的：我们要通过（"以"）动词性的无与有或作为活动的无与有来"观其妙"与"观其徼"。

如果我们可以把"常无"和"常有"理解为有隐含主语的句子，而且把这一隐含的主语暂定为任何"我们"，那么这两句话的意思就仍然有待于解释。在古汉语中，作为动词，"有"与"无"可以带宾语："有"是"有什么"，"无"是"没有什么"。但是，"无"与"有"还有一个使动用法：使之无或使之有，让什么无或让什么有，使什么成为无或使什么成为有。在这一意义上，我们甚至可以说"无无"或者"有有"：使无无，让有有。㉕在"常无"和"常有"这两句话中，不带任何宾语的"无"与"有"就具有强烈的使动意味。

㉔ 例如，高亨虽主张将此处之"常无"连读，"常有"连读，但却仍以二者为合成的名词性概念，并因而认为此处句法为宾语提前："'常无欲以观其妙'，犹云欲以常无观其妙也；'常有欲以观其徼'，犹云欲以常有观其徼也。因特重'常无'与'常有'，故提在句首。"（转引自高明：《帛书老子校注》，第225页）

㉕ 《庄子·知北游》中有"予能有无矣，而未能无无也"之说。（王先谦：《庄子集解》，第193页）

"常无"与"常有"句中作为动词的"无"与"有"与"无名……，有名……"句中作为名词的"无"与"有"相互呼应。正因为"无"名"天地之始"，而"有"名"万物之母"，所以我们应该既"常无"亦"常有"。这里，"故"字所蕴含的这一"因为/所以"关系不应忽略，因为此"故"字将前后两个不同的"观点"内在地联系在一起。如果用现代汉语所引入的西方哲学术语说，这两个观点似乎一为"客（之）观"，一为"主（之）观"。"客"之"观"为物之观，而"主"之"观"为人之观。当然，一分主客，即有高下，而老子却从未以为"人"高于"物"："天地不仁，以万物为刍狗。"此"万物"在某种意义上当然也包括"人"。因此，必要的谨慎要求我们尽量避免这类需要重新加以审视的说法。就《老子》的语脉而言，"无名……"与"有名……"句中的"观"点在某种意义上可称为"以物观物"，亦即某种尽量排除"主观"角度的描述，虽然此处的"排除"从根本上说是不可能的。"常无"与"常有"句则明确地从人的观点出发，而这一观点必然蕴含某种"有所作为"：无为天地之始，所以我们应该"常无"；有是万物之母，所以我们应该"常有"。

然而，作为必然"主观"的人，我们能否做到常无与常有？如果可能，我们又如何做到常无与常有？我们究竟能让什么有或让什么没有？显然，我们既不可能让万物皆无，也不可能在"造物"的意义上让万物皆有。在"日常"意义上，万物既不会因为我们而无，亦不会由于我们而有。照老子说，万物各有其"命"，各"复"其"命"。万物之"命"即从无入有，从有归无。"复命"即是万物之"常"，而我们所能做的似乎就只是知此"常"。"不知常"而"妄作"则"凶"。[26] 而如果我们所能做的就只是"知常"的话，那么我们真能做到"常无"与

---

[26] 参见下编第二章对《老子》第十六章中这些观念的分析。

"常有"吗？为了接近这一问题，我们需要再分析一下无本身的意义。

上节中我们已经初步分析过为什么无可名天地之始。无之所以可被称为天地之始，并不是因为无乃是某一最原始最根本的无名者之某种不可名之名。无就"是"无。但是，无本身其实是无法想象和把握的。首先，试就"无"的语义而言，在汉语中，作为对"有"的否定，"无"意味着"没—有"，而"没—有"当然已经蕴含着或者预设了"有"。"有"通常意味着某物之有，所以"无"通常也仅意味着某物之"没—有"。因此，"无"所说的首先是物之无，是物之消失与不在。我们通常所理解的无其实就只是物之无，而不是无本身。为了想象和把握无本身，我们就应该不再把无跟物本身之有或无联系在一起。然而，一旦欲完全离开物本身之有或无而想象和把握无，我们就会发现无其实既无法想象，也无法把握。这就意味着，无并"没—有"一个"本—身"或"本—体"或"本来的身体"让我们可以想象和把握。无"没—有"任何本身——无无。试图想象和把握无就会将其化为某种有，亦即某种物，某种存在着的东西，例如将其想象为某种其中空无一物的场所，想象为某种空间，等等。但是，空无一物的场所或具体的空间仍然是某种有。所以，严格地说，我们不仅不可以说"有无"，甚至也不可能说"无无"，因为"无无"意味着无之"没—有"，所以这一表述也同样会将无化为某种有。㉗如果无从根本上就绝对抗拒一切想象和把握，如果无根本就没有任何本身或本质，那么此一纯粹的和绝对的无就必然"先于"任何物本身之无。因为，物之消失和不在这一意义上的无必然蕴含着物之有，而物或有则只能从无之中出现，在无之中站立，这就是说，以无为起点，以无为边界。所以，一切关系到物或有或存在的思想都必然已经蕴含着这一根本的无作为其可能性的条件。否则就根本不可能设

㉗ 我们此处不应忘记程颢的出色表述："言有无则多'有'字，言无无则多'无'字。"

想任何有。如果没有无为任何有所确定的起点和划出的边界，有就不会具有任何面貌，任何形状，因而也就不成其为"具（有）（形）体"的有了。

而如果无没有任何本身，或什么都不可能是，那么我们原则上就不再可能问"无是什么"了。因为这样的问题会立即将无化为某种有。"什么"问的是一个具有自身的确定的"面貌"从而能与其他东西相区别的东西。而任何"什么"都只有通过无为其划定的界限而成为一个与其他东西既相关又有别的自身。因此，无是"是什么？"这一问题的可能性的条件。然而，不能问"无是什么"也并非就意味着我们只能说"无不是什么"，因为"不是什么"也仍然蕴含着一个"是什么"。因此，在有关"无"的问题上，"表诠"的反面并非"遮诠"。㉘不可能有任何"本身"的无从根本上抗拒"是什么"这一标准的哲学问题。我们必须放弃这样的提问方式，才有可能真正开始接近无所具有的意义，尽管这一使一切意义成为可能的意义已经不再是通常意义上的"意义"了。否则，无就始终面对着被"实"化或者"体"化的危险，亦即被"实体"化或者"本体"化的危险。

所以，无并不是一种"没有什么东西在此"的"状态"。严格地说，无并不是任何状态，如果"状态"一词必然始终蕴含着"有"，而想象任何状态都必然离不开某种物的话。因此，如果没有更好的词来形容无而必须暂时求助于"状态"一词而把无想象为某种不可想象的状态，我们也许可以借老子的"无状之状"和"无物之象"说无乃是

㉘ 这是佛教术语。"表诠"正面阐明一个东西是什么，"遮诠"则仅仅说其不是什么。据说有些"事物"本质上就只能遮诠，而不能表诠。此可与西方基督教神学传统中的所谓"negative theology"相比较。"Negative theology"不好翻译，因为"negative"虽有"否定"之意，但若译为"否定神学"则易产生很大误解。"Negative theology"认为，由于上帝的超越性，我们只能说上帝不是什么，而不能说上帝是什么。在中国传统中，无"不是"上帝，所以无之不可想象和把握并非由于无是超越性的本体。我们已经在本书上篇第五章中试图阐明这一点。

"无状之状"和"无态之态"。以后我们将试图说明,为什么老子对道的这些形容也可以用来描述无,以及无与道在何种非常严格的意义上相通。

如果作为名(词)的"无"形容的是某种不可形容的"状态",那么作为动词的"无"描述的则是活动。"有"的情况与此平行:名词性的"有"形容状态,动词"有"描述活动。活动,作为人的有意识的主观的积极活动,其结果就是产生人之所欲之物。如此,无与有作为积极的活动就应该产生无或有。㉙但是,既然我们自己不可能仅凭自己的意志就让万物无或者让万物有,创造或者消除万物就并不属于我们的能力范围。作为人,我们进行的有与无的活动所能"产生"的只是让无和有到来,或让我们自身进入无或有。㉚然而,让无到来或进入无并不意味着仅仅在意识内部创造某种"心态"或者"心境",或形成某种内在的"空—间",因为无并非仅仅是人的一种"内在"的"境界"。让无到来或进入无也意味着:人让自己成为"无以名状"的无本身。根据老子,这一"成为"可以通过某种主动的"无"亦即一种"使之无"的活动来达到。这一意义上的"无"就是"不有",亦即,人放弃"占有",放弃"拥有",放弃"所有",从而让自己什么都"没—有"。与此相对,进入有则既意味着人让自己有——占有,拥有——物,而这同时也就意味着人让物本身有,亦即让物到来和存在。㉛这样的有与无作为活动同时也包含了我们与自己之"身"的关系。我们不仅有物,而且"有身":"吾所以有大患者,为吾有身。"但是我们也可以让自己达到

㉙ 活动即"为"。"为"是《老子》中的重要概念之一。吊诡的是,老子关于"为"的思想体现在其所说之"无为"之中。通过活动或"为"而让无到来或进入无在某种意义上就是老子所说的"为无为"。见《老子》第六十三章。

㉚ 当然,"让无到来"其实是不可说的。无之"到来"只能是一种"不到之到"和"不来之来"。

㉛ 参考本书上篇第三章,尤见其第四节与第五节。

某种"无己"或"无我"的状态:"及吾无身,吾何有患?"(第十三章)我们可以让"自身"消退,以至于(成为)无,从而让无以"不到之到"和"不来之来"的方式真正"到来"。老子的"为道日损"之"损"就蕴含着这一趋向某种意义上的无己、无我、无身的努力。照老子看,我们与自己之"身"发生的有无关系表明了人本身所具有的双重性质:我们既可以超出形而下之万物而同于形而上之道,从而得到道因而同时也让道得到我们,亦可以占有物而同于物,并因而让自己成为另一物,从而失去道因而同时也让道失去我们。㉜

《老子》第十一章"故有之以为利,无之以为用"中"有"与"无"二字的动词用法可以支持我们这里对第一章中"常有"与"常无"的意义的解释。对于第十一章这两句话的解释和翻译,各诠释者和翻译者亦有分歧。其关键似乎即在于不能或不愿将此"有"与"无"读为动词。陈荣捷的译文是:"Therefore turn being into advantage, and turn non-being into utility."㉝译回到现代汉语中,这两句话的意思就变成:"所以,把有转变成利,而把无转化为用。"在陈荣捷的英语翻译中,《老子》第十一章原文中的"有"与"无"均被理解为名词。张钟元对于此语的英文翻译为:"Therefore, as individual beings, these things are useful materials. Constructed together in their non-being, they give rise to function."㉞郭世铭对此语的现代汉语翻译则是:"所以,制造出来的

㉜ 帛书本《老子》第二十四章(通行本为第二十三章):"故从事而道者同于道,德者同于德,失者同于失。同于德者,道亦德之。同于失者,道亦失之。"王弼本此处为:"故从事于道者,道者同于道,德者同于德,失者同于失。同于道者,道亦得之。同于德者,德亦乐得之。同于失者,失亦乐得之。"朱谦之《老子校释》据景龙碑本作:"故从事而道者,道德之,同于德者,德德之;同于失者,道失之。"(均见高明:《帛书老子校注》,第346页)

㉝ Wing-tsit Chan(陈荣捷):*A Source Book in Chinese Philosophy*(《中国哲学资料》),Princeton, N. J.: Princeton University Press, 1963, p. 145。

㉞ Chang Chung-yuan(张钟元):*Tao: A New Way of Thinking*(《道:一种新的思想方式》),New York: Harper Colophon Books, 1975, p. 35。

东西只是提供了一个条件,最后使用的仍是本来就有的那个空间。"㉟此二者的解释皆远离《老子》第十一章原文。其实,《老子》本章主旨为"无使有为有"。这是老子的根本洞见之一:车轮、容器、房屋等皆为"有",这些"有"是"有用"之物,但是其"用"则对应于或依赖于"无"。作为诸有,器物"当其无"时才有其作为"有"亦即作为物之"用"。"当"的本义是"对着","对应着","相对于"。正因为是无使器物各有其用,所以我们应该"有之以为利,无之以为用",亦即,为了我们的利与用而使之有与使之无。老子的例子简单明了而意味深长:建造车轮、器皿、房屋就是让它们有,而这是为了人的利与用而让其有。但是,为了让它们能有各自之用,我们就必须为它们"生产"出某种无来,从而使这些有能够真正地有,亦即能够真正地有其用。因此,"故有之以为利,无之以为用"可以译为:"所以,为了〔我们的〕利益而使它们(亦即:器物)有,为了让它们有用而产生/创造出无。"其可能的英译为:"Therefore, let it be *some*-thing in order for things to benefit, and let it be *no*-thing in order for man to make use of things."

因此,作为有限的制造者,人之所以能够产生出有"用"之"有",是因为人可以产生出使"有"有——使作为物之"有"存在并对人有"用"——之无。人首先能够在有限的意义上"有之"与"无之"。"无之"即"使之无",是为了"有之"即"使之有",因为欲有即须能无。进而言之,人之所以能产生无,从而让有"利—用"无,并从而让自己"利—用"有,是因为人"本性"上即能够"无之"或"常无"。如前所述,人从根本上说即是使有为有之无。"当"此根本性的"无",乃有万物之"有"与万物之"用"。正因为人能无,能够常无,所以才不仅有一切的有,而且有亦各有其用。而老子的"圣人"就

㉟ 郭世铭:《〈老子〉究竟说什么》,北京:华文出版社,1999年,第77页。

是这一能无之无的名称。

能够让无到来或进入无,我们就可以"观其妙",而能够让有到来或进入有,我们则可以"观其徼"。"其"承上句中"万物"而来,应该指代"万物"。有人将"其"解释为道。若单凭本章,尚不足以此解释为非。然而,通观老子全书,我们知道老子之"观"必有可观者,而可观者为物。是以第五十四章说:"以身观身,以家观家,以乡观乡,以国观国,以天下观天下。"这里我们不仅有可观者,亦即具体的身、家、乡、国,亦有所以观或由以观者,亦即某种"观一点"。然而,对于老子来说,道乃不可观者。所以第十四章这样描述道:"视之不见,名曰夷;听之不闻,名曰希;搏〔循〕之不得,名曰微。"道不可视不可闻不可触,不可见不可观不可阅。因此,道不是观的对象。相反,道乃是人以之观物者。这样分析起来,我们应该可以认为,在第一章中,老子欲观者为万物,而用以或由以观万物者则为无与有。这一让人可以由之而观万物的无与有是作为活动的无与有所产生的结果。通过无与有而观万物则是为了看到万物本身之"妙"与"徼"。"妙"通"眇","徼"当为"曒",二者对文。㊱前者微而后者显,前者昧而后者亮。万物之"妙"处乃是其开"始"之处,是其微妙地进入有或存在之处。万物之"曒"则是其饱满的存在状态。

此二句的另一种读法,一种更流行的并且似乎有帛书《老子》支持的读法是:"故常无欲,以观其妙;常有欲,以观其徼。"为了加强上述分析,让我们试考虑两个问题:一、为什么此读法不可取?二、即使接受这一读法,此二句是否就会推翻我们这里的解释?我们这里的讨论

㊱ "徼"字此处从朱谦之校。"徼"一义为"边界",另一义为"求"。朱谦之认为"徼"应为"曒":"'曒'者,光明之谓,与'妙'为对文。"(朱谦之:《老子校释》,第6页)帛书本此处为"噭",其义为"叫"。高明认为应定此字为"徼",并从蒋锡昌而释其义为"求"。见高明:《帛书老子校注》,第225—226页。

主要是基于对《老子》文本中的基本"义理"的理解。

首先，让我们研究一下老子中"欲"字的用法与意义。"欲"的确是老子的重要论题之一，也是老子之后整个道家思想传统所极为关心的问题。从某种意义上说，老子关心的全部问题也许都可以归结为：如何消除欲望，从而通于/同于道。所以，老子反复强调的就是，"罪莫大于可［多］欲，祸莫大于不知足，咎莫大于欲得"（第四十六章），因而应该"少私寡欲"（第十九章），应该"不见可欲，使［民］心不乱"（第三章），应该"常使民无知无欲"（第三章），而圣人则应该"欲不欲"（第六十四章）或"我无欲，而民自朴"（第五十七章），等等。为什么应该消除欲望？这里可能有若干层面。社会层面：使民无欲，则可以保证"社会"或者"国家"的安宁。自然层面：不强迫物从人，则可以保证自然的和谐。形上层面：去除任何有限欲望，从而可以同于道。我们说"有限欲望"，是因为老子所要求的"欲不欲"也是一种欲望。"欲"的全部"吊诡"之处也许都已体现在老子的这一表述之中。"欲不欲"并非"欲可欲"的反面，如有些读法所理解的那样。"欲不欲"不等于"欲不可欲"。如何可以欲不欲？欲不欲蕴含着什么？欲望之不可避免，欲望之必然？欲望包含着自身的消灭或者自我否定？此处显然不可能开始一个有关《老子》中"欲（望）"之结构的详细分析。然而，无论未来的分析能够产生什么结果，有一点似乎十分明确：考之《老子》全文，"欲"作为名词描述一种从事于道者应该压制或者消灭的状态。除了第一章的"有"与"欲"似乎可以连读，《老子》中没有一处讲到应该"有欲"，虽然"有欲"也可以是一个非常深刻的、可以大加发挥的思想。根据以上考虑，我们认为还是不将此句中之两"欲"字理解为名词性的"欲（望）"为上。

在《老子》中，"欲"字的另一用法是动词性的，意为"将欲"，"想要"。如"保此道者，不欲盈"（第十五章），"将欲取天下而为之"

(第二十九章），等等。在我们的读法中，"故常无，欲以观其妙；常有，欲以观其徼"中之"欲"与这些动词性"欲"的用法一致。

其次，简单地说，即使将此二句根据帛书《老子》提供的支持而断为"常无欲""常有欲"，其意义似乎也仍与我们上述解释有一定的联系。因为"无欲"意味着将自己从与物的占有关系中分离出来，从而让自己在不占有和虚而成物的双重意义上"无"，而"有欲"则似乎可以勉强解释为去占有和利用物，从而让自己在占有和存在的双重意义上"有"，同时也就让物"有"。这种读法的可能性在某种程度上似乎是通行本《老子》的文字本身所允许的，而且是帛书《老子》所支持的，而这两种读法之间的有趣联系本身亦值得思考。然而，既然我们无法证明老子会支持"有欲"的想法，或者说，既然老子所可能支持的唯一的"有欲"乃是我们应该有不欲之欲，亦即"欲不欲"，而且，既然迄今为止"常有欲（也），以观其徼"仍然因为得不到确切的解释而构成对一切认真的阅读的挑战，所以我们不取这一读法。也许未来的考古发现会为我们提供解决这一阅读问题的更可以依赖的材料。

四、天下万物"同"于有

此两者同出而异名。

首先，必须确定"此两者"之所指。由于第一章的文字在此容许不同的理解，所以关于"两者"之所指历来众说纷纭，而帛书《老子》在此对解决这一问题也并无任何帮助。王弼说："两者，始与母也。"冯友兰认为"两者"指"常无"与"常有"。张钟元的英译以"两者"为"道之妙"与"道之徼"（manifestations）（第 3 页）。陈荣捷的英译则以英文代词保留了原文的两可。朱谦之认为"两者"指有与无。通观

第一章全文，当以朱说为是。支持这一读法的最明显的文本证据是，老子先已称"无"与"有"为名，于是这里继称此二者为"同出而异名"。我们以上的逐步分析亦指向这一解释。老子之议论始于提出"道（言）"与"名"的可能性问题，而其主题则为有与无：一、"无"与"有"为两名；二、此两名"名"天地之始与万物之母，而这意味着，无与有即为天地万物之始与母；三、所以我们应该常无和常有，以观天地之妙与徼；四、有与无的关系是，两者同出一源，但各有其名；五、最后，点明有与无之同乃极其深刻，可谓之为"玄"，而一切事物（"众妙"）即皆出于此"玄之又玄"之"同"。

我们这里将此"同"作为重要概念而突出，此一做法可能会引起不同意见，因为帛书本中此处文字似乎并不支持这一读法。所以，虽然我们已经表明视通行本《老子》为具有自身权力的相对独立的文本这一基本立场，但还是想先针对帛书本而为我们此处的读法做一简短的辩解。

帛书本《老子》此处文字为："两者同出异名同谓玄之又玄众妙之门。"此段文字目前常见的标点是："两者同出，异名同谓。玄之又玄，众妙之门。"这似乎当然是最符合我们古汉语阅读习惯的标点。帛书甲本"异名同谓"后有断句符号，似乎更支持这一读法。但此段文字其实仍可有不同的标点方式："两者同出异名。同谓玄之又玄。众妙之门。"尽管这一标点方式与四字一逗的标点方式相比似乎有些"出格"，但却并无勉强之处，并且在意义上具有前一标点方式所产生的句子所不具有的连贯性。如果对帛书本中此段文字的这一标点方式可以接受，那么帛书本与通行本在《老子》第一章最后一段上的差异就基本可以消除。而关于二者目前在文字上的不同，我们也许可以有如下的推想：假定通行本确实得自帛书本的话（当然，这一点并不肯定），那么通行本第一章的最后一段就当是对帛书本中相应段落的某种改写，而此一改写的目的似乎即是为了使帛书本中的表述更为清晰。我们可将如此标点的帛书本与通行本中这同一段落并列如下：

帛书本：＿＿两者同出＿异名。同谓＿玄＿＿＿之又玄。众妙之门。
通行本：此两者同出而异名。同谓之玄。玄之又玄，众妙之门。

如果我们以上对帛书本此处文字的标点方式可以接受，那么帛书本与通行本的不同就仅仅在于，后者使前者在意义的表达上更为明确而且流畅。通行本以"而"字联系"同出"与"异名"，以"同谓之玄"句中的"同"字承接前面"同出而异名"中之"同"，继又以"玄之又玄"加强"同谓之玄"中之"玄"，其起承转合极其严密。"同谓之玄"句中"同"是主语，对此"同"做出描述的"玄"字则为本章引入一个新的概念。而此一可被描述为"玄"之"同"又恰恰是下句"玄之又玄"及"众妙之门"的主语。这样的"玄之又玄"之"同"则不可能不与《老子》第五十六章中所说之"玄同"有关。因此，"玄同"这一观念亦在一定程度上支持我们这里所欲的读法。[37]

---

[37] 《老子》第五十六章："知者不言，言者不知。塞其㙂，闭其门，和其光，同其尘，挫其锐，解其纷，是谓玄同。故不可得而亲，亦不可得而疏；不可得而利，亦不可得而害；不可得而贵，亦不可得而贱。故为天下贵。"（引文从高明校订后之帛书本《老子》，第444页）本章的"塞其㙂，闭其门"又见于第五十二章，"和其光，同其尘，挫其锐，解其纷"又见于第四章。"㙂"在王弼本中为"兑"。高明总结各家注释说，此二字在古代声通义同，可训为"穴""隧""径""口"。"纷"有纠结缠绕之义，故有"纠纷""纷乱""纷争"等词。知者不言，言者不知：因为知若欲保全其知，亦即，欲保其知为"全知"，就不能让自己被说出来。一被说出来就不可能全了，因为言语就是区分。所以，"言者不知"说的倒不一定是说话的人什么都不知道，而是一旦说出来，所知就不（能）（保）全了。而不全之知即等于不知。于是，欲保全其知为全知，就不能有言。但没有言知就不为人所知，于是也就没有知，即通常意义上的知。所以知——全知，真知——不可言而必须言。这是深刻的"吊诡"。庄子即以"一"之不可言而又必须被说出来说明这一结构性的"进退两难"："既已谓之一矣，且得无言乎？"（王先谦：《庄子集解》，第20页）不说出"一"即无"一"，而说出"一"，一即不再是一而是二。在这一困境中根本没有任何便宜的出路。我们必然始终与这一"进退两难"同在。我们必然既是"不言"的"知者"，又是（转下页）

现在，让我们先试思，为何老子说有与无"同出"。就字面说，"同出"可解为"一同出来"或者"一同出现"。"出来"之"来"容易将我们的思想引向"来"之"源"，但是老子这里并未涉及有与无的任何"来源"，更没有暗示"道"是有与无所"来"之"源"。不然他颇可明说此两者同出于道。相反，老子这里想的是无与有之同。因此，"同出"之"出"所强调的就是"出"本身。出即现。"同出"意味着一同出现。而一同出现之"同"则意味着，同出者之间有某种联系。有与无作为同出者有何联系？

此处，首先研究一下"同"的字义不无裨益。《辞源》释"同"之第一义为"共同，相同"。然而，"共同"与"相同"其实不同。"共同"意味着彼此或诸物之"一同"或"一起"，"相同"则意味着彼此或诸物之"一样"或"无别"。不过，《辞源》的这一解释与其说是误解，不如视之为此二义其实不可分的明证。当此物与彼物"一同"或"一起"在此时，它们之能够"共同"在此这一事实本身就意味着，某种"同"已经发生并存在于"异"（即不同事物）之间了。"共同"或"一起"在此的"不同"事物必然已经在某种根本意义上有某种"同"或是"相同"的，否则就根本不可能有任何"共同"可言，而只会有无数毫无联系的碎片。其实，甚至连"碎片"也无从提起，因为碎片之为碎片已经蕴含了某种"同"。碎片只能是某种"同"的碎片。

但"不同"的事物如何可以"同"？指与马如何能够相同？白石与黑马有何共同之处？物以类聚：同类者同，不同类者不同。在此意义上，指为指，马为马，指与指同，马与马同，指与马二者则不同。然

(接上页)"不知"的"言者"。于是，我们可以说，此二者——知者与不知者——同。此同就是不同之同，一深不可测之同，"玄同"。《老子》此章以下所说之"塞其兑，闭其门，和其光，同其尘，挫其锐，解其纷"，皆含有同不同以达于不同之同之意。不同之同就是"玄同"。此与第一章中之"同谓（玄）之（又）玄"正相呼应。

而，在类的差异之上，物"同"于有。有之同既相似于类之同，又不同于类之同。这一"既/又"正是"有"的简单而深奥之处。因此，让我们试解此"既/又"。类之同意味着同类中的每一个体均为类之一例。任何一马都可以代表"马"这一概念。反之，"马"之所以是"概—念"正是因为其可以让人"概"一类事物而"念"之。"有"亦可以在这样的意义上被理解为概念。冯友兰即在这一意义上解释《老子》第一章的"有"，认为这是一个最概括的名。[38]任何东西都可以被称为"有"，都是一"有"，因而都可以被归到"有"之名下。这样，"有"囊括一切，成为一切事物的总名，亦即最普遍最抽象的概念。在这一意义上，我们说"（万）物'同'于有"。"有名万物之母"之将万物归到"有"之名下，蕴含的也正是这一有之同。

虽然"有"在上述意义上可以被理解为总名或最普遍的概念，但这一总名仍然未能真正"至大无外"，因为尚有一"物"不在此"有"之内。"有"可以概括一切的有，却不能概括无。然而，老子却不仅说有与无"同出而异名"，而且肯定此"同"即"谓之玄"。这就是说，有与无不仅在某种意义上同，而且此同极其深奥玄妙。如欲理解有与无的这一"玄同"，我们就需要考虑"有"的另一层意思："有"不仅是一个总名或总概念，而且也意味着"有之有"。这里，前一"有"字代表任何具体的有，亦即物或东西，后一"有"字则表示此有之有。我有一个东西；这里有一个东西：这个东西或此物是有之一例，可被称为一有，因此我们可说"我/这里有一'有'"。[39]"有"作为概念使我们能将任何具体的有纳入"有"之名下。然而，我们却需要另一个"有"，

---

[38] 冯友兰：《中国哲学史新编》第二册，第44—48页。参见本书上篇第三章中有关论述。

[39] 当然，"我有……"之"有"与"（这里）有……"之"有"之间在意义上既有联系又有区别。参见本书上篇第三章中关于"占有"之"有"与"存在"之"有"之间的意义联系的具体分析。

一个动词性的"有",来表示"某某(或者某时某地)有什么"。当然,有即非无。因此,任何一具体的有(物、东西)均已蕴含其自身之有。此即有之有。而此有已经不是那个名词性的有了。名词性的亦即作为概念的"有"所必然蕴含的乃是一个动词性的"有"。当我们议论任何一有之时,我们对于此有的一切议论所必然已经蕴含的是此有之有,亦即:有此有,或者,此有有。这就是说,我们不仅将此有当作有之一例来理解,而且也在"有意无意"地理解着并且肯定着此有本身之"有"。这个"有"的意思可以被有保留地解释为动词意义上的"存"与"在",但是必须记住,"存在"一词所蕴含的时空意味已经限定了"有"的意思。"存在"必然意味着"有",但是"有"却不一定就意味着"存—在"于某时某地。正是这个作为动词的"有"让我们能明确地肯定什么有或什么没—有,是以庄子不仅说"有有也者",甚至也说"有无也者"。后一断言所蕴含的问题非此处所能详论。⑩

有之有既单纯又费解。我们应该如何理解有——众有、万有、大有——本身之"有"?如果有万有或者万有皆有,此万有之有是否自身亦为一有?换言之,如果"有"是万物的总名或最普遍的概念,此"有"是否也能概括有之有?否。"有"作为概念可以概括一切,却不能概括其本身之有。否则这个动词性的"有"就会化为一有,亦即,成为一物。一旦我们说,"有有"(亦即,有一个作为总名的或最普遍的概念的有),就会发现这里多出了一个"有"字无处安置。我们不可能将作为动词的第一个"有"字再塞回到作为总名的第二个"有"字里面去,虽然后一"有"似乎应该能概括一切,包括这第一个"有"。相反,第二个"有"字则只有在第一个"有"字中才有其立身之处。有这么一个概念,这么一个总名,"有",来概括万有:有有。让我们可以

---

⑩ 参见本书上篇第三章。

断言"有有"的动词"有"因而超出了作为总名的"有"。所以,"有"作为总名不总,作为普遍不普不遍。"有"与"有"有别,而此区别可能至关重要,是理解中国思想传统中有无之论的关键。

有与有有别。因此,有非有,亦即,动词"有"并非总名"有"之下的一例。后者可以概括一切有,却无法将前者也包括在自身之内。相反,为了能说出"有"万事万物,或万事万物皆"有",我们需要这个超出了作为总名的"有"。因此,在一个极为深刻的意义上,我们可以说,正是这个平凡的动词"有"让一切有有。没有这一能让我们说出"有物"或"有有"之"有",没有这一蕴含在任何一有中之"有",没有这一让万有皆有之"有",就不可能有任何有。因此,说"有有"并非多出一个有"字"。相反,这个在断言"有有"时甚至可能被视为多余的"有"字实乃至关重要。正是这个貌似无意义的叠床架屋或同义反复让我们有可能窥见"有"本身之中所包含的这一关键性差异:有有;有不同于有;有(概念)蕴含着有(动词);有是(去作为万物而)有;作为万物之有通过动词有而出现和到来。反之:有(亦即,那能让我们说有什么东西之有)非有(亦即,并非一概念);有(概念)亦非有(动词)。

这个至关重要而每受忽视的"有",这个在汉语中自古至今从不起眼的基本动词"有",这个能让万有皆有之有,到底自何而来?

任何一有皆有,但这个能让我们说万有皆有的有本身并非一有,因而其本身并不有。因为,在某种意义上,有之有本身与任何具体的有并无可见的区别。此有之有并不作为某种"东西"处于任何具体的有之外。所以,虽然我们原则上能够指出万有,却不可能指出万有之有本身。但是,即使我们仅仅说出一个脱离任何具体语境的"有"字,有与有之间的差异也必然已经蕴含于其中了。如果此"有"首先被理解为动词,这个"有"就必然蕴含着某种东西之有;而如果它首先被理解为名词,那么这个"有"就必然包含着此有所指涉的任何抽象或者具体的有之有。这就是说，我们不可能想到或者说出一个动词性的"有"而没有已经想到某一具体的有（物，东西），也不可能想到或者说出一个名词性的"有"而没有已经想到了此有之有。因此，有与有有别，但有与有却又不可分。

有与有不可分，但是有之有本身不有。万有皆有而万有之有不有。有之有"本身"什么都不是。然而，恰恰是这个似乎空洞无物的"有"字让我们能够（指着任何一有）说："有"，而恰恰是随着这个"有"字，万有，亦即万事万物，才可以被展示在我们"目前"。就此而言，这个"空无一物"的有正是能使任何一有出现者。然而，任何一有之所以能够出现于我们"目前"，是因为无已经为之腾出了"地方"，开辟了"场所"，从而创造了让有"出现"的条件。"没—有"这一根本性的无，就不可能有有。因此，动词"有"的可能性来自无。无是这一可能性的条件。没有这一根本的可能性，动词"有"就不可能完成自己的任务。因此，动词"有"植根于无之中："有生于无。"

老子的"有生于无"总会让我们联想到老子的"有无相生"，并因此而使我们处于一种需要解释此二表述之关系的困难之中。其实，此二命题是对于有与无二者之间的不同关系的描述。老子并未自相矛盾。"有无相生"意味着，作为概念，有只相对于无而为有，无则只相对于有而为无。这是在形式逻辑层面上对于有与无之关系的描述。在这一层面上，任何概念都必然在与其他概念的区别和联系（或对立）中获得自身的同一性并是其所是。老子即在这一意义上说"有无相生，难易相成，长短相形（帛书作"较"），高下相倾（帛书作"盈"），音声相和，前（帛书作"先"）后相随"（《老子》第二章）。"有生于无"则是在"何以有有"以及"有之何以为有"这一形而上层面上做出的论断。"有生于无"肯定了无的某种先在地位，即相对于有的某种先在性。因为，关于有的任何思想，作为关于物的思想，必然已经蕴含着无。在老子这里，有名万物之"母"，所以天下万物"生"于有。但此一生万物之"有"与万物本身有别。所以，这里必须严格区别作为万物的"万有"与"有"本身。称物为有，称万物为万有，是后来的事。我们在本书上篇中提到，庄子开始说"有有"。在老子的这些表述中，既称万物生于有，所以有非物，亦即，有非后来的所谓一有。那么，"有"是什么？有如何生万物？这里最常识性的解释是说，"天下万物生于有"就是说任何一物皆为另一物所生。但这样我们就会在追寻此有时陷入无穷的倒退过程。而且，即使我们最终追到一可生万物之有（一终极的有，一终极的存在），也将无法解释此有何以生于无，所以"天下万物生于有"才应该有一不同解释——此生物之"有"是一动词性的"有"。是此有将万物带来，是此有让万物来到"天下"。此有让万物有，因为我们说"有"。天下万物生于此有，因为此有是我们对万物之为万物的最根本的理解。因为我们理解此有，所以才可能"有"物。所以，有就是万物作为万物的到来本身。天下万物生于有：归根结底，是动词"有"带来万物（亦即，所有的有）。天下万物生于有，所以"有名万物之母"。但是，有生于无。动词性的有之带来万有意味着，无已经为有准备了有能在其中出现的"空—间"。我们说"有"，我们肯定万物之有，这意味着，我们已经"看到"万物之有，而万物只能在无中才能有。所以，有生于无。这就是说，严格地说，不能直接说万物生于无，而必须说，万物之有生于无。万物皆有，但此"有"本身则生于无。人首先就是万物由之而生之有，因为人能说"有"，亦即，人理解万物之有。人通过说"有"而让万物有。此生万物之有并不意味着，有作为一特定的有亦即作为一原始之"物"而生出万物。此生万物之有即显有（之为有）之无，让有为有之无。但是此"无"至多只能在很不恰当的意义上被比于"地方""场所"或"空间"等，因为让有"出现"之无本质上是无法想象和把握的。

五、玄同

同谓之玄。

正因为是动词"有"让一切有有，而此"有"在我们上述分析的意义上乃"是"无，是显有之无，所以有无虽然"异名"但实乃"同出"。万物同于有，同于作为总名之有，而作为动词的有则同于无。所以，有与无"同"，而"同"意味着"玄"。有之同于无并不是说有即无，"本来（即）无一物"，万有等于无有。老子思想与佛教"虚无"主义或其他各种类型的否认物之实在性的思想截然有别。在老子的思想中，有与无之间深奥玄妙的"同"绝非一个简单的等号。此"同"要求一系列严格的换算。"有同于无"意味着，有与无同出同在，密不可分，互相要求，相互依赖。没有这一深奥而玄妙的同，就既不可能有有，亦不可能有无。

老子的"玄而又玄"之同冒犯常识。常识以为，有即非无，无即非有。无不能生有，有不能为无。因此，有与无截然不同，根本不能共处：有驱逐无，无亦驱逐有。这种看法割断了有无之间的联系，最终必然导致"自生"或"独化"之说。[41]然而，这样的常识其实才背离对于有与无的真正的理解。所以，我们能从老子学到的东西之一就是，常识经常不常亦不识。

"同"作为《老子》中一个重要的概念似乎尚未得到充分注意。根据朱谦之《老子校释》，惟北宋道士陈景元《道德真经藏室纂微篇》以

---

[41] 《晋书·裴頠传》载裴頠《崇有论》："夫至无者无以能生，故始生者自生也。"冯友兰：《中国哲学史新编》第四册引，第117页。"独化"是著名的《庄子》注释者郭象的说法。关于"自生"和"独化"这些说法的问题，参见本书上篇第五章第三节。

"此两者同"为句,而将"此两者同出而异名"读为"此两者同,出而异名"。严复亦曰:"'同'字逗,一切皆从同得。"(严复:《老子道德经评点》,朱谦之引)。这一读法显然欲突出和强调"同"这一概念。但是,如果我们接受朱谦之的说法,以"同出"与"异名"为对文,那么这一读法就似乎不无牵强之嫌。而我们以上的分析则已尝试证明,"同出"已经点明了有与无之同,所以老子随之即言"同谓之玄"。上文已经对有与无之同有所分析,所以现在就让我们来考虑一下,为什么老子称此"同"为"玄"。

在先秦思想中,孔子从伦理关系角度将同对立于和:"君子和而不同,小人同而不和。"同与和的这一对立可以上溯到西周末年史伯对同与和这对概念的讨论(见《国语·郑语》)。《左传》昭公二十年所记晏婴之语亦属于同一思想观念的语境。在和与同的对立中,前者意味着差异(即不同之物)的共处,亦即不同者之(被)形成一个可以互济互补相辅相成的共同体(我们这里有意避免使用"整体"一词)。因此,和乃异之和。相反,同在这一语境中则意味着无差别的同一。音乐是晏婴用以阐明和与同之异的一个例子。史伯亦云"声一无听"。史伯此语容许不同的理解:"声一"可以意味着同一声音的持续,亦可意味着同一声音的反复。无论如何,这样的声音都不会十分悦耳。《国语译注》中将此语译为"只是一种声音就没有听头"。㊷的确如此。"声一"为同,声多才有和的可能。然而,尽管如此,这个没有听头的、始终"自我同一"的声音其实也已经蕴含着不同,否则就根本不可能有任何"听"。此不同乃是使声之为声者,即无声或静默。没有这一扬声之静或显声之默,没有声与默之间的这一根本性的不同或差异,声就根本不可能出现。只有在这一根本性的不同之中,个别的声与声之间的同或和才

㊷ 邬国义等:《国语译注》,上海:上海古籍出版社,1994年,第495页。

有可能。因此，与和对立之同，乃至和本身，都只有在一个更为深刻的不同之中才是可能的。这一不同即可以归结为有与无之不同。但是，既然有只能是在无中有，只能是无中之有，而无只能是在有中无，只能是有中之无，既然我们既不可能想到任何有而没有已然在这一思想中让无被蕴含，也不可能想到无而没有已然在这一思想中让有被蕴含，所以有与无必然要在一起，必然"同出"，所以有与无才在一个非常深刻的意义上同。此同乃是最根本的异之同，而非基于此"异之同"的那一仅与和相对的"同之同"。后者在老子这里只能说是"凡同"，而前者才是"玄同"。正是这一深奥玄妙的同才可成为其他一切同与异以及一切同与和的"根源"或可能性。正是在这一"玄同"之中，我们才可能有次一级的和或同的选择，也才可能求和而去同或求同而去和。

　　此同之所以玄是因为其难于想象，而其之所以难于想象则是因为，我们的思想根深蒂固地习惯于"同之同"，而此同之同最终必然蕴含着某种绝对的、不可分割的一。然而，如果此"同之一"或者"一之同"不能区别自身于其他，它又如何可以成为一或同？因此，为了成为自身，此同或一依赖异，亦即依赖自身与另一者之异。而为了能与另一者相异，此同或一就必须能与另一者同在，亦即发生关系。只有能够与异于自身者同在，从而区别"自己"于"异己"，同才能作为同或一而有。深奥玄妙而难以想象的其实正是这一同（在）的能力，正是这一能同。既然任何凡同或者纯同都必然蕴含着异（亦即必然以异为条件），既然异必然意味着"异于……"，亦即不同者的同在而相异，或不同者的同之而异，异之而同，此异才是终极的同。而既然此终极之同永远不可能与自身完全同一，永远只能异于自身，此终极之同就永远不可能终极。此终极之同永远只能是异。而既然只有这一异之同才是我们可以期待的终极的同，我们就永远也不可能等来一个超越异的、在异之上的、真正的终极的同。然而，这同时也意味着，正因为终极的或绝对的同或一不可能，我们才始终都会有

"众妙",亦即一切新的可能性。正是在这一玄同之中,我们才有万有,并让万有皆有。而正是这一简单而深奥的有才是永恒的惊奇之源,是以老子以"玄之又玄,众妙之门"结束其第一章。

六、众妙之门

玄之又玄,众妙之门。

玄同不同。所以,玄同只是异之别名。"异"字本身亦可有数义:作为具体名词,"异"可以意味着各不相同的东西。就此而言,任何东西之所以能是一个东西就在于其为一异,因为任何东西都必须能将自身与其他东西区别开来,亦即"异于"其他一切,才能是其所是。所以,任何东西都是一异。庄子的"合异以为同,散同以为异"就是在这一意义上使用"异"的。"异"也可以意味着抽象的差异本身。在这一意义上,"异"指的就不是任何具体的东西,而是东西之彼此相异的状态。交互的"相异"蕴含着从单方面来说的"异于",所以"异"亦为动词。我们可说,彼异于此,非异于是,无异于有,等等。反之亦然。纯形式地说,彼、非、无之为彼、非、无即在于其异于此、是、有。反之亦然。如此,则彼、非、无与此、是、有均"同出"于此"异于"。如此,则动词性的"异于"本身才是"玄同"的真实意义,因为所谓"玄同"就是诸相互"异于"者之同。如此,有与无乃至"众妙"最终均出于此作为"异于"的"玄同"。如此,则此"玄同"甚至可说是先于无与有乃至天地万物。

那么,玄同又是"什么"?"真宰"?"造物主"?"本体"?"上帝"?这些被"是什么"这一问题所引导的回答均将导致"玄同"本身的本体化与神秘化。而根据我们以上的分析,如果"玄同"意味着同之异或者异之同，那么，问"玄同"是什么就等于问"异于"如何可能？

"异于"如何可能？这一关于"异于"的可能性的问题已经超出了纯形式的或者纯逻辑的层面。不同之物必须能被某种力量聚集在一起，而这就是动词意义上的"同"，亦即使不同之物"同在"或使不同之物"一同"或"一起"在此。只有"一同"在此或"同在"一起，一物方能相对于他物而显示其异。因此，必须有某种力量使"不同"者"同"，"异于"才有可能，否则就无所谓"异于"，因而也就既无所谓异亦无所谓同。而"玄同"之所以为最终意义上的同正是因为，"玄同"不仅是作为状态的同，而且也是作为力量和活动的同，亦即，是"使之同"即"使不同者同在"这一意义上的同。正因为"玄同"能够将有与无有力地保持在一起，有与无之"异/同"才是可能的。而如果"玄同"就是道，那么道就不仅是同本身，而且也是同的力量或活动。

然而，道又是什么？如果我们可以这么问的话。道道之而道，亦即，道言之而成。道必须被道（言），道（言）可以道（言）道；道是道（言）之道，而道（言）是道之道（言）。让我们将上述语句再明确地翻译一下：道必须被言，言可以言道；道是言之道，言是道之言。请我们的读者勿以这些表述所具有的某种游戏性为其神秘性。道不可道不可名，但我们却必须道必须名。而正是我们之道——我们的作为言之道——才将万物联系在一起，聚集到一处，呈现于目前。正是我们之道才能将异保持为同，并且将同区别为异。而正是这一"道/言"或者"言/道"才是真正的"众妙之门"。

如果没有这一"道/言"或"言/道"的可能性，"人"又能意味着什么？如果没有"人"，"有"又能意味着什么？而如果没有"有"，"无"又将何从揭示"自身"？

因此，作为人，我们必须"道可道"！

第二章
"虚"(之)"极"与"静"(之)"笃"

致虚极,守静笃。

万物并作,吾以观其复。

夫物芸芸,各归其根。

归根曰静,静曰复命,复命曰常,知常曰明。

不知常,妄作,凶。

知常容,容乃公,公乃全,全乃天,天乃道,道乃久。

没身不殆。①

---

① 参见朱谦之:《老子校释》,第64—67页。此章之"芸芸"及诸"乃"字皆从王弼本改。《老子校释》所依景龙碑本中,"乃"作"能",但此差别于文意无伤。为方便读者参较,特引帛书甲本《老子》第十六章于下:

致虚极也;守静笃也。
万物并作,吾以观其复也。
夫物云云,各复归于其根。
归根曰静,静,是谓复命。复命常也。知常明也。
不知常,妄。妄作,凶。
知常容,容乃公,公乃王,王乃天,天乃道,道乃久。
没身不殆。

此为高明《帛书老子校注》勘校复原后文字(第450页)。帛书乙本该章勘校复原后文字与甲本基本相同。帛书本、王弼本与朱谦之《老子校释》此章在文字上的主要不同是,前二者之"公乃王,王乃天"在后者中为"公乃全,全乃天"。高明据帛书本否定劳健《老子古今考》中辨"王"为"全"之说,认为即使据王弼注,此处原文也应断为"王"字。王弼注"知常容"至"道乃久"一段为:"无所不包通也。无所不包通,则乃至于荡然公平也。荡然公平,则乃至于无所不周普也。无所不周普,则乃至于同乎天也。与天合德,体道大通,则乃至于[穷]极虚无也。穷极虚无,得道之常,则乃至于不穷极也。"(楼宇烈:(转下页)

一、引论

《老子》第十六章的引人注目之处在于，作者始之于提出"致虚"和"守静"以"观物"，而终之于人之抵达道乃至成为道。在老子看来，人只有成为道才能"没身不殆"，而此章中所指明的正是人如何进入道、成为道乃至与道同久之道。"致虚"与"守静"则是老子让人通向此道的起点。此章环环相扣、步步展开、层层深入的论述使我们有可能较为深入和系统地追寻和分析此章中出现的一些相互联系的重要概念，即虚、静、复命、常、明、道等，其中"虚"与"静"在本章中尤为重要。而"虚"更与老子思想的核心概念"无"直接相连，"无"则与老子的"道"密不可分。因此，欲理解此章中的思想，我们应该从分析"虚"与"静"开始。

让我们试先勾勒一下本章大概，然后再分节展开具体的阅读。

此章结构复杂，可分出几个不同层次。"致虚极，守静笃"的目的是让人通过虚与静以观万物："万物并作，吾以观其复。"②此四句为本章第一层，其主旨是"观"。"观"同时包括"所观"与"所以观"。

(接上页)《王弼集校释》，第36—37页)"周普"显然更适合于解释"全"而非"王"。高明认为"无所不周普"应是对"王"而非"全"的解释，似乎是强王弼以就帛书。

② 帛书本"吾以观其复"句为"吾以观其复也"，其中亦有"观"字。郭店楚简此句则为"居以须复也"，无"观"字。若根据郭店楚简，则老子似是在说，我们应该达到虚，守住静，并且就待在此中耐心等待万物复归其根。不过，我们不必在"居以须复"与"吾以观其复"之间二者择一。"致虚极，守静笃"其实已经就隐含着"居"的意思；达到和守住虚静就意味着，在虚静之中待下来，亦即居于其中。而"须"亦即等待万物之"各复归其根"也蕴含"观"的意思；等在虚静之中看着万物各归其根。因此，我们不必为竹简本而放弃通行本的这一含有"观"的表述。在通行本《老子》中，"观"实为一重要观念，因此不应忽视。通行本第一章即有"常无欲以观其妙，常有欲以观其徼"之语。第五十四章又言："以身观身，以家观家，以国观国，以天下观天下。"第十六章的"明"也与"观"在概念上密切相连："明"不可能不蕴含着某种"观"，不可能不是某种"观"之"明"。

"所观"为"万物",而"所以观"则为"虚"与"静",亦即,"通—过"虚与静而观。"观"本身蕴含着"观者"。句中之"吾"即指代此观者。"致"与"守"则是对此观者提出的要求,或是其所致力者。本章第二层为"夫物芸芸,各归其根"。这是对物本身的描写。句中之"物"字呼应第一层中之"万物",第一层中之"复"字则已经预示了此层之中的"归根"。分别确立观者即人与所观即万物之后,老子开始描写物之"命"和人与此"命"之关系:"归根曰静,静曰复命,复命曰常,知常曰明。不知常,妄作,凶。"此段构成本章第三层。"归根曰静"解释第二层中物"归"其"根"的意义。此句中之"静"字与第一层中的"守静"之"静"交流,但其间的联系与区别尚须厘清。"复命""常""明"这几个重要观念环环相扣,但其间的联系亦有待分析。③最后,"知常容,容乃公,公乃全,全乃天,天乃道,道乃久"构成本章第四层。在这一层中,老子将上一层说到的"知常"引向另一发展系列,其终点是"道"。如果一方面,"知常"则明,而另一方面,"知常"又最终通向道,那么"明"与"道"在意义上就相互联系,而此联系亦有待指明。最后,老子以"没身不殆"结束本章。"没身不殆"则应是能"致虚极,守静笃"的结果。如此,老子以一个肯定性的许诺结束本章。

通行本《老子》以"致虚极,守静笃"开始第十六章。《郭店楚简》的《老子》甲中此语为:"至虚,恒也;守中,笃也。"帛书甲乙本此语则皆为:"致虚极也,守静表/督也。"④各本在此二语各自的第一

---

③ 我们也许可以比较老子之"明"与《中庸》之"明"与"诚"。这一比较将有助于我们理解《老子》与《中庸》在思想上的联系与区别。

④ 《郭店楚墓竹简》(北京:文物出版社,1998年,第112页)的《老子》甲组中有《老子》通行本第十六章上段,其全文为:"至虚,恒也;守中,笃也。万物旁作,居以须复也。天道员员,各复其根。"《老子》帛书甲乙本相应段落则为"至虚极也,守静表/督也,万物旁作,吾以观其复也,天物云云,各复归于其根"。

个动词上是一致的。"致（至）"与"守"的意思是"使/达到"与"守住"。如果此二字可以如此理解，那么其可能的主语就应该是"人"，因为只有人才能"致"与"守"：达到或使自己达到一个地方或者一个东西；守在那个地方或守住那个东西。在老子的"致虚极，守静笃"中，人所需要达到的地方是"虚"，需要守住的东西是"静"。⑤但是，"虚"还能被说成是一个"地方"吗？能有"虚"这样一个"地方"吗？"静"还能被说成是一个"东西"吗？能有"静"这么一种"东西"吗？这些当然正是我们需要随后处理的问题。

现在，如果暂将竹简本的"中"字放在一边，那么我们此处可以确定的是"致虚"与"守静"这两个表述。随后的问题是如何理解各本中的"极"与"笃"。竹简本此处"极"为"恒"。通行本此处没有语尾词"也"，研究者一般也不在"虚极"二字之间和"静笃"二字之间分别加标点。但是帛书本和竹简本在"极"与"笃"后均有"也"字。竹简本此处并且有明确的标点："至虚，恒也；守中，笃也。"竹简本的"恒"字给我们提出的问题应该另文处理，因为此处涉及的有关阐释原则的问题极为复杂。我们尚无法而且原则上也不应仅仅根据竹简本而简单地否定其他《老子》文本，因为通行本《老子》作为一个文本已经有其特定的独立的生命。不过，竹简本与我们直接有关的一个问题是，竹简本有标点，而此标点方式可以移用于帛书本。而由于帛书本与通行本在文字上的不同仅在于语尾词"也"字，如此标点帛书本就又必然会影响我们对通行本的理解。于是，我们的问题就是，如果将通行本的"致虚极，守静笃"按照帛书本读为"致虚极也，守静笃也"，并将这

---

⑤ 若据郭店竹简，则人需要守住的是"中"，但是"中"与"虚"的概念联系在这里远非一目了然，而且此"中"在简文中也没有必要的上下文支持。相反，"静"则是通行本和帛书本中的核心概念之一，所以我们将暂不考虑竹简的"中"字对于第十六章的诠释构成的问题。关于此"中"的一个简短讨论，参见郭沂：《郭店楚简与先秦学术思想》，上海：上海教育出版社，2001年，第56页。

一表述按竹简本标点为"致虚，极也；守静，笃也"，那么我们对老子的这一表述是否就可有完全不同的解释？

"致虚，极也；守静，笃也"是古汉语中标准的判断句：达到虚就是极，守住静就是笃。"极"是尽头，极端，一个无可再向任何方向超越之点。"笃"则有厚、重、坚、实之义。⑥王弼《老子指略》有"未若抱素朴以全笃实"之句，其中"笃"与"实"连用，即是以"笃"为"实"义。⑦这样，"达到虚就是极，守住静就是笃"就意味着，达到虚就是尽头，守住静就是实在。这样解释的"致虚，极也；守静，笃也"意味着虚是人所能达到的极致，而静是人所能守住的实在或真实。而如果我们按照通行本的读法，"致虚极，守静笃"则可以解释为，达到虚之极，守住静之实。而这似乎正是王弼《老子道德经注》中对这两句话的解释："言致虚，物之极笃；守静，物之真正也。"据楼宇烈校订后的《老子道德经注》，王弼此处的原话应为："言至虚之极也，守静之真也。"⑧其实，"致虚为极"与"致虚之极"这两种不同的读法和解释也许可以并存并行。如果只有致虚亦即达到虚才是尽头或者终极，那么这一作为尽头或者终极的虚也应该蕴含着，此虚必须是极端的虚，是无可再虚之虚。这就是说，致虚为极同时即要求人必须达到终极之虚或者虚之终极。同样，如果守静是实，那么此静也应该蕴含着，人所守之静应是真实的静，是实在的静，是无可再静之静。这就是说，守静是实同时

---

⑥ "笃"字之义按《说文》为"马行顿迟"。据章炳麟（《汉语大词典》引），行走迟缓之马给人以沉重之感，此字遂亦可形容物之"重厚"。"重"这一意象常与"厚"相连，这可能就是"笃"字所具有的"厚"义之来源。"笃"字有"厚"义，而厚亦蕴含多深度、重量、坚实等义。这样，"静笃"这一表述其实同时包含着"静之重""静之厚""静之深""静之实"等义。当然，这样的表述显然不为常识所接受，但是"虚极"之说又何尝不是这样？虚何以可能有"极"？虚的题中应有之义就是"无—极"。因此，通行本的"虚极"与"静笃"对文，二者皆为比喻性的说法，二者皆借助形象以超越形象——形"而"上。

⑦ 楼宇烈：《王弼集校释》，第198页。

⑧ 楼宇烈：《王弼集校释》，第37—38页。

也要求人应该守住真实的静或者静之真实。因此，这里的关键问题仍然是如何解释"致虚"与"守静"这两个表述。这里我们首先是要分析虚与静的基本意义，其次是要解释人如何才能"致虚"与"守静"。

那么，究竟何谓虚？何谓静？我们能否勾勒出虚和静这两个概念的意义结构来呢？虚与静能有任何结构吗？而人又将何以真正地"致虚"和"守静"，并且达到它们的"极"与"笃"呢？

二、"虚"（之）"极"

"虚"始终蕴含某种空间观念。《老子》中"虚"字五见。第五章中云："天地之间，其犹橐籥；虚而不屈，动而俞〔愈〕出。"在这一表述中，天地之间被想象为一个巨大的风箱。风箱中空。中空为虚。这样的虚因而意味着某种有边际的"空—间"。在《老子》中，"虚"与"无"相通，但其含义则各有侧重。在第十一章中，车轮、器皿、宫室等物之中或之内的"无"（"当其无"）即其"虚"处。但是，第十一章之所以言"无"而不言"虚"，是因为"无"这里强调的是物本身之可在或应在而却未在某处，亦即，某一物或者某一有从其可能所在之处被移走。这一意义上的"无"是作为活动的"使之无"所产生的结果。而这样的"无"的行为或活动正可以产生出"虚"。因此，"无"可以通过"物之不在（某处）"之意暗示出某种"虚"。

如果"无"着眼于物本身之不在，那么"虚"则强调着一个没有任何东西的"空—间"本身。而这样的"虚—空"反过来也蕴含着"无"：虚为空无，空无为虚。"虚"同时也可以意味着"使之虚"，而使之虚就是产生出某种无。例如，《庄子·山木》中说："人能虚己以游世，其孰能害之？""虚己"就是使己虚，亦即不让自己为种种识与欲与念所充满。《礼记·祭义》有"虚中"之说，也是排除内心杂念之意。现代汉语中流行的"虚心"一词也有"使心虚"的意味,因为"虚"了的"心"才能容纳不同的意见。这样的动词意义上的"虚"作为活动所产生的结果正是"无":虚是物之无。因此,纯形式地说,"虚"与"无"的关系是:"无"通过无(亦即动词意义上的"使之无":不在,隐去,消失)来形成虚(空),"虚"通过虚(亦即动词意义上的"使之虚":出空,腾空,弄空)来产生无。虚中有无,无处成虚;无以成虚,虚以生无。⑨虚与无互相产生,互相蕴含。于是,二者之间这种密切的意义联系在倾向于创造双音词的汉语思维中就终于导致了"虚"与"无"的合二而一,即"虚无"一词之形成。⑩然而,"虚"与"无"联姻的后果其实不无暧昧:一方面,此种结合扩展了被结合者各自的意义范围,因而产生了新的意义;但是,另一方面,此种结合又模糊了被结合者各自的意义边界,从而使概念与思想在一定程度上失去了棱角。在《老子》中,"虚"与"无"并未混为一体,这是思想维持着自身的原始力量的一种表现,而我们正应该努力重新感受这一力量。

如果"虚"蕴含某种空间形象,那么第十六章中当"致"之"虚"应是何种"空—间"?此虚又如何可"致"?上引《老子》第五章将"天地之间"形容为一巨大的"虚"。就此虚能源源不断地产生出东西而言,此"虚"指的不会是具体的、经验性的天地之"间"。但是,第五章本身并没有提供有助于我们进一步理解此虚的线索。一般而言,

---

⑨ 虚不仅可以通过"使之虚"而"产生"无,而且已成之虚也可以"容纳"无。《庄子·人间世》中论"心斋"时有"气也者,虚而待物者也。唯道集虚。虚者,心斋也"之说。此虚即是人刻意产生之虚。这一被人产生出来的虚则可以"容纳"道,而道在某种意义上即无。

⑩ 例如,《庄子·刻意》:"夫恬淡寂漠,虚无无为:此天地之平而道德之质也。"《文子·十守》:"故静漠者神明之宅,虚无者道之所居。"《淮南子·俶真训》:"是故虚无者道之舍,平易者道之素。"《史记·太史公自序》:"道家无为,又曰无不为,……其术以虚无为本,以因循为用。"实际上,王弼注《老子》此章"天乃道,道乃久"句时已经开始连用"虚无"二字以解释老子:"与天合德,体道大通,则乃至于[穷]极虚无也。穷极虚无,得道之常,则乃至于不穷极也。"

"天地之间"似乎确实可以被想象为一个万物得以存身的虚空,而这一虚空又恰恰是通过万物之存身于其"间"而显示自身之为虚空的。但是,如果我们仅在这一通俗意义上理解"虚"的含义,那么就没有"致虚"的必要,因为我们已然与万物一起置身于此经验性的或者物质性的虚之中了。不仅如此,我们将更无从理解"虚极"的可能含义。何为此虚之极?何处可达此虚之极?看来,老子这里所谓的"虚"与其"极"也许需要通过其他可能的途径来接近。

如果在某种通俗意义上人已经与万物一起置身于虚之中,为什么老子仍然要求我们去达到虚之极?这可能意味着,老子也许并不认为人已经真正置身于虚之中,更不认为人已经真正达到了虚之尽头或虚之极致。这也意味着,老子之"虚"应有另一种涵义。如果"虚"与其"极"始终有待于人之"致",那么人就始终必须为此做出努力。而如果虚之极并不在经验意义上的天地之"际",我们就必须尝试发现另一途径。《老子》第三章中有"虚其心,实其腹"之语,这是老子为圣人提出的一种治民的方法。⑪此与本章的主旨无关,可以置之不论。我们这里只想借"虚其心"之说来考虑人在何种意义上可以实现"致虚极"。"虚其心"呼应上文提到的现代汉语中的"虚心"。相对于一般都被理解为偏正语式的"虚心",亦即"虚着的心",或"未被自以为是填满的心","虚其心"的使动意味显而易见。在中国传统中,"心"是产生与容纳思想、观念、欲望、情感者,因此"心"这一概念包含着某种容器意象。正因为如此,老子才可以说"虚其心",而"虚其心"就是要把心这一盛有种种思、念、欲、情的容器腾空。但是,为什么需要如此?为什么人之心应虚?

---

⑪ "不上贤,使民不争;不贵难得之货,使民不盗;不见可欲,使心不乱。圣人治,虚其心,实其腹,弱其志,强其骨,常使民无知无欲,使知者不敢为,则无不治。"朱谦之:《老子校释》,第34页。

"腹"作为"具—体"的容器可以容纳物质性的食物,"心"作为一种不"具—体"的容器则只能容纳非物质性的思想、观念、欲望、情感。因此,心只能"体—现"为其所容纳者。就此而言,心本身其实只是人的思想、观念、欲望、情感。思想、观念、欲望、情感则始终只是对于某种事物的思想、观念、欲望、情感。但是,我们对于事物的思想观念可能并非总是直接来自事物本身。我们的心中其实自始即已充满老子所谓"前识"或者庄子所谓"成心"。"成心"或者"前识"这样的表述意味着,人其实自始即已被生入种种已经形成的"心"或"识"之中。这就是说,人生而承袭了关于事物的各种既成的思想观念。而如果人之心已经为这些既成的思想观念所充满,它就没有余地再去容纳其他东西。所以,"虚其心"首先出于一种容的需要。"虚其心"并非目的本身。"虚其心"是为了容。心之所以能容,正是因为它从根本上能虚。"虚其心"不仅是要腾空这一"容器"已有的内容,而且也是为了要将其"容量"增至极限。"容器"和"容量"之"容"不久就会将我们引向老子的"知常容"之"容"。

如果我们能够使心虚,我们就在自身内部创造了某种虚或空。此虚或空可以被描述为清除了一切先入为主之见的"纯识"或者"纯心"。既然心所容纳的是思想与观念,而思想与观念必然是关于某种东西的思想或观念,亦即,心必然是感物之心,识必然是观物之识,或者,借用现象学的说法,"意识"必然是关于事物的"意识",所以,在清除了一切"前识"或"成心"的"纯识"或"纯心"中,事物就可以真正地被"直—观"。这样,我们就可以真正"看"见事物的本来面目,而事物也就可以不受任何偏见歪曲地和不受任何欲望影响地按照自身的本来面目真实地揭示自身。这样,我们的"虚其心"亦即"虚己心"的活动就会为事物创造一种可以让它们在其中作为事物而出现的虚或空,而事物就在这样的虚或空之中作为事物而存在。

就"心"首先乃某些"前识"或"成心"之集合而言（亦即，人始终已然首先是"文化"的产物），"虚其心"这一活动所产生与形成的乃是某种"无'心'之'虚'"。这一表述意味着，当"纯'虚'之'心'"形成之时，我们就不再有通常意义上的"心"了。这也就是说，此时我们就可以悬置或者超越关于事物的各种既成观念，因为我们的"（日）常（之）心"正是由这些观念构成的。没有了这一意义上的"心"，我们就不再会透过既成的"观—念"来"观—物"。当然，我们本质上仍然是"观—者"，但是我们现在无心而观，"观"而无（常）"念"。我们变成"无心"的纯粹的"观—者"。这样，事物反而能够以其本来的面目出现于纯粹的"目前"。⑫

然而，这样的"纯虚之心"或"无心之虚"又显然不能仅仅以"内在意识"或者"主观性"来规定。老子并非庸俗意义上的"唯'心'"论者。任何将主客对立或者心物两分的框架套到老子头上的企图均会阻碍通向重读老子的道路。事物在某种意义上只存在于我们这一"纯虚之心"或"无心之虚"之中。然而，就我们自己作为有身者亦即有限者和必死者而言，我们自己也存在于这一"无心之虚"之中。作为人，我们也只能在这一"无心之虚"中与天地万物一起作为"不能久"者而被揭示给我们自己。因此，从某种非常深刻的意义上说，此"无心之虚"不仅在我们之内，而且也在我们之外。这就是说，我们并不是也根本不可能是这一"无心之虚"的"主体"。相反，此"无心之虚"容

---

⑫ 这就是说，我们直接看到事物。而严格地说，这一"直接看到"又只能意味着，直接"接触"到万物之有，直接理解到万有之有。"观念"必然是关于事物的观念，哪怕该事物为纯粹虚构，而任何这样的关于事物的观念都必然蕴含着此事物之有，亦即，我们不可能想到或者看到任何事物而没有已经想到与看到其"有"。"有"因而是任何观念乃至任何"直观"所必然蕴含的一个"观念"。因此，这里我们并不是试图将观念对立于直观，而相信有所谓纯粹的直观或直觉。但是，这个"有"，或者说，事物的这个"本来面目"，又总是首先被忽视者。这就是为什么老子强调人应该致虚以观物。关于"有"的讨论，参考本书上篇以及下篇第一章中对《老子》第一章的重读。

纳一切,包括我们自身。

这样,通过"虚其心",通过努力清除一切"前识"与"成心",人就达到并进入某种虚境。这一虚境既非纯粹内在的、主观的,亦非纯粹外在的、客观的。此虚必然无所不在而又无处可在。[13]无处可在是因为,任何"处"之为"处"均已蕴含此虚作为条件。但此虚并非欲使人飘渺化仙,亦非要让物杳然归无。因此,其实没有什么比号称直接继承了老子思想的某些后世道教论说更能扭曲这一思想的了。但是,这一扭曲的可能性也以某种方式内在于老子思想之内,因此我们才必须在阅读之中极端谨慎。

关于此虚,如果我们想有所断言的话,也许就可以说,此虚乃是让事物作为事物而得以出现者。如果我们遵循传统表述方式而称事物为实,从而保持"虚"与"实"在意义上的对应,那么就可以说,虚乃是使实之可以为实者。没有这一根本性的虚,就不可能真正地"有"物。因此,《庄子·天下》对于老子思想的出色概括仍然令人惊羡:"以空虚不毁万物为实。"这就是说,使实之为实的虚在某种意义上乃是比通常理解的实更为实在的实。

人所能达致的此虚既非某种纯物理空间,亦非某种纯心理空间。因为,"物"与"心"的对立已经蕴含了能使二者作为对立者而出现于其中之虚。只有在此虚之中,我们才有可能想象某种物理的或者心理的空间。这也就是为什么我们前面已经提到,"虚其心"这一活动产生的理想结果乃是某种"无心"。因此,这一在某种意义上可以经由"虚其

---

[13] 正是在这个意义上,《老子》第四十三章之"天下之至柔,驰骋天下之至坚。无有入于无间"能够得到真切的解释。但是,"虚""无""道"三者之关系必须析而明之。由于未能理解老子所谓"至柔"或者"无有"的含义,很多论者都试图将它们解释为水或气这类"柔软物质"。例如,王道《老子亿》注释此文曰:"天地之气,本无形也,而能贯乎金石;日月之光,本无质也,而能透乎部屋。无有入于无间者,此类是也。"(朱谦之《老子校释》引,第178页)陈澧《老子注》注释此文曰:"无有,谓道也。"较为接近(出处同上)。但是他随后对道的解释:"道无形质,故能出入无间",则需要分析。

心"的活动而达到的先于物理性或者心理性的虚乃是纯粹的虚，而这一纯粹的虚才是虚之极境。但是纯粹的虚同时也是让纯粹的实得以出现者。就虚通常蕴含某种空间意味，而空间又蕴含某种界限意味而言，纯粹的虚必须被理解为无限的虚，亦即没有任何界限的虚。当然，这样的纯虚是无法想象的。相反，任何想象，作为有"象"之"想"，其本身都必然蕴含此虚。这一意义上的虚即纯虚的意义与我们所分析的无重合。只有经过如此"换算"，我们才可能严谨地有意义地将"虚"与"无"二词连言。

虽然此虚乃由人之"虚其心"的活动而"致"即被达到，但此虚却并非出于人的"设计"或"筹划"。这就是说，此虚不可能是人的"发明"。人不可能"有意"地构成此虚，却只能努力地达致此虚。而正是在这一意义上，老子的语言表现出真正的思想上的严格性。这里，上述论述所要求的谨慎让我们必须补充说：此虚虽非人的设计或发明，但此虚却只有在人真正达到和进入它之时才能显示自身。这就是说，此虚需要人并且只有通过人才能成为其所是之虚。而只有在此虚之中，实才真正成为可能；只有在这一纯粹的"虚/无"之中，"实/有"才可能作为实/有而出现，并且作为实/有而被包"容"于其中。

所以，人应该"致虚"。致虚：真正地达到虚，达到真正的虚，达到虚之极。致虚：让虚通过人而出现，让人成为虚，成为实——作为万物之实——得以存身的那一根本性的虚。这就是老子在该章中向人提出的第一要求。

三、"静"（之）"笃"

如果虚蕴含着某种空间意象，那么静所蕴含的就是某种时间意象。在汉语思想中，静为动之对。动的完全停止就是静。无声亦为一种静，因为声也是一种动。"常识"觉得自己完全熟悉静。然而，一旦深究，"常识"就会发现这一熟悉的静其实难以描述，无法指"实"。然而，静却经常能在动中显示自身。中国思想对于相互对立者的此种"相得益彰"几乎习以为常。"蝉噪林愈静"等诗句所表现的就正是这一"以动出静"或者"动中显静"的感觉。在日常意义上，绝对的静也许可以通过时间的彻底停止甚至死亡来想象，因为死亡正是一种最彻底的停止。是以文学语言中有"死寂"一词，即"死一般（的）安静"。这就好像是，当动完全停止或者彻底消失时，就只有绝对的静会剩下来。就此而言，静似乎只是动之余或者动之遗。

然而，静其实可能也是使动之为动者。这里，我们也许可以首先试思下述问题：如何才能有所谓动。抽象地和形式地说，动的概念逻辑地蕴含着静的概念，反之亦然。无静即无所谓动，无动亦无所谓静。二者均相对于并区别于对方才有意义。但是，这一纯形式的抽象对立和相互蕴含在此对于我们的分析和理解无济于事。我们必须努力深入这一问题的实质。首先，如果说动与静相互蕴含，那么它们究竟是在什么意义上才相互蕴含对方？让我们试在我们的日常语言里为自己找一个出发点。在汉语中，我们可能会说"打破宁静"或"划破寂静"。这样的表达似乎意味着，如果欲使动成为可能，某种基本的静——作为一个"被'动'"的标准的静——似乎就必须已经"在位"，以作为动所可以"打破"或"划破"者。而动之为动就在于它是静之打破。就此而言，没有静之破即无所谓动之出。

然而，这一可被打破的因而可以用来衡量"动（之）态"或者"动（之）量"的静又是什么呢？静可被想象为一物与自身的绝对的同一，即一物与自身的完全的重合。动则可被想象为此种绝对同一或完全重合的打破。这一打破是在一物与自身拉开距离之时完成的。在这一打破中，一物离开过去的某一点而来到现在的某一点之上，于是一个距离就在一物的自身与自身之间出现了。更准确地说，这一距离是在一物的过去时刻的自身与现在时刻的自身之间出现的。"离"与"距"涉及日常意义上的空间：从这一点到那一点。"离"与"距"也涉及日常意义上的时间：从这一刻到下一刻。因此，正是这一自身与自身拉开距离之动同时产生了时与空。而且，此动既是空间之化为时间，亦是时间之化为空间。因为，如果没有这一"拉开距离"的可能，绝对的同（或）一就不可能被打破，因而也就不可能有这一点与那一点或者上一刻与下一刻之间的差异。而如果没有这一差异，那也根本就不可能有所谓"这一点"与"那一点"或者"这一刻"与"那一刻"。这也就是说，如果没有这一差异，那也就根本无所谓空间与时间。拉开距离之动既使一物与自身分离，也使一物与他物分离，从而在事物中产生普遍的"间"。而有"间"才能有彼与此之分，亦即有互相分离因而也互相联系的万物或万有。时间与空间都蕴含着"间"。更准确地说，是"间"才使时间和空间成为可能。因此，这里的关键也许全部都在现代汉语的"时间"与"空间"之中的这两个似乎只是为了完成双音化而加的"间"字上面：此"间"正是真正使时之为时而空之为空者。⑭有此"间"才可能有"空"与"时"。此"间"亦为连接时空者，沟通时空者，让时

---

⑭《辞源》没有"空间"这一词条，而其"时间"之义为"一时""目前"，与现代汉语的"时间"有别。我们现在所熟悉的"时间"与"空间"均借自日语。此二词在现代日语中又是英语概念"time"与"space"的翻译。据诸桥辙次《大汉和辞典》，"时间"是日语借自古汉语的旧词。所以，以"时间"译"time"首先是汉语旧词的日语新用，然后又被现代汉语借回。但是，这一借去借来的过程无碍于我们此处的分析。值得专题研究的仍然是，为什么在现代汉语中，"间"字（通过日语）能被允许加到"时"字与"空"字之上而构成现代的（西方的?）时空概念。让我们提请自己注意，在古代汉语中，"间"同时蕴含着空间与时间。以《辞源》所引语句为例，《论语·先进》之"千乘之国，摄乎大国之间"涉及的是空间之"间"；《国语·晋语》"人有言曰：'唯食可以忘忧。'吾子一食之间而三叹"涉及的则是时间之"间"。这一提示也许有助于读者审察我们这里试图表达的思想："间"在某种极其重要的意义上先于"空"与"时"的区分，而这一"先于"其实已经蕴含在"间"字之内。从某种意义上说，我们的重读的全部目标只是去重新"体验"汉语中某些原始基本词汇与表达的真正的思想力量，从而让它们有可能重新刺激汉语思想。

与空互相转化者。

　　只有真正能与自身拉开距离者才能在自身之内有"间"：产生"间"，居于"间"，维持"间"，乃至欲消除"间"。因为，正是"间"——间隙——必然会让人产生那本质上永远无法满足的"无间"的欲望，因而"无间"的欲望或对"无间"的追求乃是"间"本身所产生的某种"死亡冲动"。只有人才能真正与自身拉开距离。因此，人是"间"——常识或者经验意义上的时"间"和空"间"——的可能性。人在某种意义上就是"间"本身：人就是时间空间之"间"。而只有通过这一根本性的间，只有在这一根本性的间"之'间'"，物才可能"运"与"动"，而这一意义上的"运动"就是通过经验上可以衡量的一段时空距离。因此，物只能在"人（之）间"动；物只能通过人这一根本性的间而动。⑮

　　物只能通过人而动，而这就意味着，只有人才是真正的"能动者"，只有人才真正"能动"，从根本上"能动"。而人之能动则正是因为，人能够与自己拉开距离。而恰恰也正是因为只有人才真正能动，所以也只有人才真正能静。因为只有真正能够与自身拉开距离者才能真正与自己同一，才能"守"住或者保持这个同一。而这也就是说，"守"住或者保持那一根本性的静，那一能让一切动作为动而出现的静。而真正能使动作为动而出现的静，那真正能被动打破的静，其本身必然是"能动之静"与"生动之静"。这就是说，此静本身已然与自身有"间"，亦即已然包含差异，或者已经就是差异。正是这一根本性的静才不仅是使动成为可能者，而且也是使日常意义上的相对的特定的静成为可能者。

---

　　⑮ 这一表述极易引起误解。"常识"会说，物之动静并不依赖于任何人。但是，如果根本没有人，又何来物之动静？此处，我们也许可借《老子》本章中的"观"来进一步解释我们的思想。"观"的必要表明，物本身及其动静其实是不能成立的问题，亦即，是不可"道"的。如果没有观的可能性，又何所谓物及其动静？而"观"物即意味着，让物在观者"之内"（运）动与静（止），让物在观者"之内"与自身拉开距离。

因为，如欲能"感受"日常意义上的静，此静就必须能被"显示"出来。而只有能动之静才能将静作为静而显示出来。能动之静则归根结底只能是人本身。人本身就是这一非同寻常的根本性的能动之静。因此，"守静"归根结底就是守住人本身。而此静之需要守又意味着，人总是有可能失去此静，而这也就是说，失去自己。

因此，老子的静，那个需要人来守住并且只能由人来守住的静，那个最根本的意义上的静，并非任何特定事物的状态或某种抽象的性质。此静与人密不可分，亦即，与人的本性密不可分。但是，如果我们说，这一根本意义上的静不可能离开人而单独存在，或者甚至说，此静归根结底只能是人本身，这却并非意味着，任何动最终均可归结为"心动"，就像某一禅宗公案所建议的那样。相反，这里所欲表明的是，虽然从表面上看，老子关于守静的思想似乎可以被解释为只是要求人保持某种相对于动而言的身心安宁或清静，但"守静"的根本意义却在于，只有在人所应守住而且所能守住的这一根本性的静之中，动才能真正出现。⑯

---

⑯ 《老子》中很多表达都会让人以为，老子所言之"静"只是普通经验意义上的静。例如，"不欲以静，天下将自正"（第三十七章）；"我好静，人自正"（第五十七章）；"清静以为天下正"（第四十五章）；等等。这些"具体"的静当然需要在其各自的文脉中具体分析，而不能混为一谈。但是，《老子》也在更抽象或者更"形而上"的意义上谈到静。例如："静为躁君"（第二十六章）；"孰能浊以静之，徐清？安以动之，徐生？"（第十五章）；"牝常以静胜牡，以静为下"（第六十一章）。人为什么应该能静？为什么在老子这里"静"可以成为如此重要的"统治"天下原则？正是这些问题要求我们思考"静"的更根本的含义。这一更根本的含义在某种不能令人满意的意义上也许可以暂时被称为静的"本体论"涵义。"不能令人满意"与"暂时"这些谨慎的保留意表明，从根本上说，"本体"这样的说法可能是通向（理解）老子之"道"的路上最危险的陷阱。我们知道，现代汉语中的"本体"与"本体论"均为西方哲学概念的翻译，但是"本体"之"体"又必然会使这些概念与中国传统的"体""用"概念发生纠葛。因此，"体"这一古典概念与"本体"这一现代概念以及二者之关系仍然有待于哲学的澄清。冯友兰认为王弼首开以"体"释道之例。此说不确。但将道理解为"实体"或"本体"的《老子》现代诠释者确实是在某种程度上受了"体"这一概念的影响。我们的《老子》重读则试图表明，老子的道恰恰与任何"（本）体"无缘。不仅如此，而且道还是使任何体之为体者。参见本书上篇第五章第二节中的有关讨论。

这里必须强调这一"之中",因为在这一应守之静中不仅有物之动,而且也有我们自身之动。亦即,我们的一切动作,包括我们自身那作为某种动作的日常安静状态,也都只有通过这一根本性的静才能成其为静,才能向我们自己显示,让我们自己感到。就此而言,我们自身其实也在此静之中。

分析至此,有些读者可能会代替我们做出以下结论:无论如何,此静还是人之静。但是人之静又究竟可以意味着什么?是身之静还是心之静?抑或二者同时之静?但是身之静毕竟只是一种特定的状态,因而本质上与他物之静无异。所以,即使身之静可以静如"槁木",此静也需要一个体验者方可被描述或比喻为"槁木"之静。而如果说人之静应该意味着心之静,那么心之静又该如何理解?心如"死灰",一念不生?但是这样的"死"静又与"生"动何干?这样的静仅仅取消动。而且,在如此取消动的同时,这样的静也同时取消自己。如果这样的死静真的可能,惠施的"飞鸟之影未尝动也"就无可反驳。因为,这样的静不可能与自己拉开距离;而当其不可能与自己拉开距离时,也就根本不可能有任何真正的动在其中出现。因此,老子要求我们所"守"之"静"并非这一意义上的静,虽然此静几乎历来都被如此误解。当然,这一误解情有可原,因为日常意义上的某种身心之静可以是人接近并且保持那一真正的根本性的静的可能途径之一。而这一真正的静只能是人"本身",亦即那个能与自身拉开距离因而也才能守住自身的自我同一者。此静就是那在自身之内已然有间者。正因为此静在自身之内已然有间,或者已然与自身有间,而正因为此间本质上可以入于"无间",所以才可能有动,所以飞鸟之影才有可能(移)动。因此,这一根本性的间才是静之"笃":静之实,静的最深处。这里必须力避的误解是,将我们所说的"人就是这一根本性的'间'"等同于"此间乃人之所为",或者"是人造成此间"。这一等同会立即将人置于造物主或神或上帝的地位之上。人不可能是这一根本性的间的创造者,但是此间却是使人之为人者。自身与自身有间,或自己与自己有距离,正是人的本性。就此间并非人为亦不可人为而言,此静并非"主观",并非某种"心境"或者"心态",因为任何心境或者心态本身作为特定的境与态都已经是某种(运)动的结果。因此,此静先于任何特定的心态或者心境,所以此静可守而不可创,所以老子才说"守静"。此"守"是老子的思想之严格性的又一表现。

四、"物"之"命"

现在我们也许已经可以解释,为什么老子认为,人应该尽力达到虚之极,守住静之笃,从而能够真正去"观"运作中的万物。"万物并作"之"作"字有"兴起"之义,有"动作"之义。万物在虚中出现和到来,是为"兴起"意义上的"作";万物在静中运动,是为"动作"意义上的"作"。如果万物"作",亦即出现和到来,那么它们也"复",亦即离去和消失。"万物并作,吾以观其复"之"复"字即点出了这一离去与消失。后者也是题中应有之义。"作"蕴含"复":有来必定有往,有始必然有终。这意味着,物本质上不会常存久驻。物之"作"是升起,出现,到来;物之"复"是下降,消失,返回。以此"作"与此"复",老子将物本身之有或者存在描述为一个过程。

如果物"复",它们回到哪里?老子说:"夫物芸芸,各归其根。""根"意味着什么?根是支撑植物之生存者。植物在根上生长,但根本身却在土壤中藏而不露。在比喻的意义上说物"归根"意味着物有其"根",而说物有"根"就是说物有所"来"有所"源",有所"依"有所"凭"。那么,物的来源与依凭又是什么?老子有时说是"无":"天下万物生于有,有生于无"(第四十章),有时说是"道":"(道)

可以为天下母"(第二十五章);"道生一,一生二,二生三,三生万物"(第四十二章)。⑰因此,无或道才是物之(总)根。物从无或道中升起("作"),也最终回到("复")无或道之中。

"归根曰静":如果物之"作"乃是其从无到有,那么物之"复"就是其从有到无。"归根"就是物返回到无或道之中,复归于无或道。称物之"归根"为"静"意味着,物回到无或道之中,在其中完全"静"下来。此静是相对于普通意义上的动之静。这一意义上的静蕴含着:不再活动,停止生长,结束生命,从有或存在中消失。因此,物在"归根"这一意义上的静蕴含着物之"(生)命"的结束。而"吾"之能"观"看物之此终结性的"静"则是因为,我作为人本身就是那一根本性的能够让万物在其中动/作之静。只有真正守住这一根本性的静,我才能够"观"看到物之由动入静。

"静曰复命":物之静意味着物之"复命"。"复命"这一表述可有不同解释。陈荣捷的英译是"returning to its destiny"。⑱这是将"复命"之"命"理解为"命运"之"命"。这样翻译"复命"就意味着,物似乎先是背离了自己的"命(运)",然后再返回到这一"命(运)"的规定上来。在《老子》的另一英译本中,此句被译为"return to the destiny of being"。"The destiny of Being"是海德格尔后期著作的英语翻译中所用的一个表达。这一英语表述即使在海德格尔的哲学语境中也很难理解,用于翻译老子的"复命"会让人更加不

---

⑰ 在老子这里,作为"生"有者,亦即作为使有为有者,无并非单纯意味着物之不在或者没有。也正是作为使有为有者,无在某种意义上就是道的名字之一。当然,我们必须在更严格的意义上确定无在什么意义上可以意味着道,道又在什么意义上可以意味着无。这需要专题分析。参见下篇第一章"道可道……"中有关"无"的讨论。

⑱ Wing-tsit Chan(陈荣捷):*A Source Book in Chinese Philosophy*(《中国哲学资料》),第147页。

知所云。⑲中国学者的汉语解释则基本不出河上公的说法："言安静者，是为复还性命，使不死也。"《辞源》似乎即据此而释词条"复命"的第二义为"还复本性"。⑳这些解释之无法令人满意，首先可能是因为解释者没有理解"复命"之"命"。我们必须分析"命"的基本涵义，才有可能理解"复命"的可能意义。

《老子》中"命"字三见。除第十六章中之两"命"字外，仅第五十一章出现一"命"字。㉑考虑一下"命"在此章之中的用法也许能给我们提供一点线索。第五十一章的主旨是解释为何万物皆"尊道而贵德"："道生之，德蓄之，物形之，势成之。是以万物莫不尊道而贵德。

---

⑲ Chang Chung-yuan（张钟元）: *Tao: A New Way of Thinking*（《道：一种新的思想方式》），第47页。我们在海德格尔的 *On Time and Being*（《时间与存在》）中可以发现这样的表述："The history of Being means destiny of Being in whose sending both the sendings and the It which sends forth hold back with their self-manifestation. To hold back is, in Greek, *epoche*. Hence we speak of the epochs of destiny of Being."（第9页）《海德格尔选集》（上，第670页）及《面向思的事情》（第10页）中将这里被译为"destiny of Being"者（德语原文为"Geschick von Sein"）译为"存在的天命"。

⑳ 王卡点校：《老子道德经河上公章句》，北京：中华书局，1993年，第63页。亦参看陈鼓应：《老子今注今译》，北京：中华书局，1984年，第126—127页。

㉑ 郭店《老子》甲本中，在相当于通行本第三十二章的段落中有一"命"字："道恒无名。朴虽微，天地弗敢臣。侯王如能守之，万物将自宾。天地相合也，以逾甘露。民莫之命而自均安。"（《郭店楚墓竹简》，北京：文物出版社，1998年，第112页。文字依校释者之校订）刘钊认为"微"（原文中写为"妻"）当为"细"，"逾"应读为"降"，"安"为"焉"。（见刘钊：《郭店楚简校释》，福州：福建人民出版社，2003年，第16页。案：刘读"逾"为"降"，是依通行本而改。帛书《老子》甲、乙本中"逾"为"俞"，高明认为此"俞"字当借为"雨"。"雨"有"降雨"之意。窃以高说为妥。）Robert Henricks 在其郭店《老子》的英译中将此段原文引为："道恒无名/朴虽细天地弗敢臣/侯王如能守之/万物将自宾/天地相会也以逾甘露/民莫之命而自均安"。误"合"为"会"。（见 Robert Henricks, *Lao Tzu's Tao Te Ching: A Translation of the Startling New Documents Found at Guodian*, New York: Columbia University Press, 2000, p. 54.）朱谦之《老子校释》中"民莫之命而自均安"为"人莫之令而自均"。朱谦之注云："'人莫之令而自均'，盖古原始共产社会之反映，语意与五十一章'夫莫之命而常自然'相同。作'令'、作'合'、作'命'谊均可通，惟此作'令'是故书。"（第130—131页）帛书《老子》甲、乙本此处为"民莫之令而自均焉"（高明：《帛书老子校注》，第399页）。

道之尊,德之贵,夫莫之命而常自然。"② "夫莫之命而常自然"之"命"应该就其本义而被理解为"命令"。并没有任何命令者命令道与德如此生物蓄物形物成物,而道与德却能"自然"如此,而这就正是道与德之所以尊贵的原因。物为道所生所成意味着道对万物有某种支配力量或者决定作用。而任何意义上的"支配"与"决定"均蕴含着某种"命令"。就此而言,道不仅不从属于任何命令,不仅不受任何命令支配,而且是使一切命令成为可能者,而物则是受命者。物从道那里接受自己的"命令",因此道"自然",物作为受命者则并非"自然",亦即并非仅仅由于自身而成为如此这般者。㉓我们必须强调这一点。因为后来的道家思想至少在这一点上与老子绝非一致。此尤以郭象为代表。物非本来即自然,因为物有待于道。物有待于道"令"其或"命"其"自然"。因此,物"受命"于道而"有命":物从道所接受的"命

---

② 在有些版本中,"命"作"爵"。帛书乙本亦为"爵"。朱谦之说,"作'爵'谊亦可通"(第204页),但是没有解释为什么。我的理解是,"爵"在这里意味着以名位封赠。因此,"爵"在这里亦蕴含"命令"之义。"莫之爵"因而意味着,没有什么能从道之上给道以名或位。而又这意味着,没有什么命令可以支配道。帛书本《老子》甲(乙本基本相同)此处为:"道生之而德畜之,物形之而器成之。是以万物尊道而贵德。"(高明:《帛书老子校注》,第443页)。其与通行本的不同之处主要是,通行本的"势成之"在帛书中为"器成之"。二者似皆可通。高明引王弼《老子》二十九章"天下神器"注:"器,合成也。无形以合,故谓之神器也",及《周易·系辞上》中"形乃谓之器"之韩康伯注:"成形曰器",认为还是应该从帛书本读为"器成之"。可以接受。《老子》第五十一章此段表述容有不同解释。其中"道生之"的意义似乎容易确定,即"道生万物"之谓。"德畜之"若照"道生之"的语法,就应该理解为:德畜养万物。但"物形之"和"器成之"的句法似不能被认为与前两句一致,虽然它们表面结构似乎相同。我对后两句的读法是:形之为物,成之为器。所以,这段表述的基本意思是,道生万物,并畜养万物以德,形成万物为物,成就万物为器。这也就是说,万物是"通过"道而成为万物的。所以,器物在"成为"器物以前还不是器物。此处的"物"与"器"之别似蕴含自然物与人造物之别。当然,说器在成为器之前还不是器,这似乎容易理解和接受,但是说物在成为物之前还不是物,就比较难以接受,因为我们倾向于认为物——非人造之自然物——从来就已经是物了。参见本书上篇第二章中有关分析。

㉓ 《老子》第六十四章说圣人应该"欲不欲""学不学""以辅万物之自然而不敢为"。此"自然"之义与我们文中所论道之"自然"并不冲突。"辅万物之自然"正是让万物完成自己,这就是说,完成其自道所受之命。参见本篇第三章。

（令）"就构成物自身之"命（运）"。就人亦有某种意义上的"物性"而言，人亦有命。然而，如果说，人作为人即能主动完成自己之"命（令）"，那么，物作为物则只能被动"服从"自身之"命（运）"。这一命令/命运的终点即是"归根"，即结束其所受之"命"。结束其所受之"命"这一意义上的"归根"意味着"终结"这一意义上的静——不再有任何"生（之）动"的静。此静就是物之"复命"，亦即，物之以此静向其"不令而命"的"命令者"——道——报告其已经完成自己所受之命。

但是，我们必须注意的是，道虽对万物"长之育之，成之熟之，养之覆之"，但却"生而不有，为而不恃，长而不宰"。这意味着，道并不寻求支配、统治、主宰。所以，如果物可以被描述为从道那里接受"命令"，那么物从"不有""不恃""不宰"的道那里接受的命令其实只能是：成为自己，完成自己。就此而言，道之长物育物成物熟物即是让物作为自身而存在，亦即，让物是其所是。正在这一意义上，我们可以说，道让万物"自然"，因而万物"自然"。这其实就正是老子的"道法自然"之意。物之完成自身的过程就是其由"作"而"复"并终之于"归根"的"自然"过程。物完成自身之时即是其"完（成）命（令）"之时。而完命则可"复命"，亦即向命令者做出交待。完成命令后向命令者报告——这正是"复命"之本义。[24]而这一"复命"所宣告的又恰恰就是物自身的命令/命运的完成/结束。因此，"复命"绝非"还复本性"，因为这样说就意味着，物在尚未"归根"之时乃是背离本性。相反，如果"复命"与物的"本性"有关，那么"复命"所说的就

---

[24] 《论语·乡党》记孔子"宾退，必复命曰：'宾不顾矣'"。这是字面意义上的"复命"，"静曰复命"之"复命"则是比喻意义上的"复命"，因为物当然不能像人那样亲自报告自己已经完成命令。《庄子·则阳》中有"圣人达绸缪。周尽一体矣，而不知其然，性也。复命摇作而以天为师，人则从而命之也。"（王先谦：《庄子集解》，第226页）可以参考。

恰恰正是物之"成"。"成"意味着完成自己。完成则意味着成熟、终结、消失。而这正是物从道所受之命,亦即,正是物与"生"俱来之"性"。㉕

因此,老子的"静曰复命"意味着,物在完成自身之后向道做出交代,报告其所接受的命令已经完成。㉖有些解释之所以置"复命"之本义不顾而冥搜远求,恰恰因为不能理解"命"本身所具有的深刻涵义。其实,围绕着"命"字所形成的一组汉语词汇,如"天命""使命""命令""命运""性命""生命",其意义核心均为"命"字所蕴含的某种支配与被支配的关系。㉗但是,如果道与物的关系也可以"命"来形容,那么道对物的"命令"在某种意义上又必须被视为恰恰是对于支配关系的否定。因为,虽然道在某种意义上"命令"物,从而让物有"命",但是这一命令却是命令物完成自己,成为自己。因此,这样的命令包含着命令者对自身的权力的根本放弃。这样的命令以不支配为目的。正因为道不令而命,所以物才受命有命而不知命。正因为道的"命令"在最终意义上只是"让"万物自行其"是",亦即,让万物"自然",所以道不是绝对权力,不是支配者,不是主宰,不是"帝"。然而,正因为道不占有,不主宰,道又是任何权力势力都不可能与之竞争者。权力势力均只能属于"具—体"者,道则本质上就不属于这一领域。道无体,道非体,因而道亦无权也无力。但是,如此说来,道的"本质"或真相又究竟是什么呢?这里,我们也许可以先很快地回想一下老子所说的圣人,因为老子的圣人似乎也有类似于道的特征:"夫唯

㉕ 这里我们试图点出"生"与"性"在词源上的密切联系。
㉖ 我们发现,理雅各(James Legge)一百多年前对"静曰复命"的英译却较很多近译更为准确:"[A]nd that stillness may be called a reporting that they have fulfilled their appointed end." James Legge, *Lao Tze: Tao Te Ching*, Oxford: Oxford University Press, 1891, p.13.
㉗ 参见拙著《"天命:之谓性!"——片读〈中庸〉》(北京:北京大学出版社,2009年)中对于"命"之意义的详尽分析。关于中国古代的命运观,可以参见陈宁:《中国古代命运观的现代诠释》,沈阳:辽宁教育出版社,1999年。

不争，故天下莫能与之争。"㉘这样，我们可能就离老子的道的真相不远了，因为老子的道最终通向人，而老子的人则最终通向道。

五、"常"之"常"

道不令而命，物受命而成——完成自己，成为自己。物之完成自己这一完成本身就是"复命"。"复命曰常"：这是老子为"常"这一概念做出的少数正式规定之一。㉙

为什么物之复命就意味着常？首先，何谓"常"？就字义而言，"常"与"变"相对：变即不常，常则不变。不变蕴含持续，持续则蕴含时间。在此意义上，常之所以为常就意味着，在时间中持续不变，保持同一。正因为常这一概念蕴含时间本身，所以常既可用以形容永恒的状态，亦能描述同一状态的不断重复。此二者在汉语中均可称为"常"：前者为持续不变之常，后者是反复发生之常。而由于其"恒"与"久"所产生的"司空见惯"，人亦可以对这些常者"习以为常"。于是，常因为其常久不变，遂亦成为平常之常。此常又因为其平常与经常而可以成为标准或规律：天常，纲常，伦常，等等。然而，由于常以其常防止和阻碍变与新，所以人又时而抑平常而扬非常："常人安于故俗"，所以世上"必有非常之人，然后有非常之事"㉚。

《老子》书中即常在上述这些标准意义上使用"常"字，如"常德""（非）常名""（非）常道"等等。但是，"复命曰常"之"常"却并

㉘ 《老子》第二十二章。亦见于《老子》第六十六章："以其不争，故天下莫〔能〕与之争。"这些都是老子描写圣人的话，而老子的圣人从某种意义上说其实只是道的"体现"而已。见本章最后一节中有关道与人之关系的讨论。

㉙ 在第五十五章中，老子说："知和曰常。"这一"常"虽与此处之"常"相关，但却应该另文分析。

㉚ 说见《史记》卷一一七"司马相如列传"。

非与这些"常"处于同一议论层次。物之"复命"意味着物的完成，结束，终结。这就是说，在某种似乎显而易见的意义上，物之复命意味着物本身之不常，"无常"。虽然"万物并作"，但是万物却终将"归根"于"无"，而这当然也包括"天地"和"人"本身："天地上［尚］不能久，而况于人［乎］？"㉛

虽然"复命"首先意味着物本身之不常无常，但是如果物必然要"复命"，那么"复命"本身之"必然"即"一定如此"却可以成为常。而这好像正是老子所肯定的唯一的"常"。这似乎意味着，对于老子来说，唯一可能的常只能是物之必然的不常。换言之，只有不常才是唯一的"常"。因此，"常即非常"。㉜

"常即非常"这一思想所肯定的似乎首先是：没有任何事物能够长存久驻。然而，这一表述所不可避免的简单化与"自相矛盾"立即使其显得荒谬。如果没有任何事物可以永恒，那么做出这一论断的论断本身也不例外。因此，这一论断无法成立。但是，如果我们仍想理解老子的这一思想，就必须试图超出这一形式逻辑的层次。我们必须问，老子的这个悖论式的"常"如何才能有意义？

常必然蕴含时间这一概念。这在汉语中十分明显。这就是说，只要我们试图想象常，某种时间概念就已经包含在我们的想象之中了。事实上，正是时间才使常这一概念成为可能。上文分析"常"的字义时对此已经有所讨论。试再申而说之。通俗地说，常就是能在时间中保持不变。但所谓"保持不变"意味着什么？保持不变意味着一物与自身保持

㉛ 《老子》第二十三章。各本文字在此小有差异，无伤理解。此处值得转引朱谦之所引《左传》昭公二十八年《正义》所引《老子》："天地尚不能常，况人乎？"及《牟子理惑论》所引《老子》："天地尚不得长久，而况人乎？"这里可以注意的是，"久""常""长久"在这些句子中似有相互发明之效。见朱谦之：《老子校释》，第95页。帛书本《老子》此处为："天地而弗能久，又况于人乎？"

㉜ 这是朱谦之的说法。见《老子校释》，第4页。

同一，而同一蕴含比较。只有能将一物在时间中的各个状态加以比较，并且确认其各个状态完全相同，才有所谓保持不变。比较则蕴含差异。如果没有差异，亦即，如果没有下述可能性，即在一物自身之内进行分隔，使其自身与自身之间出现距离，从而使其自身与自身有别，我们就不可能将此物与其自身加以比较。㉝事物之内的这个重要的差异，亦即我们上文所谈论的"间"，是时间放进去的。这一表述如果反过来说会更为"通俗"：正因为事物"进入"时间，或被"放入"时间，所以它们自身之内才有"间"。时间之"间"将一个东西"分而不裂"地切割成"过去""现在"和"将来"。这样，一个事物才能被比较于其自身。而能在过去的、现在的和将来的自身之间均保持同一者即为常。就此而言，任何常都需要时间以成为可能。所以，与时间相比，任何常都必然是有限的。如果常可以译为"永恒"，那么结论就只能是，"永恒"其实从来非永不恒。说常只能是有限的是因为，任何常作为常都只能是从无限的时间中截取下来的"片断"。因为常必然需要时间方才可能，所以常永远也不可能与时间本身共久同常。如此，能够"常于/长于"任何有限之常的似乎只有时间。然而，作为使任何常之为常者，时间本身必然不再能以"常"来描述或者规定。实际上，任何一种将时间想象为永恒的均匀流逝的思想都必然已经蕴含着那可以衡量这一流逝的另一时间作为其可能性的条件。正是通过这一也许不再可以被称为"时间"的时间，日常意义上关于时间的想象才成为可能。这一也许已经不可能再在通常意义上被称为"时间"的时间其实只是一无所不在之"间"，亦即只是差异。而差异则是完全"无常"者。然而，此无常者正是那使

㉝ 此处，电影拍摄原理也许在某种程度上有助于我们"想象"这里试图表达的思想。我们之所以能在银幕上看到同一物体的静止或者运动，是因为摄影机已经在"同一"物体之中插入间隔。没有摄影机的这一"分割"同一物体的可能性，就不可能有银幕上物体的任何静止或者运动。

任何常之可以为常者。所以，一方面，常即非常，亦即任何可以想象的常均在时间之内失其常性而成为非常；另一方面，所有这些非常之常却又都蕴含着已经不可能继续再被称为常的某种常，亦即通常所谓"时间"所真正蕴含者。正是这一从来不常之常将一切可能的亦即有限的常作为非常者或有始有终者连在一起。

所以，"常即非常"绝非只是纯形式的诡辩。"常即非常"也并不意味着，在一切非常者之上，尚有一真正的永恒之常。如果任何永恒之常仍然皆需时间而使之成为可能，那么就根本不可能有任何永恒之常。但是，这却并非意味着，老子关于常的思想仅仅否认任何常的可能性。相反，这一思想接触的正是使任何有限的常真正成为可能者，亦即一切常的可能性本身。也正因为这一思想已经深入这一可能性，所以才可能有"常即非常"的结论。

在老子这里，这一可能性的名字可能就是"道"。但是，在我们尚在讨论的《老子》第十六章中，达到此道仍有一段路程。

六、"道"之"久"

"常即非常"这一思想的具体结果之一是，知道任何东西都不可能常，人就不会去狂妄地追求任何一种必然有限的常。能达到这个认识就是老子所谓"明"。所以，紧接着"复命曰常"，老子说："知常曰明。"如果我们尚未忘记第十六章中很早就出现的"观"字，这个"明"字就非常值得我们驻足细品。"明"显然与"观"有直接联系。首先，是"明"使"观"成为可能，因为在"无明"的状态中就不可能看见任何东西。因此，"明"的第一义就是朴素的光亮，是原始的照明状态。只有在这样的状态中，我们才可以看。在这一意义上，"明"是任何"观"的可能性的条件。然而，"明"虽然似乎已经为"观"创造了条件,但是"观"却仍然有可能"视而不见"。这就是说,仍然有所蒙蔽,仍然不能看透事物而"明"其本相。而这一本相即老子前面所谈论的物之常态,亦即物之"无常"。物之无常才是物之常。如果不知此"常",人就会以为有些事物本身能常,人就会有意去追求那些他自以为能常的东西:名、利、权、位、生、久,并且试图用这些东西来使自己常。在老子看来,这恰恰是不知常的表现。不知常而行动就是"妄作"。作是有为。"有为"意味着利用某种力量克服某种力量以达到某种目的。不知常的"有为"以为自己所产生的结果或者所达到的目的能够常久,是恰为不明,并因此就意味着"凶"。反之,真正的明则意味着:知道常乃非常,因此不以任何事物为常,不执着于任何事物。因而,此明作为明所描述的是事物真正得以显示"本相"的状态。在此明之中,我看到一切事物的"非常之常"。能够照彻事物"本相"之明因而乃是明的第二义。但此二义在老子的议论中密不可分:一方面,需要有明才能观,另一方面,必须能观才有明。而真正照彻事物之明来自那能显示任何常之非常者。随着老子的"明",我们与老子的道就已经十分接近了。

在老子看来,"知常容",真正"知常"就能"容"。"容"意味着容纳、包容。"知"在这里是人之知。所以,作为"'知'常"的结果,"容"在这里描述的也是人的行为。人如何容?为什么"知常"就能"容"?"容"必须联系我们前面讨论的"致虚极"来理解。如果人能真正达到虚之极,并且明于物之常,万事万物就能在人所达致之虚中作为其所是者而出现。反过来说,这一表述就意味着,人在自身之内包容了万物。因此,"致虚极"而"观"万物与"知常"而"容"万物相互联系。能真正观物才能知常,能知常才能包容万物。但是,正如我们一直强调的那样,此处的"包容"不能仅从通常的"主观"角度来理解。包容不仅意味着我主观地包容万物,而且也意味着,万物本身之(被)聚集在一起。如果我们能试着想象这样一种包容,即,包容者完全消融在所有被包容者之"间",我们就能开始理解,为什么此容最终通向道。实际上只有这样,只有在这一意义上,人才有可能"在自身之内"容纳万物。这也就是说,人让自身化入万物之"间",于是人"本身"即成为区分、联系、包容万物之"间"。

这也就是说,成为道。老子在此毫不含混:"知常容,容乃公,公乃全,全乃天,天乃道。"能包容一切就能"一视同(不)仁",就不会偏爱偏向偏袒偏执。是即为"公"。"公"同时也意味着"无私"亦即"无己"。这就是我们以上所说到的"主观"角度的消失。能达到这一步才是"全"。能"全"也意味着能"天"。但是此"天"也许应该读为"大"。㉞这里,我们之所以倾向于从马叙伦之说而将"天"读为"大",是因为老子在第二十五章中曾经明确以"大"来形容道。"大"亦与"公"和"全"处于同一词汇范畴。三者均为含有强烈动词意味的描述词,而这些词汇均可在一定程度上形容道。

"天/大乃道":如果对于《老子》第十六章的分析至此已经能够允许我们说,老子这里是在要求人应该成为道,那么"人成为道"又能意味着什么呢?对这一问题的充分展开只能留给另一专题讨论。不过,我们对《老子》第十六章的分析其实已经在某种程度上部分地回答了这一问题。成为道当然不是成为神或者天或者上帝。对于人来说,成为道意味着:进入虚之极,守住静之笃,了解物之命。对于人来说,成为道意味着:成为"包容"与"渗透"万物之(时与空)"间"。对于人来说,成为道也意味着:让物真正地"有命"。而这一表述又只能意味着,让万物"自然",让万物"是其所是","自行其是",从而完成自己,成为自己。因而,成

㉞ 见马叙伦:《老子校诂》,陈荣捷引(见 Wing-tsit Chan: *A Source Book in Chinese Philosophy*,1963,第 148 页,注 49)。当然,我们也意识到,帛书本《老子》此处亦为"天"(见高明:《帛书老子校注》,第 302 页,及其后校注者高明有关此段文义的讨论,第 302—305 页)。

为道也就是成为老子意义上的"圣人"。而成为"圣人",成为"人"之"圣",成为老子意义上的守住人之"本性"的人——"真"人,也就是成为道。二者皆"生而不有,为而不恃,长而不宰"。㉟

只有成为"道",人才能在某种意义上"久"。此"久"回应着上文的"常",但又区别于上文的常。道:此恰乃使常之为常者,并因此而不再可以常来描述者。"道乃久":老子这里说的既非道本身之久,亦非人本身之久,而是成为道之人与成为人之道的久。道本身无所谓久,人本身不可能久。但是,当人成为道时,人可以久;而当道占有人时,道亦可以久。道与人同在。

于是,"没身不殆"。

然而,如果"身"可没,亦即人必然会死,那么"久"在某种意义上仍然是"不久"。

因此,与人同在之道最终仍然是无限而有限的。

㉟ 这一表述同时见于《老子》第五十一章和第十章。很多研究者认为这些话在第十章中与上下文不合,所以疑为第五十一章的错简重出。在第五十一章中,这些话的主语是道。帛书本在这一点上非常清楚。在通行本第二章中,老子将圣人形容为:"处无为之事,行不言之教。万物作焉而不辞,生而不有,为而不恃,成功不居。"帛书甲乙两本均无"生而不有"句,郭店竹简本同。比较以上引于第五十一章中语与引于第二章中语,我们可以看到,虽然老子对道和圣人的描述在字面上并非完全相同,但是二者在精神上显然是一致的。系统比较《老子》中对道和圣人的描述将有助于阐明这一点。用老子的话说,这就是人之"同于道":"故从事而道者同于道,德者同于德,失者同于失。同于德者,道亦德之;同于失者,道亦失之。"(帛书《老子》甲乙本。此为通行本第二十三章,文字有所不同)应该强调,人只能在"同于道"的意义上"成为道"。所以,人之由"同于道"而"成为道",说的是人与道之相属相有。人属于道,道属于人。

第三章
"道"何以"法自然"?

一、引言

《老子》第二十五章结尾的"道法自然",是一句历来为人称引的名言。尽管如此,其意义却似乎仍然飘忽不定,而有待于更加细致和深入的解读。①因此,本章想围绕"道法自然"的意义及其理解提出初步的问题。在《老子》中,"道法自然"是一句断言,但此断言本身却要求我们首先提出下面这样的问题:如果道法自然,道何以法自然?"何以"问的首先是"以何":道以何法自然?亦即,"它"拿什么或凭借什么来法自然?而这一有关"以何"的问题同时也是一个有关"如何"的问题:道如何以其所以者——以其所"以"之"何",以其所凭借者——而法自然。但是,这个"'凭借'什么"的问题其实也是一个"'凭'什么"的问题:道凭什么(要)法自然?亦即,"它"好端端

---

① 王中江的短文《"道"何以要"法""自然"》(《光明日报》2004年8月31日)亦提出过道若为生万物者,何以还要法万物的问题:"'万物'为'道'所生,'道'何以还要遵循万物之'自然',回答是'道'生成万物而又'无为'于'万物'。对'万物'无为,就是让万物按其本性'自己'成就自己,这就是'自然而然'。"但"'道'生成万物而又'无为'于'万物'"并不是对于"'道'何以还要遵循万物之'自然'"的回答。无为于万物至多只是让万物放任自流而已,即如儒家理想中的古之帝王垂手南面、无为而治天下那样,而还不是"遵循"万物之自然。此章所欲考虑的问题,除了自然何以应被理解为自然而然之万物,主要就是道何以必须法这一意义上的自然。

的干什么要去法自然，尤其是当道被相信为至高无上者之时？换言之，"道何以法自然"这一问题，如果可以被理解为一个有关"以何"及"如何"的问题的话，那么这一有关"以何"及"如何"的问题其实同时也是——或者甚至更是——一个有关"为何"的问题。所以，在试图回答"道以何及如何法自然"之时，也应该回答"道为何法自然"这一问题。"为何"问的是："因为什么"，或"怎么会"。出于何种可能，以及何种必然及必要，道要去法自然？此可能与此必然及必要内在于道"自身"吗？

于是，分解开来，"道何以法自然"是一个既需要我们回答"以何"及"如何"，也需要甚至更加需要我们回答"为何"的问题。二者不可分。然而，上述"道何以法自然"这一双重问题之提出表明，我们似乎是欲处理两个边界与意义皆已确定者之间的关系。而此则蕴含着，我们已经不仅知道了道所法之自然本身为何，而且也知道了此一法自然之道本身（如果道真可以被说成是有任何"本身"的话，但我们将会看到，道可能并无任何"本身"可言）为何。但是，不仅道本身之应该如何被理解和被规定历来皆聚讼纷纭，道所法之自然本身究竟为何其实亦悬而未决。因此，为了回答"道何以法自然"，就需要我们首先考虑一个为回答这一问题本身而应该提出的更初步的问题：道所法之"自然"究竟为何？至于那一有关道本身究竟为何的问题，本章将仅就其是否为"物"这一问题而做一提示，并将于澄清"道法自然"的"自然"之义后，在对"道何以法自然"这一双重问题的回答中，做进一步的分析。②

---

② 参见本书下篇第一章和第二章中对于道本身或道之本质的论述。

二、"道法自然"的直接语境:《老子》第二十五章

通行本《老子》(王弼注本)第二十五章全文为:

> 有物混成,先天地生。寂兮廖兮,独立不改,周行而不殆,可以为天下母。吾不知其名,字之曰道。强为之名曰大。大曰逝,逝曰远,远曰反。故道大,天大,地大,王亦大。域中有四大,而王居其一焉。人法地,地法天,天法道,道法自然。

帛书本《老子》甲、乙本合校之结果与此基本相同:

> 有物昆〔混〕成,先天地生。繍(寂)兮缪(廖)兮,独立而不改,可以为天地母。吾未知其名也,字之曰道。吾强为之名曰大。大曰筮(逝),筮(逝)曰远,远曰反。道大,天大,地大,王亦大。国中有四大,而王居一焉。人法地,地法天,天法道,道法自然。③

郭店《老子》甲本亦有此章之全部:

> 有状混成,先天地生。寂缪。独立不改。可以为天下母。未知其名,字之曰道。吾强为之名曰大。大曰逝,逝曰远,远曰反。天大,地大,道大,王亦大。国中有四大安〔焉〕,王处一安〔焉〕。人法地,地法天,天法道,道法自然。④

---

③ 高明:《帛书老子校注》,第 348—352 页。
④ 《郭店楚墓竹简》,老子甲:11。

三种来源的文本在文字上基本没有重大出入。此章是《老子》中直接讨论道的不多章节之一。⑤老子这里并没有自始即径以"道"直名其所欲言者。他以"道"为其所欲言者之字而非其所欲言者之名，是因为他承认自己未知其名。但"未知其名"却并不是说，他相信他所欲言者之名仍有待于知，而自己的有限之知尚不足以知之；而是说，他所欲言者乃本来就不可名者。《老子》中另一处即说道乃"绳绳不可名"⑥。不可名亦即不能在语言系统中被某一符号所"代表"；不能在语言系统中被代表，因而在某种意义上也不可被言说。然而，这只能是"在某种意义上"，因为，若绝对不能被言说，则其即归于绝对的无。于是，为了让不可言说者作为不可言说者而"出现"，此不可言说者仍须被言说。因此，为了让这一不可名因而也不可言说者进入言中，从而能被我们以某种方式来谈论和思考，老子只能先将其作为某"物"——作为言所言及者，作为言之题以及思之题——而提出来：提到我们之前，提到语言之中。是以老子以"有'物'（状）混成"谨慎地开始其言不可言者之言。当然，这样的说法确实会让我们去想象一物，一无名之物。但老子随后就说，此"物"乃先于天地而生。于是，我们想象此"物"的努力立即就受到挫折。因为，在中国传统中，"天地"代表着一切有形者——一切物——的极限。在天地"以前"或天地"以外"，我们无

---

⑤ 按通行本《老子》的顺序，以道为主题的章节有第一章："道可道"；第四章："道盅，而用之有（又）弗盈"；第十四章："视之而弗见，名之曰微"；第二十一章："道之为物"；第二十五章："有物混成"；第三十二章："道恒无名"；第三十四章："大道汜，其可左右也"；第四十章："反者道之动"；第四十二章："道生一"；第五十一章："道生之"。而其中专论道"是什么"的仅为第十四章、第二十一章及第二十五章。

⑥ 通行本《老子》第十四章：道"其上不皦，其下不昧，绳绳不可名，复归于无物"。帛书本"绳绳不可名，复归于无物"句为："寻寻呵不可名〔命〕也，复归于无物。"（高明：《帛书老子校注》，第284页）

法想象任何物（或状）。⑦所以，"先天地（而）生"之"物"这样的表述立即否定了将这里所言者理解为一般意义上的物的可能，并暗示此物实乃言中之物，而且仅为言中之物，亦即，言之所言者，或言必然会在某种意义上使其"物化"——使其化为某"物"——者。老子这里面对的其实乃一结构性困难：不言此不可言者即无此不可言者，而言此不可言者即已失此不可言者。这一困难因而实为一必然的双重约束：不可言不可言者；必须言不可言者。

是以老子还是要接着说。现在他说的是，这一先天地而生并且"独立不改"者可以"为天下母"。这一比喻会诱惑我们再次将其想象为一物，而且是一"生"万物之物。但此生万物之"物"真是一物吗？若实为一物，则当有一名。但老子却说，吾实不知此"物"之名，而仅能以"道"为此物之"字"。所以，我们必须强调，在老子这里，"道"仅为此"混成"之"物"的字而非名。而在中国传统中，众所周知，与"名"相连之"字"有说明名本身之涵义的作用。老子以"道"作为"字"来说明他所欲言但却不知其名者，这意味着什么呢？也许是，他欲坚持，此种"不知其名"乃是由其所欲言者之本性决定的。此字之为"道"者必然出于其本性即为不可名者。何以出于其本性即不可名？因为，"名必有所分"也。⑧名的作用就是区分：名区分此（物）于彼（物），从而将一物作为一物而"指出"。而名本身亦仅因彼此相别而为

---

⑦ 《老子》中"物"字约三十四见。其中绝大多数都是相对于道而在"凡有貌象声色者，皆物也"（语出《列子·黄帝》，见杨伯峻：《列子集释》，北京：中华书局，1979年，第49页）这一意义上使用的。仅第二十一章中"道之为物"之"物"与第二十五章中"有物混成"之"物"非普通意义上的物。此二者皆是出于要将道作为一个"东西"——作为言之所言或言之对象——来谈论这一需要而使用的。参见本书下篇第四章中的有关讨论。

⑧ 王弼：《老子指略（辑佚）》，见楼宇烈：《王弼集校释》上册，第196页。王弼的原文是这样的："名必有所分，称必有所由。有分则有不兼，有由则有不尽；不兼则大殊其真，不尽则不可以名。"我们此处无意分析王弼此论。其中所涉及者须专题分析。

名：一名之为此名即因且仅因其非彼名，亦即，一名之为某一名即因且仅因其有别于同一系统中之其他名。因此，凡可被区而别之者皆可名，皆可有名。所以，严格地说，真正的不知其名者，亦即，真正的其名不可知者，只可能是因为下述情况才如此，亦即，其乃不可被区分为一与他物有别者。此即意味着，被字之为"道"者并非有别于万物之（唯）一物。而此"非有别于万物"也许恰恰是因为，此以"道"为其字者实乃首先使万物之别成为可能者，亦即，使万物通过它而成为万物者：万物之道。如此看来，老子之以"道"来字其所不知其名者实非偶然。"道"作为其字可描述此其名不得而知者之"功"或"用"。而这也就是说，其"功用"可借道路之"道"以为形容。也正是因为这样，王弼方能进而申说"道"字之义为"万物之所由"者也。而如果此以"道"为字者乃万物之所由，则其之为并非与万物处于同一层面者明矣。所以，给这个无名者一个解释性的字——"道"——还是要强调，这里所言者其实并非一物，一普通意义上的物。至于此以"道"为其字者何以及如何可为万物之道，且容后叙。

关于此字之为"道"之"（非）物"，如果现在还要再说它些什么，老子说，那么我们就可以勉强称其为"大"。"大"这一形容当然也指向形，而形则为物之形。所以"大"也会让人想到物。但老子随即却说："大曰逝，逝曰远，远曰反。"于是我们知道，此可强名为"大"者不可能又是一物——即使是一"大物"。正因为可暂时以"道"为字者之"大"是超越了一切可以想象的界限的"大"，所以这样的无形之"大"必定不可能"在"任何地方。它必然始终已经从任何具体的地方消失（"逝"），必然始终已经从任何具体的地方远去（"远"）。但消失不在和远去也就是返回来和无所不在（"反"）。而这其实也许正是道——我们所能理解的道，普通意义上的道，日常生活中的道，道路之道——的真正的本质。道其实并不在任何地方，也并不占据任何地方。

相反，道乃是让任何所谓"地方"成为地方者。试问，如果没有道，还能有任何所谓地方吗？"地—方"意味着特定的有限的区域。而特定的有限的区域蕴含着不同区域之间的分别与联系。道则正是使这样的分别和联系成为可能者。在这一意义上，道必然"大于"或"超越"任何地方。也许正是因为普通意义上的道的这一其实并不"普通"的本性或本质，"道"才可以被老子用来说明他所理解的那个万物赖之以成为万物者。

现在，在所有这些谨慎的表述之后，老子就开始直接称其所言者为"道"了，并让其与天、地、王一起而并称为"国"（或"域"）中之"四大"。"国"字在这里需要一点解释。在帛书本和郭店本《老子》中作"国"者在王弼本《老子》中作"域"。这里的问题是，为什么这一被字之曰"道"而强名之曰"大"者，这一应该超越一切可能之大的"大"，却又与天、地、王这些有限的大一起而被称为"四大"，而且，根据郭店本及帛书本，还是"国中"之"四大"？"道"难道只是"国中"诸大之一吗？正是这一问题促使高明在《帛书老子校注》中引《说文》戈部："域，邦也"，及口部："国，邦也"，以证"国"字与"域"字同音同义，"异体同源，故'国中'、'域中'无别也"，并从而将帛书本《老子》的"国中"又改回到"域中"。⑨ 韩禄伯（Robert Henricks）在其郭店《老子》的翻译中也认为"国"应为"域"。但既然二者无别，则大可尊重帛书及郭店之"国"字，而不必强"国"为"域"。王弼这里的注释才道出了倾向于读"国"为"域"者的真实心理。其注云：

---

⑨ 转引自高明：《帛书老子校注》，第352页。此一"校改"似乎反映了校注者在此处实为文本所困，因为高明校注帛书本《老子》基本是以帛书为正的，但此处他却只能反过来以通行本为正。

> 天地之性人为贵，而"王"是人之主也。虽不职大，亦复为大。与三匹。故曰"王亦大"也。"四大"：道，天，地，王也。凡物，有称有名，则非其极也。言道则有所由，有所由然后谓之为道。然则道是称中之大也，不若无称之大也。无称不可得而名，故曰"域"也。道、天、地、王皆在乎无称之内，故曰"域中有四大"者也。⑩

但这样说来，"道"则仅为无称者之内之一有称者之称，而不再是从根本上即无称而不可得而名者"本身"之称了。王弼这里似乎是为他所见到的《老子》文本中的这一"域"字所困。而通观王弼对《老子》的整个注释，他强调的最为明确的一点就是，"道"乃无称者之称。但既然"道"乃无称者之称，为什么老子似乎又将此无称者仅列为"域中"或"国中"四大之一呢？王弼显然想对此做出解释，于是就说，"无称不可得而名，故曰'域'也。但"域"其实并不能"接受"王弼这样的解释。谈论任何意义上的"域"都意味着有限。而"道"能将自身局于任何有限之"域"吗？

实际上，帛书本和郭店本《老子》在这里之皆作"国"而不作"域"表明，说"国中有四大"并无深意。老子这里的话的听众应该包括理想的或可能的王。从王自己的观点看，他当然是"国中"之大者。但王却不能以己为唯一之大。所以老子要强调说，国中有四大，而王仅为其中之一。因此，王只是"亦"大。此"亦"或"也"即蕴含着，王虽一国之主，却并非国中唯一之大。尚有其他大者。而"最大"者，或者更严格地说，本质上即已不再可以"大"来称呼或形容者，当然就是以"大"为其强名而以"道"为其字者。以"道"为字者无处可在

---

⑩ 转引自高明《帛书老子校注》引，第352页。

又无所不在。正是在这样的语境中,"道"被说成是国中四大之一。但这却并不意味着,"域"(或"国")比道还大。而正因为"域"字被理解为至大无外之域,王弼才需要强解"域"之义为"无称不可得而名"者。所以,帛书本和郭店本《老子》此处之作"国"而不作"域",使此段更好理解。作为国之主,王在国中不能以唯一之大自居,而必须记住尚有其他大者,方能为王。所以,在这一语境中,"国中有四大"并不意味着,道、天、地、王仅为"国中"之四大而已。因为,显然,不仅道比国大,天与地当然也远比国大。而正因为王只是"亦"大,只是道、天、地之后的大,而王代表人,所以老子接下来才说:"人法地,地法天,天法道……"

　　对于这些说法,我们似乎都没有什么问题。作为在某种意义上可"为天下母"者,作为不可能"具(有)(形)体"之大,作为其他诸大不可能真正与之并立之大,而这就是说,作为其实不再真能以"大"来形容者,道应该为其他诸"具(有)(形)体"之大(王、人、地、天)所法。而且,我们也许会觉得,老子的话在这里就应该停下来了。然而,老子却又接着说:"道法自然!"这就让我们立即困惑不解了。因为,按照这一排比句式所形成的阅读期待,"道法自然"在这里显然是在说,就像人法地,地法天,天法道一样,道也法某一他者,而"自然"就是道所法之他者之名。然而,道怎么还要法一"他者"——"自然"?这个勉强可以"大"为名之道不是生万物者吗?如果是这样,道"之外"怎么还能有任何所谓"自然"呢?"自然"在这里什么意思?它指的究竟是什么?只要看一下对这一表述的众多已有的解释和翻译,就可以发现老子这一表述给两千多年来众多解释和翻译努力造成的种种挫折。⑪

---

　　⑪　这里,诸多解释努力之受挫也许主要并不是因为"道法自然"这一表述本身晦涩难懂甚至语义不通,而是因为解释不再能真正接近老子的基本思路。而此实因"明(转下页)

三、汉语语境中"道法自然"的若干传统与现代解释

这一不再能接近和理解老子的基本思路的情况早在河上公注《老子》时就已见端倪。河上公注"道法自然"为:"道性自然,无所法也。"⑫这一注释本身只能被理解为,道有其确定之性,或有其本质,而道之性或道之本质就是,它本来即如此("自然"),所以不可能也不需要效法任何其他东西。这就是说,道不以任何他者为自身之法。让我们这里先暂时不管"效法"意义上的"法"所蕴含的独特逻辑。仅就这一注释而言,这是对"道法自然"的很奇怪的解释。首先,这一解释置《老子》这里的语法本身和语境于不顾。"人法地,地法天,天法道,道法自然"是非常整齐的排比句式。所以,"道法自然"这里应该按照前三句的句式来读。这一文字安排本身即已明确排除了将"道法自然"解释为"道之性本来如此而无所法"的可能。当然,河上公这一注释的隐含思路或逻辑可能是这样的:道确实可以说是"法"——可称为"自然"者,但道之本性就是,而且,也只有道之本性才是,本来即如此的,亦即"自然"的,所以说"道法自然"其实即是等于说,道法"自己"或"自身"。而这在某种意义上又等于是说,道无所法。

河上公对"道法自然"的注释及其中所隐含的思路几乎代表了近两千年来对老子这一表述的基本解释。宋代的董思靖在其《道德真经集解》中解释"道法自然"说:"道贯三才,其体自然而已。"元代的吴

(接上页)道若昧,进道若退,夷道若颣"也(《老子》第四十一章)。但这一思路在某种意义上其实应该是极其显而易见的。是以老子才会有此一叹:"吾言甚易知甚易行,天下莫能知莫能行。"(《老子》第七十章)

⑫ 王卡点校:《老子道德经河上公章句》,第103页。宋张氏《道德真经注》引"道性自然"作"道长生自然"。

澄在《道德真经注》中解释"道法自然"也说:"道之所以大,以其自然,故曰'法自然'。非道之外别有自然也。"⑬这些解释均蕴含着一个明确的信念:既然道乃至大,因此不能再想象和谈论道之外者或道之上者,所以道不可能于自身之外再有所法。

也正是出于同一看法,唐代的李约在其《道德真经新注》中甚至为这一段文字作了不同的标点:"王(人)法地地,法天天,法道道,法自然。"他对此做出如下注释:

> "道大,天大,地大,王亦大",是谓域中四大。盖王者"法地"、"法天"、"法道"之三自然而理天下也。天下得之而安,故谓之德。凡言人属者耳。其义云"法地地",如地之无私载。"法天天",如天之无私覆。"法道道",如道之无私生成而已。如君君、臣臣、父父、子子之例也。后之学者谬妄相传,皆云"人法地,地法天,天法道,道法自然"。则域中有五大非四大矣。……又况"地法天,天法道,道法自然",是道为天地之父,自然之子,支离决裂,义理疏远矣。⑭

冯友兰在其对"道法自然"的解释中就回应了李约的这一域中只能有"四大"而不可能有"五大"的说法:

> 这并不是说,于道之上,还有一个"自然",为"道"所取法。上文说:"域中有四大",即"人"、"地"、"天"、"道"。"自然"只是形容"道"生万物的无目的、无意识的程序。"自然"是一个形容词,并不是另外一种东西,所以上文只说"四大",没有

---

⑬ 二说皆转引自陈鼓应:《老子今注今译》,第 173 页。
⑭ 转引自高明:《帛书老子校注》,第 353—354 页。

说"五大"。⑮

然而，是否还有可以被称为"自然"的另一"大"为道所法，以及如果真是这样的话，道如何法此"自然"，我们其实并不确定。

稍微浏览一下"道法自然"的现代汉语翻译，我们也可以看到，对老子这一表述的现代解释大多仍然不出河上公的思路：

人效法地，地效法天，天效法"道"，"道"效法他自己。⑯

人遵循地的法则，地遵循天的法则，天遵循道的法则，道遵循自己生成的样子。⑰

道按自己的样子行事。⑱

人取法地，地取法天，天取法道，道纯任自然。⑲

四、"道法自然"的若干西方翻译

以上翻译都蕴含着，道有一个本来即如此的"自己"或"自身"，所以道法自然就是听凭自己如此，或以自身为法，或照自己的样子行事。但是，一旦我们开始试思并试问，道的这一"自己"或"自身"

---

⑮ 转引自陈鼓应：《老子今注今译》，第173页。

⑯ 许抗生：《帛书老子注译与研究》，杭州：浙江人民出版社，1985年，第114页。文中之"他"或为"它"之误，或作者有意为之。许对"道法自然"的注释直承河上公注："此句河上公注：道性自然，无所法也。此注是。自然并非'道'外之一物，而是指'道'自己而已。此句意思是说，'道'为天地最后的根源，无有别物再可效法，所以只能法其自己那个自然而然的存在而已。"

⑰ 冯达甫：《老子译注》，第61页。作者这里将道理解为"自然规律"："道是自然规律。'道法自然'是说自然规律取法'天然自然'，取法自己生成的样子。"（第60页）

⑱ 郭世铭：《老子究竟说什么》，北京：华文出版社，1999年，第133页。

⑲ 陈鼓应：《老子今注今译》，第173页。

究竟是什么样子,就会意识到,按照《老子》中对道的一贯"形容",道根本就没有任何"自己"或"自身"可言,因而当然也不可能去照着"自己"或"自身"的样子如何如何。认为道有一"自己"或"自身",就有可能将对道的解释引向某种宗教方向。这一倾向在汉语解释传统中经常只是无意识的或隐含着的,但在一些(尤其是较早期的)西方语言的《老子》翻译和解释中则很明显。《老子》的英语译者之一,十九世纪著名英国汉学家理雅各(James Legge)即是一例。

理雅各将此段译为:

> Man takes his law from the Earth. The Earth takes its law from Heaven; Heaven takes its law from the Tao. The Law of the Tao is its being what it is. [20]

理雅各翻译的最后一句有结构上的暧昧。"The Law of the Tao"直译回汉语是"道之法"。此在英语和汉语里都可以有两种意思:道所立之法;道本身之法。前者可以是道为万物所立之法,支配万物之法,后者则可以是道"自身"的法,支配着道的法,为道所建立起来的法,尽管这一为道"本身"立法者应该也只能是道本身。从理雅各的翻译看,汉语动词"法"被译为"从什么那里接受其法"。人从地接受自己的法,地从天接受自己的法,天从道接受自己的法。这些法是他者所立之法。此与老子原文有一定距离。但这一距离似乎可以消除。"人法地"之"法"是以地(地之所为)为自己的榜样,或者说,是照着地的"做法"去做。但此就蕴含着,地为人之法。所以,理雅各译人、地、天三句亦有道理。但第四句则有问题。此句之英译,若照其前三句之译

---

[20] James Legge, *Lao Tze: Tao Te Ching*, p. 68.

法，则应该改为："The Tao takes its Law from *ziran*（自然）."但这样一来"自然"就意味着，其为一在道之外而为道所取法之物。理雅各大概不太可能接受对于"自然"的这样一个解释，所以才有我们现在所看到的译法。若将整句译回汉语，则为："道之法乃其之是其所是。"（The Law of the Tao is its being what it is）这样，"道法自然"之"自然"就被理雅各解释为道本身之"是其所是"（being what it is; being itself）。

这一理解乃是西方传统对上帝的理解，而理雅各在对此章的评论中也确实提到了上帝。他说，"先天地生"近于第四章之"might seem to have been before God（象帝之先）"。理雅各接着推想：

> Was he（案：指老子）groping after God if haply he might find Him? I think he was, and he gets so far as to conceive of Him as 'the Uncaused Cause,' but comes short of the idea of His personality. The other subordinate causes which he mentions all get their force or power from the Tao, but after all the Tao is simply a spontaneity, evolving from itself, and not acting from a personal will, consciously in the direction of its own wisdom and love.[21]

> 他是不是正在摸索上帝呢，若他或许可能发现他的话？我想他是的，而且他已经达到了将上帝设想为"无因之因"（the Uncaused Cause）的地步，不过他还是没能形成一个有关其人格（personality，或位格）的观念。他提到的其他从属原因皆由道得到它们的力量或权能，但道最终却〔被老子理解为〕只是一自发活动（sponta-

---

[21] James Legge, *Lao Tze: Tao Te Ching*, pp. 68-69.

neity），只是自生自变，而不是出于一己之意志并有意识地按照其自身的智慧与爱而行动。

此乃在西方传统思路中尝试接近老子思想的一种典型情况。老子的"象帝之先"的"帝"被译为"God"，此又成为相信老子是在探寻上帝的根据。理雅各认为老子已经极为接近将这一上帝想为"无因之因"（the Uncaused Cause）或"第一因"，只是还没有将其想为一有人格的具体存在而已。理雅各亦将老子中其他三者（天、地、人）想成是作为从属原因而由道获得其力量者。这也是按作为创造者的上帝与其所创造者的关系来想道与万物的关系。然而，万物之在某种意义上从道接受其德并不一定就意味着，道在老子这里是上帝意义上的万物之创造者。这里，让我们先仅仅点出这一问题。具体的讨论，要到我们真正澄清道与万物的"关系"时才可能开始。

二十世纪著名英国汉学家韦利（Arthur Waley）对"道法自然"的翻译和解释也反映着西方宗教传统和哲学传统类似的倾向性问题。韦利译《老子》第二十五章最后一段为：

> The ways of men are conditioned by those of earth. The ways of earth, by those of heaven. The ways of heaven, by those of Tao, and the ways of Tao by the Self-so.

其注"self-so"则为：the "unconditioned", the "what-is-so-of-itself"。㉒ 韦利的翻译因而至少有这样几个问题：

一、用"be conditioned"，即"以什么为条件，受什么制约"，来译

㉒ Arthur Waley, *The Way and Its Power: A study of the* Tao Te Ching *and Its Place in Chinese Thought,* London: George Allen & Unwin Ltd., 1934, p. 174.

"法"。这样翻译下来,我们看到的是一连串的统治关系。当然,就其对该章的评论看,这正是他的理解:

> Theintention of this 'chain-argument' … is to show that a line of connection may be traced between the ruler and Tao. This connection exists macrocosmically, in the line ruler, earth, heaven, Tao; but also microcosmically, in that by passing on and on through successive stages of his own consciousness back to the initial Unity he can arrive at the Way which *controls* the multiform apparent universe.㉓

> [老子]这一"链式论证"的目的……是要表明,可以在统治者和道之间找到一条联系的线索。这一联系既宏观地存在着,亦即,它可见于统治者、地、天、道这一条线之中,但也微观地存在着,亦即,在一步步地通过其意识的各个连续阶段而回到那原初的统一(the initial Unity)之后,他即能达到那控制着大千世界的道。

韦利所理解的道"controls"(控制)一切。相反,老子反复强调的却是道之"生而不有"等等,亦即不控制。

二、在其翻译中,是人之道为地之道所制,地之道为天之道所制,天之道为道之道(the ways of Tao)所制。"道之道"是一个值得注意的说法,但韦利并未对之做出专题评论。最后,道之道则为"the Self-so"所制。"The Self-so"是韦利对"道法自然"之"自然"的翻译。此一翻译将道所法之"自然"理解为 the "unconditioned",或"无条件者"。这样一来,在道之上就还有一更高者。但真正的"无条件者"(the unconditioned),那本身不受其他任

㉓ Arthur Waley, *The Way and Its Power: A Study of the* Tao Te Ching *and Its Place in Chinese Thought*, p. 175. 引文中的斜体字是我所为。

何条件制约者,只能是西方形而上学的"*causa sui*",即"自因"或"第一因"。这正是作为形而上学的西方哲学的上帝。于是,关于道的思想就变成了某种关于"无条件者"或哲学的上帝的思想。这是通过西方形而上学概念来解释中国传统思想的又一突出之例。

类似的问题还可见于其他一些英语翻译。例如下面的这一个:

>...[H]eaven owes its greatness to the Principle (of which it is the principal agent). (Greatness borrowed, as one can see, whereas) the Principle owes its essential greatness to its underived, uncreated, existence.[24]

意识到这一以西方哲学或宗教概念"翻译"老子所存在的严重问题,在中国思想之西渐中功不可没的陈荣捷的选择是,以我们如今非常熟悉的"nature"来翻译老子的"自然"。于是,"道法自然"就被径直译为"Tao models itself after Nature"。[25]这里,"Nature"是大写的,意味着作为总体的"自然(界)"。然而,这一翻译其实并非如其乍看上去那么直截了当,因为"Nature"(拉丁语的"natura",而此词又为古希腊语"physis"的翻译)意义上的"自然",一个经常在总体意义上被理解的自然,一个经常被人格化的自然,其实并不见于中国传统。至少在魏晋以前,汉语的"自然"并无此义。当然,小写的"nature"的一个基本意思是存在于时空之中的一切东西。但在中国传统中,若欲表达这一意义上的"自然",人们会说"万物"或"天地万物"。以"Nature"翻译老子的"道法自然"中的这个"自然",似乎是有意无意地

---

[24] Derek Bryce, trans. *Wisdom of the Daoist Masters*. English translation of Léon Wieger's French translation. Lampeter: Llanerch Enterprises, 1984, p. 17. "道法自然"之"道"在此被翻译为"Principle"。

[25] Wing-tsit Chan, *A Source Book in Chinese Philosophy*, p. 153.

受了现代汉语中常将"Nature"翻译为"自然"的影响。这一翻译反过来又遮蔽了汉语的"自然"的原义,使人误以为老子的"自然"就是"Nature"或"nature"意义上的自然。以西方意义上的"Nature"来译老子的"自然"多见于从事英语写作或汉语典籍英译的中国现代学者。例如,林语堂对"道法自然"的译法即与陈荣捷完全一致:"Tao models itself after Nature."㉖但晚近西方二十世纪学者亦有采取类似译法者,如 Gregory Richter 即将"道法自然"译为:"...and the Dao takes Nature as its Law."㉗理雅各的翻译是在"自然"成为现代汉语对"Nature"的标准翻译之前进行的,所以至少还没有受到这一影响的危险。

一些更为留心、更欲在字面上贴近原文的现代英语翻译则大多采取了下述大同小异的译法。例如,刘殿爵的企鹅版英译《老子》中将此译为:"Man models himself on earth, earth on Heaven...And the Way on that which is naturally so."㉘ Gia-Fu Feng 与 Jane English 则将此句译为:"Tao follows what is natural."㉙ 这些不再径以名词"Nature"来译"自然",而仅以形容词"natural"或副词"naturally"来描述老子所欲言者的翻译,至少可为英语读者保留解释老子的这一"自然"的更大空间。韩禄伯在其郭店《老子》的翻译中采用了与前述诸译略有不同的译法:

㉖ Lin Yutang, *The wisdom of Laotse*, London: Michael Joseph, 1958, p. 143. 林语堂此处对"nature"有一注释:"Tse-jan, *lit.* ' self-so,' ' self-formed,' ' that which is so by itself.' "

㉗ Gregory C. Richter, trans. *The Gate of All Marvellous Things*, South San Francisco, Cal.: Red Mansions Publishing, 1998, p. 49.

㉘ D. C. Lau, trans. *Tao te ching*. Harmondsworth, Middlesex: Penguin, 1963, p. 82. 此为《老子》通行本的翻译。刘殿爵的马王堆帛书《老子》译本(D. C. Lau, *Lao-tzu Tao Te Ching, translation of the Ma Wang Tui Manuscripts*, New York and Toronto: Alfred A Knopf, 1994)中此句的翻译与此同(p. 73)。

㉙ Gia-Fu Feng and Jane English, *Lao Tsu: Tao Te Ching*, London: Wildwood House, 1972, p. 45.

"And the Way takes as its model that which is so on its own."㉚ 安乐哲（Roger Ames）与郝大维（David Hall）的翻译虽欲在"道"及"法"二语的译法上独出心裁，但其"自然"的译法仍基本上同于上述诸译："And way-making emulates what is spontaneously so."㉛在王弼的《老子注》这一语境中翻译老子的鲁道夫·瓦格纳（Rudolf Wagner）对"自然"一语的翻译则几乎完全另辟蹊径。他竟然使用了一个八词一串的自造长词"that-which-is-of-itself-what-it-is"，令人很难不联想到他的德语文化背景以及某种可能的海德格尔哲学的影响："The Way takes That-which-is-of-itself-what-it-is as model."㉜

这些英语表述若再译回汉语，我们就得采用诸如"道效法那自然者"，或"道追随那自然而然者"，或"道效法那本身即如此者"，甚至"道效法那出于自身即是其所是者"这样的现代汉语表述，并强调这个"者"字。而这样的表述所容许的解释与那些跟河上公的解释一脉相承者有所不同。这里最关键的差异是，如果我们在现代汉语或英语中这样说，那就等于承认，照老子的这一说法，道确实效法某一可被称为"自然"者，而此一"自然"者或"自然而然"者可能又并不是西方意义上的作为总体的、人格化的"Nature"，或现代汉语中的"大自然"。那么，道所效法的此"自然而然"者，或者，更严格地说，此可能为复数的诸"自然而然"者，究竟是什么呢？

㉚ Robert Henricks, *Lao Tzu's Tao Te Ching: A Translation of the Startling New Documents Found at Guodian*, New York: Columbia University Press, 2000, p. 55.

㉛ Roger Ames and David Hall, *Dao de jing: "Making This Life Significant"—A Philosophical Translation*, New York: Ballantine Books, 2003.（转引自何金俐的中文翻译《道不远人——比较哲学视野中的〈老子〉》所附之英译原文，北京：学苑出版社，2004年，第145页）

㉜ Rudolf Wagner, Laozi, & Wang Bi, *A Chinese Reading of the Daodejing: Wang Bi's commentary on the Laozi with critical text and translation*, Albany: State University of New York Press, 2003, p. 203.

五、王弼对"道法自然"的理解

为了回答这一问题，我们也许得回到王弼对《老子》的注释。那里我们可以发现，早已存在着对"道法自然"的一个与众不同的解释，一个在对"道法自然"的解释传统中其实也许尚未被充分注意和真正理解的出色解释。

现在就让我们重新看一下王弼对"道法自然"的理解。王弼将"道法自然"解为："道不违自然，乃得其性（法自然也）。"㉝此解承其以上对"人法地，地法天，天法道"之解释而来：

> 法，谓法则也。人不违地，乃得全安：法地也。地不违天，乃得全载：法天也。天不违道，乃得全覆：法道也。㉞

可以感到，王弼这里的措辞很谨慎，因为他用了与《老子》这里的原文相应的排比句式来解释老子这段话的意思。按照王弼的这一解释，人是因不违反地而使自己得到全安；地是因不违反天而使自己可以全载；而天是因不违反道而使自己可以全覆。照此，道也是因不违反"自然"而使自己得到自己的本性。这里，道之不违自然一如人之不违地，地之不违天，天之不违道。显然，"自然"在这里被理解为一与人、地、天、道并立者。

然而，由于"自然"本为一形容词，所以即使王弼对"道法自然"的这一解释本身也有可能被误解。例如，余敦康就说：

㉝ 楼宇烈：《王弼集校释》上册，第 65 页。括号中之"法自然也"乃校释者据陶鸿庆说校改。

㉞ 同上。但此引文中的标点为笔者所为。

按照王弼的解释，所谓"道法自然"，意思是"道不违自然，乃得其性"，自然是对道的内涵即道的本性的一种规定，并非另一凌驾于道之上的实体。不仅道以自然为性，天地万物也都以自然为性，自然之性遍及天地万物，是所有一切有限事物的内涵的本性。㉟

在此，王弼所说的"道不违自然"中的"自然"被理解为只是对道本身的一种描述，而不是"道之上的实体"。此"自然"诚然不可能是道之上的"实体"，但如果王弼所说的"道不违自然"真的仅仅意味着道不违反自己或自身，那他对"道法自然"的解释与河上公一线的解释可能就没有什么分别了。

然而，王弼真是这个意思吗？我们必须接着王弼以上的话往下看："法自然者，在方而法方，在圆而法圆。于自然无所违也。"此正是王弼对"道不违自然，乃得其性"的进一步解释。而照这一解释，"道法自然"的意思就是，如果"本来"就是个方东西，道就跟着它一起方，而如果"本来"就是个圆东西，道就学着它一起圆。而此种跟从、学习或效法首先蕴含着对方之为方及圆之为圆的承认。在此承认中，道让方、圆作为方、圆而存在。方、圆之或方或圆乃是其"本来"即如此，而此即其"自然"。所以，道之让方为方、让圆为圆就是不违此"自然"，而这也就是说，不违这些自然者或自然而然者本身之"自然"。反之，如果道强方者为圆，而强圆者为方，那就会是有违或有犯于自然者本身之自然了。而在中国传统中，"自然"者或"自然而然者"即是

㉟ 余敦康：《魏晋玄学史》，第167页。

万物。㊱所以，照王弼的理解，"道法自然"即意味着，道法万物，亦即道法"自然而然"之万物，或法万物本身之"自然"。㊲而道只有如此

㊱ 说万物乃自然者或自然而然者，即是说万物各自本来就是自己那个样子，亦即，本来即是其之所是。所以，从某种意义上说（当然，仅仅是从"某种"意义上说），一说万物"自然"，就已经是把话说到头儿了或说尽了：如果万物本来就是它们各自那个样子，那还更有什么可说的呢？正因为如此，所以王弼于"于自然无所违"一语后即对"自然"本身作了这样一个解释："自然者，无称之言，穷极之辞也。"此语之意在我们此处的语境中应不难理解。但在王弼的一些评论者中，"无称之言"似尚未得确解。唐君毅认为其意为"无特定事物为其所称"（见唐君毅：《中国哲学原论》上册，香港：人生出版社，1966年，第32页），瓦格纳则将其译为 "a saying for what is without a name"，即"关于无名者的一个说法"（见 Rudolf Wagner, A Chinese reading of the Daodejing: Wang Bi's commentary on the Laozi with critical text and translation, p. 203）。前者之说仍嫌朦胧，后者之译则令王弼以"自然"为无名者之名。而在《老子》的语境中，"无名"之说又总是有可能会让人想到终极者或最高者（"无名天地之始"）。其实，从王弼此语的句法看，"言"与"辞"是互文见义的说法，故"无称之言"与"穷极之辞"二语亦互文见义。"穷极"乃"尽头"之意。故"穷极之辞"即谓，"自然"这个说法乃是话说到尽头时的一个说法。关于万物，当我们再没有什么可说了的时候，或不再有什么能说的时候，就说它们"自然"——说它们本来就是那样，仅此而已。相对于"穷极之辞"，"无称之言"这一表述的意思即可以被确定为：无所说之言，亦即，没有说出什么来的说法。言通常是有所称的。称是以言及物，亦即以言出意。我们即在这一意义上说某某"言必称……"（如"言必称尧舜""言必称仁义"等）在王弼这里的具体语境中，既然"道法自然"之意已经被确定为道之"在方而法方，在圆而法圆"，则物之或方或圆即已隐然被视为物本身之自然。故自然乃就万物而言。但在王弼看来，说万物"自然"乃是一种并没有说出什么来的说法，或一种不再有什么可说了的时候的说法，故曰"自然者，无称之言，穷极之辞也"。

㊲ 钱穆注意到了王弼的这一解释，但认为后者在此已经背离了老子之"道法自然"的本意。在《郭象〈庄子注〉中之自然义》中，钱穆评王弼之"道法自然"注曰："今按：《老子》本义，人法地，地法天，天法道，道至高无上，更无所取法，仅取法于道本身之自己如此而止，故曰道法自然。非谓于道之上，道之外，又别有自然之一境也。今弼注道不违自然，则若道之上别有一自然，为道之所不可违矣。又弼注屡言自然之道，则又若于人道地道天道之外，又别有一自然之道兼贯而总包之矣。故弼注之言自然，实已替代了《老子》本书所言之道字，而弼不自知也。"（钱穆：《庄老通辨》，第364页）钱穆此处对"道法自然"之理解仍不出河上公的思路，故其虽解王弼注"道法自然"之语，但未解王弼注"道法自然"之意。至于钱穆提到的王弼所言之"自然之道"，在王弼老子注中共三见：其注"孰能浊以静之徐清，孰能安以久动之徐生"曰："此自然之道也"；其注"信不足焉，有不信焉"曰："夫御体失性，则疾病生。辅物失真，则疵衅作。信不足焉，则有不信，此自然之道也"；其注"少则得，多则惑"曰："自然之道，亦犹树也。转多转远其根，转少转得其本。"此皆非钱穆所言，亦即，皆非谓道之上更有一自然之道。这些说法实更可先就其字面来理解。其字面义有二，但两者相辅相成。一、自然之道谓自然而然者本身所有之"道—理"，即自然而然者之何以即必得如此，而不可能有其他样子。而这就蕴 （转下页）

"不违自然",亦即,不违万物(之自然),才能"得其性"。按照王弼这里的句法,此"其"字显然应该指道。"得其性"亦即道保持而不失去自己之"性"。

然而,如果道只有如此不违万物之自然才能保持自己之性,道自己之性又是什么呢?我们能在严格的意义上谈论道自己之性吗?道之能在方而法方、在圆而法圆即蕴含着,道"自己"或"本身"——如果我们还能这么说的话——并没有任何确定的形体,因而其实也并没有任何确定的"自己"或"本身",不然它就不可能如此地"随圆就方"。道无形,无体,因而亦无严格意义上的性,如果性意味着确定的特性或本质的话。道正因为在非常严格的意义上无形,无体,更无任何自身之性或质,所以才能真正极其柔和地随圆就方,而从不会迫方、圆违其本身之自然而就道"自身"之范。但道之从不把"自身"强加于方、圆之上正是而且也只能是因为,在非常严格的意义上,道其实并无任何"自身"可言。而正因为道并无任何"自身"可言,道才只能或必须让"自己"随方就圆。

于是,顺着王弼对"道法自然"的解释,我们达到了这样的结论:

(接上页)涵着,二、自然之道即谓自然而然者所循之道。故此道仍为老子所言之道。王弼提到"自然"之诸注中,很多都是在顺应物之自然这一意义上的自然。如,"善行无辙迹"之注曰:"顺自然而行。"(顺自然而行非谓顺从一现代意义上的"大自然",而仍是顺物本身之自然之意)"善闭无关键"之注曰:"因物自然,不设不施。……因物之性,不以形制物也。""复归于婴儿"之注曰:"婴儿不用智,而合自然之智。""为者败之,执者失之"之注曰:"万物以自然为性,故可因而不可为也,可通而不可执也。"(以自然为性是说物之性即物之本来如此或自然而然)"圣人去甚、去奢、去泰"之注曰:"圣人达自然之至,畅万物之情,故因而不为,顺而不施。除其所以迷,去其所以惑,故心不乱而物性自得之也。"("达自然之至",在王弼注的语境中,乃谓能彻知万物之根本上的自然而然,亦即其最"本源"或最"真实"或最"实在"的状态,或其之"本是"。"畅万物之情"与此相应,谓让万物将自身之实然表露无遗)"道常无为"之注曰:"顺自然也。""建德若偷"之注曰:"因物自然,不立不施。""大巧若拙"之注曰:"大巧因自然以成器,不造为异端,故若拙也。""知者不言"之注曰:"因自然也。""治人事天莫若啬"之注曰:"农人之治田,务去其殊类,归于齐一也。全其自然,不急其荒病。"(以上王弼注皆转引自上引钱穆书,第363—366页)

"道法自然"意味着,道法自然而然之一切。而自然而然之一切即万物。《老子》的文本本身所支持的显然也是这一解释。因为,根据"人法地;地法天;天法道;道法自然"这一排比句式,与"人""地""天""道"并列的"自然"这里显然应该被视为一已经名词化了的词组,意味着某(些)可被称为"自然"者,而非作为状态或性质的"自然"。所以,"道法自然"即意味着,道法万物。㊳

六、"道法自然"与"道生……万物"

然而,面对这一现在似乎应该得出的结论,我们又困惑了。因为,对"道法自然"的这样一种解释让我们立即又面对另一个极其困难的问题:道不是"生"万物者吗?人们当然不会忘记《老子》本章中及其他章中那些似乎非常明确地肯定道生万物的话:"道生一;一生二;二生三;三生万物";"道生之,畜之,长之,遂〔育〕之,亭之,毒之,养之,复之"。㊴而如果道生万物,万物何以还能真正"自然"呢?因为,如果是道"生"万物,则万物之"然"乃是道使之然(亦即,"他—然"),而非万物自身使自身然("自—然")。㊵而如果真是这样

㊳ 我们发现,有些英语翻译蕴含着此种理解,或已经隐隐指向这一方向。例如,除上文提到的瓦格纳以外,还有张钟元,其译此句为:"Tao is in accordance with that which is."(Chung-yuan Chang, *Tao: A New Way of Thinking*, p. 72;及 Michael LaFargue,其译此段为:"Earth gives the rule for people/Heaven gives the rule for Earth/Tao gives the rule for Heaven/The rule for Tao: things as they are." (Michael LaFargue, *The Tao of the Tao Te Ching: A Translation and Commentary*, New York: SUNY, 1992, p. 84)

㊴ 见通行本第四十二章,帛书本第四十二章;及帛书本第五十一章。通行本第五十一章此处则为:"道生之,德畜之,长之,育之,亭之,毒之,养之,覆之。"本文此处引文从帛书本。诸家或读"亭"为"成","毒"为"熟",或释"亭"为"定","毒"为"安"。从前者,则"亭之,毒之"即为"成之,熟之";从后者,则为"安之,定之"。说见高明:《帛书老子校注》,第 72—73 页。

㊵ 参校《吕氏春秋·义赏》中以下语:"春气至则草木产,秋气至则草木落。产与落或使之,非自然也。"

的话，道又怎么竟会（让"自己"）法万物呢？这里不是应该反过来说，亦即，是万物法道吗？上述这整个问题也可以反过来这样问：如果万物确实"自然"（"自然而然"），亦即，自来如此，本然如此，而并非先由道决定其如此，道又如何还可是"生"万物者呢？

这里，如果我们仅仅根据简单的线性关系或形式逻辑来"质问"老子，那么我们其实并不需要任何回答，因为我们已经知道这一回答了：如果道生万物，万物当然就不可能"自"然。反之，如果万物真的"自"然，那么万物就不可能"生"于道，道就不可能是"生"万物者。[41]在遵循所谓"形式逻辑"的思想中，这样的提问或质问当然是合法的，但这样我们就在试图开始理解老子之前先已经把通向真正理解的"道"堵死了。我们觉得老子这里有一个所谓"逻辑"上的问题。老子的思想和论述在这里不通。这就行了。

然而，如果老子真的是要说："道生万物，而道又法万物之自然"，而且真的是要通过这样的似乎"不合逻辑"的表述告诉我们些什么，那又会如何呢？

如果这里我们想保持对老子的思想的最起码的"信"（信念、信心、信任，没有这一最起码的信，我们就根本不可能开始对《老子》的阅读），就必须首先考虑这样一个与这里提出的问题有关的准备性问题：的确，老子是说"道生……万物"；但是，如果道在某种意义上确实"生"万物，而如果万物在某种意义上也确实"生"于道，而万物又确实自然，那么，"道生……万物"之"生"又究竟能意味着什么呢？此"生"究竟是何种意义上的生呢？

也许只能是：虽然道确实"生"万物，但道之生却只能是"不生之生"或"生而不生"。因此，万物也确实"自然"，但万物之自然却

---

[41] 是以中国思想传统中之有郭象的物之"自生独化"之说，并非偶然。

只能是"得"其自然（这两种情况所蕴含的独特的"逻辑"皆非遵循形式逻辑原则的思想所允许）。说道之生物只能是"不生之生"或"生而不生"，此首先是欲强调，道不是造万物者，不是造物之主，不是创造万物的"上帝"。道之"生"万物只能是让万物去成为万物，或让万物去是万物，亦即，让万物去成为其各自之所是，或让万物各自去是其之所是。所以，说道生万物并不是要说，是道本身实际上生出了万物，而是要说，是道本身以某种方式让万物生。所以此一"让—生"之"生"并非母生子这一意义上的生。道之此"让"蕴含着某种邀请之意：请万物生，请万物到来，请万物开始其本身之有，请万物开始其各自之存在，请万物成为万物。没有道之此"让"，此一非常根本性的"让"，就没有万物本身之"生"。没有道之此"让"，就不会有万物。但也正因为道并不是自己去生万物，而只是去让万物生，所以道并不"决定"万物之如何生。因此，让万物生必然只能意味着，让万物自生。而道既已以其让而邀请万物自生或邀请其到来，就也必须尊重应邀而生或而来之万物，亦即，尊重万物各自之所是，或尊重万物之自然。

于是，让万物自生、自来之道也必然是让万物自然之道。万物正因为道之让其自生方能自然，方才自然。而道也正因为能让万物自生，亦即，能让其是其之所是，或能让其自然，而方能为道：为一切"自然（者）"（所由）之"道"。此"自然'之'道"又只能意味着：让自然者能由之而来并由之而行之"道"，让自然者能自然或能自然而然之"道"。而那自然者，亦即，那自然而然者，即是万物。在《老子》第二十五章中，这一可为"天下母"者之可被"字"之为"道"，或许就正是因为其乃此一意义之上的万物之"道"，乃让万物成为自然而然者或让万物通向自身之"道"。作为这样的"（通）道"，其对万物之"让"——其邀请万物"通过"它空无一物的"自身"而到来——正是此道作为道的题中应有之义。道只有让物通行方可为道。道正因为能如此让万物"（自）生"且"自（然）（而）然"而为（万物之）道，万物则正因为道之此让，或此作为让之生（亦即，道生万物之生）而（成）为"自（然而）然"之万物。这里，"'自（然而）然'之万物"当然并不是说，作为总体的"大自然"（中）的一切事物，而是说，本来即如此这般之物，自身即如其所然之物。

正因为道乃"自然"——所有"自然（而然）者"——之道，或者，乃"让"自然者得以"自然"之道，而"自然"——所有自然（而然）者——乃"由于"或"通过"道而"得"其自然，成为"自然"，所以，道"本身"亦在某种意义上"自然"。是以《老子》中也说："道之尊［也］，德之贵［也］，夫莫之命［爵］而常［恒］自然［也］。"㊷但这可能也是《老子》中又一个会导致将"道法自然"理解为"道'本身'（是）自然（的）"的说法。然而，"法自然"之道的"自然"却不可能与万物之"自然"同义，而这首先是因为，如上所述，道并非一"自然而然"之"物"，故并无"自然"这一表述所可能蕴含之"自（身）"可言。既然"道法自然"，亦即，法那些"已经"自然而然者，道就不可能有任何"自身"或"自己的样子"，或自身与自身的同一，否则道就不可能真正地法自然，而只会这样或那样地把"自身"强加于一切自然者之上，从而令其并不能真正自然。因此，道之"'自'然"只能意味着，道让万物自然而然。道"本身"即只"是"万物之"自然"。正因为道没有本身或自身，没有本性，或正因为道在并非"空无一物"的意义上为无，所以"自然"，亦即，自然而然者，万物，万有，才是道唯一可效法与所效法者。道只有效法自然——效法一切自然而然者——方能为道，亦即，方能为让自然而然者

㊷ 《老子》第五十一章。方括号中虚词为帛书本《老子》所有。"命"字在帛书本中作"爵"。

"由于"或"通过"其而成为自然而然者之道。而道亦仅当让万物自然之时方"自然",亦即,方为一从根本上说即不可能有自身、因而甚至也不可能在任何严格的意义上被真正称为"自然"的道。道"本身"之"自然"就只是而且也只能是就万物之自然而让万物自然,或让万物通行。所以,"道"的确"法自然"!现在,"道法自然"这一表述的意义就变得十分确定了。不论在《老子》第二十五章的直接上下文中,还是在老子的整个思想中,"道法自然"都只意味着:道效法那"自—然—而—然—者",亦即,道法万物。

七、"道生……万物"的"具体"意义或方式

　　道之所以法万物,而且必须法万物,是因为被称为"道"的这个"可为天下母"者并非造物主意义上的生万物者。道之"生"物只能是"法自然",亦即,是"在方而法方,在圆而法圆",从而"于自然无所违也"。换言之,这就是让万物各是其所是,并自行其是,亦即,让其作为各自不同的、自然而然的万物而有,而存在。然而,这样说能有意义吗?而如果真可以这样说的话,那这又是什么意思呢?如果万物之"自然"只是因为道之能法万物之自然而"让"万物自然,那么万物的此种由于道之让而来的"自然"又究竟意味着什么呢?万物的这一由道之让而来之"自然"也许只能意味着,在道法万物之自然"之前"——当然,这是一无法想象的"之前",一从未实际存在的"之前"——万物还并不自然。因此,如果一方面可以说,"道法自然",那么另一方面就又必须说,万物又只有"通过"道方有所谓"自然"而言。当然,这一说法非常冒犯所谓"常识",但又确实是如此的。为什么?

　　为了回答此问题,让我们先具体地分析一下"自然"这一表述所

蕴含者。"自然"中这个本来表示"燃烧"的"然"意味着"如此",但此"如此"有非常强烈的动词意味,所以其表示的首先并不是静止的"如此",而是动态的"去如此",亦即,"去像这个样子"。"然"的动词性用法,如《庄子·齐物论》之"物谓之而然:恶乎然?然于然。恶乎不然?不然于不然。物固有所然,物固有所可。无物不然,无物不可"中之诸"然"字,就有这样的意味。所以,作为活动或过程,"自然"蕴含着,自己使自己如此(而非如任何其他东西),自己让自己(成为并保持为)这样。于是,能自—然,亦即,能自己让自己去如自己之此,即已蕴含着,万物已各有一能让自己去如自己之此的"自己"或"自身"。

然而,万物却并非本来即各有其"自身"。因为所谓自身必然已经蕴含着自身与自身之分。只有能以某种方式与自身分开,并因此而与自身相对,从而认同于此自身,物才能有一所谓的自身,亦即,有其同一性。那么,万物又如何才能开始各有其"自身",并从而有可能"自然"呢?回答仍是,是道让万物可以开始各有其"自身"。这就是说,是道通过"法自然"——法万物之自然——而让万物开始各如其所如,各是其所是。或者说,是道让万物开始成为自然而然的万物。而这就蕴含着,在道"开始"法万物之自然,从而让万物"开始"自然"之前",万物还并无任何"自身"可言,因而也还不可能"自然",或尚无所谓"自然"。

那么,道又是如何让万物开始各有其自身的呢?道仍是,而且也只能是,通过法自然之万物或万物之自然而让万物开始各有其自身。具体地说,道之"法自然"首先意味着道对万物各自之所是的"承认"。此"承认"之"承(担)"首先要求一"(确)认":认(出)一物之为一物,如认方之为方、认圆之为圆等。认一物之为一物即是确定地认出此物之同一性,亦即,确认此物为与"自身"同一者。若无此种对物之各自的同一性的确认,即无任何所谓特定之物。但确认一物之同一性或其自身意味着,区别此物于他物,并相对于他物而确定此物之为此物(而非任何其他物)。而这就是说,一物只有在与他物的联系与区别中,其"自身"或同一性才有可能得到确认。例如,道之在方、圆而法方、圆首先即已是对于方、圆(之物)之为方、圆(之物)的确认,亦即,是对于方、圆(之物)"自身"的同一性的确认。但此确认也是让方、圆各有其"自身"或各有其同一性者。为什么?因为方之为方即在于其有别于圆,而圆之为圆则即在于其有别于方。而道之能确认方、圆之为相互有别之物,并因此分而法之,则首先是因为,道在最直接但也最深刻的意义上就是万物之道。具体地说,此一表述意味着,道乃是万物之间的普遍联系。只有在道之上,或在道之中,一物才能不(被)囿于"自身"而走向另一物。只有在道之上或在道之中,一物才能通达于另一物,万物才能相互通达。而此普遍通达在使万物相互联系之时,亦使万物相互有别,因为联系建立区别。正是此种根本性的联系—区别,才使万物开始各自具有自身的同一性,亦即,开始各自有其"自身"。正是因为道——万物之间的道,联系万物之道——使万物能各自走出"自身"而走向他物,并与他物照面,万物才能开始各有自身,亦即,开始成为具有同一性的、能被确认的万物。而这也就是说,万物此时才"首次"各自是其所是者,亦即,是相互有关而又相互有别之万物。万物之能各自是其所是,就正是因为万物皆在道之中通过相互有别而各自开始"是"某某特定之物。但也正因为如此,我们才无法说道("本身")"是"什么。说道"是"什么就是要相对于他物而确定道"本身"之同一性,或确认道之"自身"。但道却是使此普遍的"相对于……"成为可能者,因而从根本上即不可道(说)。可道之道只是一道,一具体的道,而使此可道之道为可道之道者则在非常根本的意义上不可道。

不可道之道对于万物之"承—认"不仅"确认"万物之为万物，而且"承担"万物之为万物。此一根本性的承担意味着，为万物负责。而此一负责则意味着，不断地保证万物去各是其之所是者，或不断地去保证万物之为万物。而道之"法自然"即可说是此一承担活动的具体表现。道之"法自然"，或道之在方、圆而法方、圆，而不是强方、圆为非方、非圆，就是对于方、圆之作为方、圆而存在的根本性承担。而形象地并贴近道之本义地说，此一承担就是让万物作为"自然（而然）"之万物而行于道上或道中。道即因为让万物通行于道——通行于"自身"，并由此通行而得其"自然"——之上或之中而为万物之道，万物也即因为必须"通过"道或必须通行于道之中而为道之万物。所以，道的确是"万物之所由"者，尽管我们几乎已经完全不能理解这一表述的既简单而又深奥的"形而上"涵义。

道：万物之所由也。万物"通过"道而成为万物。万物之"通过"道是"行"亦是"为"："行—为"。而此"行—为"则是最根本或最原始的事件。此事件让万物得以与其尚未存在的"自身"拉开距离，并恰恰就是通过这一拉开距离而为万物建立起各自之"自身"。因为，"通过"道者已非尚未"通过"道者。已经"通过"道者即因此种"通过"而以某种方式离开了自身。所以，正是道让物之"自身"与"自身"有分，而正是此"分"才让万物开始有所谓"自"或"自身"可言。[43]有了"自"，或有了"自身"，万物才能"首次"回到自身之中，居于自身之中，并能开始"自—然"。而道就仅仅法此"自然"而已。

这也许就是"道法自然"所蕴含的最简单而又最深奥的"（非）逻辑"或"道"：道必须而且也只能法自然方可为万物之道；而万物则只

---

[43] 这里，让我们别忘了《庄子·齐物论》中的那句简单而深奥的话："其分也，成也！"

有为道所法，或者说，只有"通过"道，方才为自然之万物。我们可以名此"（非）逻辑"或此"道"为"让之（非）逻辑"或"让之道"。但让之道也是道之让：道若不让万物"自然"，就根本没有万物；而万物若不能"自然"，就根本没有道。道只是让万物自然，但是此"让"却成就万物之为万物。道即在此意义上，或以此种方式，而从根本上为生万物之道。

八、"道法自然"与圣人之"能辅万物之自然"

然而，如果通过以上分析，现在已经可以接受"道法自然"即"道法万物"，我们还必须回答一个重要问题：如果道并无任何"自身"或"自己"，道又如何能让"自己"去法"自然"呢？即使接受道并无任何"自身"或"自己"之说，说"道法自然"是否仍然会把道隐隐地变成某种能法者，亦即，某种"主体"呢？

道并无"自身"或"自己"，而且——如果以上全部分析皆可成立的话——也不可能有任何"自身"或"自己"，所以道又只能而且必须"通过"人——"通过"老子所说的"圣人"，忘己之人，无己之人——而让"自己"去"法自然（万物）"。道"通过"人而成为道。人呢？人则"通过"道才能成为人，成为老子所理解的人——"圣人"。所以，在老子这里，人应该让自己同于道："从事而〔于〕道者同于道。"㊹而正因为如此，在老子这里，"道法自然"，圣人亦"法自然"。道与圣人之间的这一"相似"非常重要。圣人之"法自然"体现为："能辅万物之自然，而不敢为。"㊺人作为人即能为。此是人之不同于道之处，因为道本质上不能为。但也正因为人能为，所以也才有可能

㊹ 《老子》第二十三章。引文从帛书本。
㊺ 帛书本《老子》第六十四章。王弼本此处为："以辅万物之自然，而不敢为。"

主动地、有意识地"辅万物之自然"。"辅万物之自然"当然已经是某种"为",但是此"为"的独特之处却是"不为"。"不为"是因为"不敢为"。"不敢为"则是因为人深知自己在根本上的"不能为"。⑯而出于对此根本上的"不能为"之自觉的"不敢为"则正是欲"让"万物"自然"。如果人因自信自己之能为而敢为,如果人因此一自大的自信而不仅敢为,并且"胡作非为",那就不会有万物之自然了。人之欲"让"万物"自然",或人之能有此"欲",此种不以欲求而却以不欲求为其特征之欲,则是因为人能通过"法地"而"法天"而"法道",而"道"则始终"法自然"。

"道法自然":道始终只是让万物自然,所以"道恒无为也"。然而,也正是因为"道恒无为",即道从根本上就不可能有任何为,所以道之法自然才必须通过人来"实现",所以道才需要人——同于道之人,理想的人,老子的圣人——来守:守住道之无为。而守住道之无为,却正是为了让万物成为自然(而然者)。此亦即老子所说之物之"自化":"道恒无为也。侯王能守之,而万物将自化。"⑰但"守"实已是为,而且也许是最困难亦最根本的为,因为"守"需要意识,需要主动,需要警觉。道需要人之有意识的、主动的、警觉的为来保守住其根

---

⑯ 在郭店《老子》甲中,"能辅万物之自然,而不敢为"即作"是故圣人能辅万物之自然,而弗能为"。而此句之后即紧接通行本之第三十七章("道恒无为也")。这意味着,在郭店《老子》甲本的作者或抄写者的思想中,圣人之无为或弗能为与道之无为是紧密联系在一起的。因此,圣人不仅是能为而不敢为,而是从根本上即没有可能为。但这应该理解为,从根本上说,圣人只有辅万物之自然的可能(此当然也是为),而没有为万物("为万物"是在创造意义上产生万物。王充《论衡·自然》中说:"天动不欲以生物,而物自生,此则自然也。施气不欲为物,而物自为,此则无为也。"见《论衡校释》,北京:中华书局,第776页。黑体为笔者所为)的可能。没有为万物的可能不是圣人不能("应该能而不能"这一意义上的无能),而是圣人不可能无中生有地"为"出万物。

⑰ 此从郭店楚简本《老子》甲引(甲:7)。王弼本《老子》第三十七章作"道常无为而无不为"。朱谦之《老子校释》所依之景龙碑本同。帛书本《老子》第三十七章首句同第三十二章首句,作"道恒无名"。

本性的无为。㊽而正是在这样的以"有为"而"为'无为'"的(圣)人之为中,或正是在这样的"无为之为"中,方能有万物之自然,或自然之万物。

㊽ 是以老子要人"为无为"(《老子》第六十三章)。

第四章
老子与海德格尔之近:"道之为'物'"抑或"物之为'道'"?

在可以作为本书下篇之某种结论的本章中,我们将通过一篇讨论海德格尔与老子在思想上的可能联系的文章来表达我们对此问题的看法。之所以选择这篇文章是因为笔者曾应刊物之邀而需要对此文章进行评论。

王庆节的《道之为物:海德格尔的"四方域"物论与老子的自然物论》意在通过海德格尔关于物之何以为物的思考而将老子带近海德格尔,或将海德格尔带近老子。①作者从海德格尔后期的一篇演讲《物》开始。《物》中所谈论的问题正是近。海德格尔谈论物就是为了思考近。何谓近?什么才是真正的近?所以,这里的问题是近的本性或者本质。然而,因为近本身并不直接呈露,这也就是说,近并无所谓本身,所以才需要"通—过"那些离我们近的或者已经在我们近处的物或者东西去接近之。于是,为了思考近,海德格尔现在要"近取诸物"而不是像以前在《存在与时间》中那样"近取诸身"(Dasein,此在,亲在,人)。这一从"近取诸身"到"近取诸物"的变化或者"转向"仍然值得继续研究。而一旦海德格尔告诉我们可以从在近处的物开始,我们其实就已经在跟着他一起以某种方式理解着近的意思了,否则我们又怎么可能知道在我们身边眼前的物就"近"呢。但是,另一方面,海德格尔

---

① 王庆节:《道之为物:海德格尔的"四方域"物论与老子的自然物论》,《中国学术》总第十五辑,北京:商务印书馆,2004年。以下引自此文者仅随文注明页码。

谈论在我们近处的物却是为了接近"近"本身,亦即接近"近"的本性。所以,当我们从所谓"近物"开始时,我们其实还并不真正知道何谓以及何为近。而最终我们会发现,只有物,其本性或本质已经被思考被理解的物,才能把我们真正带入近之中。当然,一说"带'入'近",我们其实马上就错了,因为海德格尔在《物》中已经警告我们,近并非某种容器。我们并不像在容器中那样在近之中。② 所以,在讨论海德格尔的思想时,尤其是在汉语这样一种海德格尔可能会认为不够完成哲学任务的语言中讨论海德格尔的思想时(我们不会忘记海德格尔曾经断言只有希腊语和德语才真正有哲学资格的话),那一为海德格尔本人所要求于我们的时刻的"警觉"是一个绝对的必要。跟极度留心于语言,留心到绝不放过自己所读文本中与自己写作中所使用的任何一个关键字眼,并欲将每一这样的字眼皆追溯到其源头而恢复其已经衰减削弱的原始力量的思想家在一起,片刻的松懈就有可能让我们失之千里。

现在,我们也许可问,如果只有物,真正的物,其本性被思考被理解的物,才能带来近,才能把远者带近,那么,第一,一个文本是否也可以视为一物,一个海德格尔意义上的物?第二,如果文本也是一物,一个海德格尔意义上的物,那么一个文本如何为我们带来近,如何将远者带近?我们这里不可能真正进入第一个问题本身的讨论,但有一点似乎是现在就可以肯定的:在某种意义上,一个文本当然也是一物。海德格尔这一有关物的文本所讨论的基本问题是近,而那能够产生近,能够真正将远者带近的是物。于是,海德格尔的这一文本,作为一个有关物之何以以及如何为物之物,其本身也应该产生和带来近,应该将远

---

② 见 Martin Heidegger, *Poetry, Language, Thought*, Albert Hofstadter 译, New York: Harper & Row, 1971 年,第 178 页。相应的汉语译文可以参见孙周兴编《海德格尔选集》下卷,1178 页。本章中对海德格尔的翻译和解释,除注明者外,均基于此英译。以下所有出自此书的引文,将仅于正文中注出英译本页码,并附以《海德格尔选集》中相应的汉语译文的页码。

者互相带近。在海德格尔这里,他通过《物》所产生的近是其所谓天、地、神与能死之人四者之近。而近,其本性被理解的近,意味着使之近。近产生近。近近。所以,近在海德格尔这里不是状态,而是活动。但是,近之近,近之发生,近之真正成为近,却有待于物之真正成为物。物之真正成为物在海德格尔这里被独特地表达为"物物"。当然,这不是一个具有动宾结构句法的"物物",而是一个具有主谓结构句法的"物物"。前者可见于《庄子》,指的是支配物而不是受物支配,后者之中的主动者则是物本身。那么,物如何物?物如何让自身真正成为一物?"物何时怎样才作为物而出现/到来?"海德格尔说:"它们并不因/由人之制造而出现。但没有能死者的警觉,它们也并不出现/到来。"(英译本,第181页;《海德格尔选集》,以下简称《选集》,第1182页)于是,如果文本在某种意义上也可以被视为海德格尔意义上的可以产生和带来近之物,那么此一特殊的物(应该说,每一物都是特殊的)亦需要"能死者的警觉"方能真正作为一物而到来,方能真正成为一物。③而如果每一物都必须以自身的方式成为一物,那么,就文本这一特殊之物而言,其真正成为一物所需要者就是阅读。阅读就是我们作为能死者而让作为海德格尔意义上的物的文本真正成为一物——成为文本——的警觉。没有这一作为(对于文本的)警觉的阅读,或作为阅读的警觉,文本就不能作为一个能够真正产生近的"物"而到来。于是,就有可能发生像海德格尔在《物》中所说的情况,即虽然距离是被消除了,但结果却只是让"无距离"占据了统治地位,而近却仍然没有发生,物作为物仍然处于被抹煞的状态(英译本,第181页;《选集》,第1182页)。而这似乎就正是王庆节的文章给人的感觉。

海德格尔的《物》谈论——从而产生和带来——天、地、神与能死

---

③ 关于海德格尔的"能死者"这一重要观念的讨论,详见后文。

之人四者之间的近。王庆节之文则欲通过海德格尔的"物"来谈论——从而产生和带来——海德格尔与老子或老子与海德格尔之近。然而，为了让两种不同的思想能真正穿越一个巨大的时空而互相接近，从而真正实现这两种不同思想之近，同样也需要作为作者/读者的能死者的警觉。能死者的警觉意味着，这一警觉是有限的。有限的警觉则必然是这样的警觉，一如康德之论道德完善，此警觉不可能在能死者这里达到绝对，亦即被最终完成。正因为如此，此警觉才永远需要。在距离似乎早已不成问题，而思想早已并且仍在日益加速越出语言、传统、文化边境的今日，不同思想之能在何种程度上真正地接近，以及能真正近到何种程度，即取决于这样的警觉。正因为如此，所以阅读，尤其是对于不同语言思想文化的经典文本的阅读，才不可能一劳永逸，所以也才永远需要有我们这些能死者的警觉：警觉的阅读，阅读的警觉。无此警觉/阅读，文本就不会真正作为文本——作为海德格尔的那一能够带来或者产生不同思想之近的物——而发生。无此警觉/阅读，我们可能就会发现自己陷于下述情况：这里，虽然两种思想之间的距离似乎已经被大大压缩甚至完全消除，这里，虽然两种思想表面上似乎已经并肩而立，但真正的近或者接近其实却仍然没有发生。二者之间甚至更加遥远。

因此，我这里的基本问题是，作为读者/作者的无可推卸的责任，我们应该如何在阅读经典文本中保持警觉。所以，在阅读王庆节对来自两个不同思想传统的文本的解读时，为了将自己保持在警觉的阅读之中，我发现自己必须"通—过"作者的文本而时时回到海德格尔和老子的有关文本。为此，一方面，我必须感谢这一文本，感谢这一欲让海德格尔跟老子互相接近的努力。正是这一文本将我带近或者再次带近海德格尔和老子，让我看到海德格尔与老子之间的某种近。然而，另一方面，在"通—过"这一文本而回到海德格尔和老子各自的近处之时，海德格尔和老子各自的文本所要求于读者的阅读中的警觉和警觉中的阅读让我在该文作者所指示的二者之近中感到，虽然老子与海德格尔在一些方面可能确有非常接近之处，但作者所具体指点出来的二者之近在关键之处其实仍然似近而实远。具体地说就是，虽然王庆节此文的主要努力是欲通过他所谓的海德格尔的"四方域"物论而在老子中建构一个"自然物论"，但是直接将海德格尔的"物"与老子中的"物"拉到一起其实尚不足以实现二者之真近。相反，在我看来，如果能让老子之"道"而非老子之"物"绕行于海德格尔之"物"，再由海德格尔之"物"而回到老子之"道"，我们也许更能让海德格尔和老子互相接近，于是也就更能让我们自己接近海德格尔和老子。而这一接近，一种真正的近，却并不取决于表面上的形式类似，因此也不需要在二者中各找一个标志这一形式类似的标记。如果我们能尝试这样接近海德格尔和老子，那么也许就会发现，海德格尔之"物"其实更近于老子之"道"而非老子之"物"。而这又恰恰表明，老子的"道"绝非一物，哪怕是"最源初、最根本"的物。正是在这一意义上，老子才是（相对于海德格尔批判的"西方形而上学"而言）"非形而上学"的。也正是在这一意义上，警觉于西方形而上学的海德格尔才真与老子在某些非常重要的方面近。

既然作者是"通过"海德格尔之"物"而接近老子之"物"而非老子之"道"的，我此处也就必须与作者一道先"通过"海德格尔之"物"，虽然我在海德格尔的"物"中所取之道最终也许只会将我们带向老子之"道"，而非老子之"物"。

一、对海德格尔文本的阅读：物之为"道"

海德格尔的《物》并不那么容易理解。王庆节对于海德格尔之文的解释在一定程度上有助于我接近海德格尔的思想，但无论是通过王庆节的讨论，还是通过现有的汉语译文，我发现自己都仍然无法真正接近海德格尔这一困难的文本，所以我只好绕道于英语翻译，并以之对照王庆节的讨论和现有的汉语翻译。我当然意识到我这里所受到的限制。但是既然海德格尔思想并非懂德语者的专利，而其汉语翻译仍有某些根本性的巨大障碍需要克服，我也就只能以此自宽了。

为什么要思考物？因为，海德格尔耸人听闻地说，物还从来没有真正作为物而出现在思之前（英译本，第171页；《选集》，第1171页），所以才需要提出物的问题：何为物？物如何为物？然而，海德格尔提出物的问题，真如王庆节所说，是要建立一个有关物的理论吗？科学不是早已有了各种各样的严格的"物论"了吗？尽管这些严格的"物论"在海德格尔看来是在消灭物之为物，而不是在让物真正作为物而存在（英译本，第170页；《选集》，第1170页）。所以，思考物之何以及如何为物并不是要建立另一种"物论"，而是欲达到物之"物性"，即物之"存在"（Sein/Being）。④因而，我们恐怕很难认为海德格尔在《物》中是在提出一种"物论"，而王庆节加给海德格尔的所谓"四方域"物论之说似乎就更加难以成立了。

海德格尔阐明物之如何为物的范例是壶。为什么选壶？因为壶乃因其虚而成其为壶。壶因其虚而能容，因其能容而能予，因其能予而能聚能（挽）留。壶是信手拈来之例吗？恐怕并非全然如此。王庆节在其文中点到老子在这里的可能影响。确实，海德格尔的"制陶以为壶，当其虚，有壶之用"几乎可以立即让人想起老子的"埏埴以为器，当其无，有器之用"。但是，老子这里只是以车轮、容器、居室等有为例以阐明无之（何以为）用。简单地说，"无之用"意味着，无让有为有，这也就是说，有乃因（此）无而有。有必须能用无方可为有。车轮、容器、

---

④ 或物之"是其所是"。

居室必须有此无，必须用此无，方可成为车轮、容器、居室，于是方能"有"任何车轮、容器、居室。所以，在老子这里，这些器物之因无而有乃是无本身之让有为有——让有出现、到来、现身——的某种范例，尽管严格地说，无并无任何本身，因而也不可能有任何范例。海德格尔谈论壶时并没有像老子这样，仅仅将自己限于壶之因其虚而有壶之用。海德格尔是要以壶为例来讲物之如何可以聚集和挽留天、地、神与能死之人四者而成"世界"。但壶之"当其虚而有壶之用"本身尚不足以让海德格尔由此而直接连上他的天、地、神、人，所以他不仅要谈论壶之虚，而且要谈论壶之容与壶之所容。他与老子这一不同我们在此不应忽视。

据海德格尔，壶之容有两义，受与持。二者相属。受而不持与持而不受均不能容。此二者之统一性则决定于倾倒。虚之双重的容——受与持——归结于倾倒。在倾倒中，才有真正的容，亦即，容才真正实现自己为容。从壶里往外倾倒是给予。所以，海德格尔接着说，容器之容即在这一倾倒之给予之际发生、实现。容需要能容之虚。而能容之虚的本性即凝聚在此种给予之中。⑤但给予多于单纯的倒出。壶正是由于这一给予才成其为壶，而这一给予则在壶之双重的容之中，亦即在倾倒之中，凝聚起来。倾倒才构成充分意义上的给予。壶之双重意义上的容之在倾倒中凝聚被海德格尔称为：倾倒出来的礼物/赠与。海德格尔说，"壶之为壶即存在于这一倾倒［本身］的倾倒出来的礼物/赠与之中。"⑥

---

⑤ 参较《老子》第五章中语："天地之间其犹橐籥乎？虚而不屈，动而愈出。"

⑥ 这里，重要的是不应把汉语翻译中的第一个"倾倒"也理解为"礼物/赠与"的修饰语或限定语，从而又嫌其在汉语表述中重复而取消。倾倒本身给出和给予。倾倒本身给予其所倾倒出来者。所以，赠与/礼物属于这一倾倒本身，而这一倾倒本身属于这一赠与/礼物。王庆节在其文中将此译为："壶之壶性在斟注着的赠品中成其本质存在"（第9页），遂使"斟注"成为赠品的修饰语。《海德格尔选集》中译为："壶之壶性在倾注之赠品中成其本质存在"（第1172页），保留了"倾注"的动词性。但汉语"之"字的结构性的多义性（既表所有、领有又表限定、修饰）仍令译文难以完全传达原文所欲言者。我这里参照的是英译本（第172页）。

这里，"这一倾倒［本身］的倾倒出来的礼物/赠与"似乎不无重复之嫌，但却是必要的表述。海德格尔这里是要强调"倾倒"本身的动词义或活动义。倾倒是活动。作为活动，倾倒产生其所倾倒出来者：给予。海德格尔说，即使是空壶，也是由于这倾倒出来的礼物/赠与才保持其之为壶，尽管空壶并不能给予，并不允许给予。但是这一不允许却必然属于壶，而且仅仅属于壶这一特定之物，属于壶之为壶者。这就是说，只有能给予才有可能不给予。与壶相对照，镰或锤就不可能有这一不允许。

海德格尔为了突出壶之壶性而给出的这一对比似乎只是一带而过，毫不起眼，但是却值得阅读的警觉。然而，引了海德格尔举到的各种不同的物的王庆节却并没有对此加以讨论。镰和锤当然也是物。为了说明壶之如何为壶，壶之如何真正作为一壶而存在，海德格尔可以将其与镰或锤相比较而示其不同。镰或锤就因无壶之虚而不能容因而也不能予不能聚。诚然如此，不过如果壶这里被用来作为能够说明物之何以为物之物，或能够说明物之物性之物（"壶作为一物而在此/在场。壶是作为一物的壶"［英译本，第174页；《选集》，第1174页］），而如果根据海德格尔，物之为物即在于汇集、凝聚，海德格尔将会如何说明他心爱的锤（《存在与时间》中上手之物之例）或镰之为物？其性为击打与粉碎之锤或其性为割断与分离之镰如何带来天、地、神、人四者之聚—有一留？锤或镰如何凝聚、占有、挽留四而一的天、地、神、人？如何让它们留在或把它们留入一个生生不已的世界之单纯的生生不已之中？

这样的问题并非对大思想家的吹毛求疵。而且，如果海德格尔愿意的话，他大概也能设法以锤或镰为例而圆其物之本性在于聚集或者凝集之说。然而，问题仍然是，在说明物之物性时，壶显然并非诸物之一物，诸例之一例。老子可以很严格地说，以车轮、容器、居室这些不同的事物为例只在于说明，任何有之为有都需要一根本性的无，有只能在这一根本性的无之中才能成为有。然而，海德格尔为了表明物之本性在于凝聚，却必须从壶之虚兜到壶之所容与所予。在海德格尔这里，壶之所容为水为酒。来自天地之水可以供人解渴，酿自此水之酒可以让人奉神。是以有天、地、神、人在壶之所予中之聚。海德格尔此节有关天、地、神、人在壶之所予中出场的描写被王庆节称为"意韵非凡"而为之"拍案叫绝"（第11页）。但是壶可以有不同的所容。若壶之所容为清茶为淡汤，大约就不好也请神祇来一起享用了。这样说不是欲非难海德格尔，而是想表明，从海德格尔的能显示物之何以为物的壶到其由物所凝聚的四而一的天、地、神、人之间，并没有一直接的联系。当然，这又反过来表明，海德格尔谈物也并不是真要谈物。"物"在这里只是"聚集"（versammeln）或者"凝聚"之名，尽管为了从物到这一凝聚本身，海德格尔需要壶之所容这一"中介"。其实，如果深究起来，壶之所容本身又何尝不是一物？此物作为礼物，与壶本身之作为一给予礼物之物，二者的关系又当如何？因此，这里的问题还是，虽然海德格尔以壶为物之例，而以物为聚集/凝聚之喻，他的主题最终还是我们在汉语中勉强译为"存在"的Sein/Being。所以，如果说海德格尔此处之"物"近老子之"道"，如果海德格尔自己也以某种方式点到这一点，那么这正是因为，他通过物所及者恰恰就是与道相近之Sein，或与Sein相近之道。不过，为了跟随海德格尔的思路，我们还是得具体看一下其如何由"物"而及"道"。

在海德格尔这里，壶之为壶在于其在倾出所容之时有所给予。壶之所倾出者就是礼物/赠与。而由壶之这一倾倒而来的礼物/赠与之所以是礼物/赠与是因为，它让天、地、神、人留下来。⑦但是，留并不是或不再是某一在此之物的单纯的在（此）而不离。此"留"是使之留，让

---

⑦ "留"为德语"weilen"之翻译。英译为"stay"。王庆节对此词保持了警觉，并在一个注释（注27）中解释他何以将之译为"逗留"。但"逗留"实有"短暂停留"之意。《海德格尔选集》中译为"让……栖留"，未能传达其及物动词的力量。窃以为在上下文允许时不如径用此含义丰富的既可及物亦可不及物的汉语动词"留"为好。

其留，故有挽留之意。所以，海德格尔说，此留或挽留"居有"或者"据有"或者"占有"。其意为，此留或挽留使天、地、神、人四者留在一起而彼此相属。就是由于此留或挽留或（使之）居留的这个简单的"一重性"⑧，天、地、神、人互相结合起来，彼此相托。这里海德格尔所强调的就是天、地、神、人这一四重者的这个简单的一重性或者"四而一"："在如此彼此相托中合而为一，它们（天、地、神、人）得到揭示。倾倒（所给出）的礼物/赠与挽留/留住/保持着此四重者（天、地、神、人）的一重性（亦即，壶之倾倒所给予的礼物/馈赠将天、地、神、人四者重而为一，又让此四者一而不同，或合/和而不同）。在这一倾倒出来的馈赠中，壶才作为壶而存在，而在此。这一礼物/馈赠（品）凝聚那些属于馈赠（这一行为）者：此双重之容，此容器，此虚，以及此作为赠与之倾倒。而那被凝聚在这一礼物/馈赠之中者则将自身凝聚于其对天、地、神、人四者的使之相属相托的挽留（将四者留在一起）之中。这一多重而单一的凝聚就是壶之［作为一壶而］到场。"⑨ 海德格尔由此而引出其

---

⑧ "Einfalt"英译为"onefoldedness"，故似可以"一重性"译之。此"重"不应被漏译，因为"重"乃合，而"合"是合在一起。但"合在一起"却并非合为单一的整体，因为"重"作为"重合"必多于一。重必为多之重。所以，海德格尔之选择这个可以译为汉语"一重（性）"的德语表达，实有强调天、地、神、人之既重/合而为一，又恰恰通过这一重/合而为一而各自回到自身，成为并且保持自己之为自己之意。这很可以与中国传统所强调的那个"和而不同"相比。如果我们愿意对"一重性"这一似乎不合逻辑的表述加以思索的话，"一重性"恰恰蕴含着多重事物之合而为一，却又同时保持各自的这一恰恰由于此合而为一而获得的"独立"。此即和而不同。因此这一汉语翻译既贴近海德格尔的这一说法的本来的字面意思，同时也能体现出海德格尔使用这一说法的含义。故似乎不宜像王庆节和《海德格尔选集》中那样译为"纯一"。从海德格尔《物》文中的整个论述的语脉看，"纯一"似恰与海德格尔所欲传达的相反，因为"纯一"，单纯的一，纯粹的一，假如真有这样的东西的话，恰恰是否认任何"重/合"的。

⑨ 《海德格尔选集》中译为："这种多样化的质朴的聚集乃是壶的本质因素"（第1174页），较为晦涩，亦似失海德格尔此处所特意着重的"多重而单一"之意。"壶的本质因素"在英译本中为"the jug's presencing"。据此，海德格尔应是在讲，这一多重而单一的凝聚本身就是壶之真正作为一壶而在其"本性/本质"中出现，到场，并开始作为壶——其本性已经被思考被理解的物——而存在。

意本为"凝聚"的那个古高地德语词"Ding":"壶之在(其作为壶而在此)就是其通过自己之所给予而将这个一重性的四重者凝聚为一单整的时空,一单整的居留。"(英译本,第173—174页;《选集》,第1174页)

海德格尔这里还是在谈论作为一物的壶吗?当然。但是此可体现物之何以为物的壶已经"虚"化为聚集或凝聚本身。而聚集或凝聚,如果我的有限理解此处不错的话(我等待诸海德格尔专家的指正),不正是海德格尔赋予Sein和logos的最根本的"特点"或者"特性"?此聚集或凝聚给予或赠与,而其所给予或赠与者正是"存在"本身。正因为这一根本性的聚集或凝聚,物——普通意义上的物,"存在物"(Seiendes, entities)——才有可能到来而开始存在。

这样的让物能够作为物而到来之物本身仍然有待于到来。"物如何到来而在此?"海德格尔的回答是:"物物。"⑩所谓"物物"当然不是庄子意义上的"物物而不物于物"之"物物",而是物让自身"成为"物。这里,表面上的重点或中心不再是人,而是物本身。但是在这一"本身"中,我们其实仍然可以看见海德格尔的Sein/Being。这里有这样一条线索:《存在与时间》的海德格尔从此在/亲在/人对物之存在的理解谈物,所以有所谓上手之物与在手之物的区别。与此相应,此时的海德格尔也从此在对存在的意义的必然理解谈存在,以此在的基础存在论为一般存在论的基础。后来的海德格尔在思考谈论存在问题时则不再以此在为中心,而直接以存在本身为中心。与此相连,这时的海德格尔也不再谈论上手之物与在手之物,却开始谈论物本身或者物自身(从

---

⑩ 王庆节与《海德格尔选集》皆译为"物物化",似有未妥。陈嘉映认为,"Das Ding dingt"(The thing things)可照"君君臣臣父父子子"的格式译为"物物"(陈嘉映:《海德格尔哲学概论》,北京:生活·读书·新知三联书店,1995年,第275页)。庄子已有"物物"之说,但庄子的"物物"不是主谓结构而是动宾结构。庄子说"物物而不物于物"。"物物"意味着役使物,即让物为人服务,"物于物"则是为物所役使,即让人服役于物。

《艺术作品的起源》开始)。⑪海德格尔这时的"物"实在很像是存在本身的一个比喻,虽然海德格尔始终强调,存在超越于一切存在物,所以存在本身无可比喻。无"物"可比存在。存在本身是没有任何先例的典范。⑫但是,在《物》中,我们可以读到的是,海德格尔的确是在把物——一似乎最能体现动词意义上的"凝聚"的物——隐含地描述为那能够给予存在的存在本身。而存在本身还是离不开那能让其"在此"之人或能死者。所以,海德格尔才会说,"物何时怎样才作为物而出现?它们不因/由人之制造而出现。但没有能死者的警觉,它们也并不出现。迈向这一警觉的第一步就是从仅仅把物当成对象(仅仅解释)的思想后退一步到(回)应与(回)忆(亦即,回应与回忆存在)的思想。"(英译本,第181页;《选集》,第1182页)

在所有事物之先,海德格尔的"物"合天、地、神、能死之人此四者而为一。王庆节在文中系统性地称此四而一者为"四方域"。这是王庆节文中最关键的词语之一。但是这一汉语表述似乎无助且有碍于我们此处真正接近海德格尔的思想。《海德格尔选集》中译为"四重整体",英译为"the fourfold",则尚好理解。我这里的主要保留是,"四方"再加上"域"实极易让人联想到一封闭之"域"中的"四方"对峙。我不知道王庆节这里是否受了老子的"域中有四大"的影响。在我读来,海德格尔的这一四重者或四重整体不仅没有"方"(各为一"方"之方)意,而且实与此意相违。王庆节文中对于这一关键问题的阐述则语焉不详,并未试图真正进入海德格尔这里之所思。好奇心为作者所唤起而未能为之满足,我只好自己再来勉强

---

⑪ 这里应该注意的是,一说"上手之物"和"在手之物",就会使我们汉语读者以为,这里说的只是不同的"物"。若此处说"上手者"和"在手者",则海德格尔现在欲通过"物"之讨论而达到者就可能变得明显一些。

⑫ 见海德格尔的《同与异》(Martin Heidegger, *Identity and Difference,* Joan Stambaugh 译,New York: Harper & Row, p. 66)。汉译参见《海德格尔选集》下卷,第837页。

阅读作者名之为"四方域"的海德格尔的这一"四而一"者。

在海德格尔的《物》中，天、地、神、人这一"四而一"者各出于自身而相互一致，是一统一的四重体。这一四重体本身具有一种单纯性。天、地、神、人正由于这一统一的四重体的单纯性而相属。正因为相属，所以"每一者都以自己的方式映照出其他三者之在此。而且，处在此四者的单纯性之中，每一者也因此（案：亦即因这一映照另一者之在）而把自己反射到自身之中（案：《选集》中译为'每一方又都以它自己的方式映射自身，进入它在四方的纯一性之内的本己之中'）。这一映照并不反映一种相似。这一各个照亮四者的映照将此四者留入它们单纯的相属之中。"（英译本，第179页；《选集》，第1180页）海德格尔此节论述并不好读。试概括之如下：物让天、地、神、人四者相聚相属。此四者互相映照。能互相映照者必然是已经被聚在一起者。此种映照既互相映出一起在此之另三者之在此，同时也将各映照者反映到各自的自身之中。这就是说，这一映照让四者各自回到自身，成为自由者。但是，这一映照又把这些自由者结合在一起，合成一个单纯的统一，其中每一者从根本上都是向着/为了另三者而存在，其中没有任何一者坚持自己的与其他三者相分离的特殊性。相反，每一者都在相属相有中进入自身的存在。用老子式的语言，也许可以说，此四者的关系乃是一种相互的以予为获，因予而获，因他（者）而成己，因失己而有己。在这一关系中，每一者皆因给出/失去自身而回到自身，而得到自己，成为自己。但是，正因为每一者都在相属中通过为另三者所有而回到自身，而成为自己，而自由，所以这一自由者又从根本上与另三者相属，与另三者为"一"。[13]没有这一相属，就没有此四者之四而一的单纯一致，亦

---

[13] 这其实正是同一性逻辑或认同的"逻辑"：无"他"即无"己"，无"另一者"即无"此一者"，而有他或有另一者即不可能有与他或另一者无关的、完全独立的己或此一者。

即此四者之"合一"。没有这一相属,就只会有互相分离的天、地、神、人,而没有天、地、神、人之在此"合一"之中成为相属相有的天、地、神、人。这样天、地、神、人即不成为天、地、神、人。因为,天、地、神、人只有在此"合一"之中才成为天、地、神、人,亦即,进入自身,成为自己,从而"是"此天、地、神、人(亦即,四者之每一者皆因另三者而成己)。所以,天、地、神、人的"单纯合一"绝非意味着:化为浑无罅隙的整体。相反,正是在此根本性的"合一"之中,才有"(互)相(面)对"的、各自处在自身或者本己之中的天、地、神、人。有此合一才可以有合一之中的互相面对。合一是面对者的合一,合一产生合一之中的面对,面对则只能是合一之中的面对。所以,海德格尔明确强调,天、地、神、人这一四重整体之统一恰恰又在于此四者之"四化",即化而为四。而天、地、神、人之"化而为四"则既不是被事后加到四者之上的,也不是仅只让此四者简单地化为独立并列者就了事了。相反,只有在此统一或"同"之中,才可能有此分化或"异"。四化是四重统一之四化,统一是化而为四者之统一。用道家式语言说,就是异为同之异,同乃异之同。同与异二者相有相属,密不可分。二者必然同时到来,其中没有任何一者在根本上先于另一者。所以,这里其实既不容传统的或现代的同(一,同一,统一,整体,全,普遍)之先于异而支配异,也不容某种后现代的异(多,差异,分离,片段,部分,特殊)之先于同而支配同。任何企图以此释彼或以彼此相释的做法都注定达不到此相属相有的同和异的"本质"。任何企图在同异之间分出先后高下贵贱尊卑的做法都仍然未脱海德格尔(以及在他之后的德里达)所批判的"西方形而上学"的樊篱。也正是在这一意义上,我们可以理解为什么海德格尔强调,天、地、神、人四者相属相有的自由活动(此活动是将各自反射到自身或本己之中的活动,所以此处最好不以"游戏"直译 Spiel 或 play)本身就是"世界"。所以,所谓

"世界",所谓"世界"之出现和到来,只能意味着"世界之成为世界",亦即,世界"本身"之不断成为本身的活动(因而这一"本身"只能是永远后于其本身之本身)。而世界"本身"的这一成为本身或者化为世界则不再可以任何其他东西来说明或者论证。但这一不可以其他东西来说明却不是由于人的思想在巨大困难面前的无能为力,而是因为人之想说明解释一切的"形而上欲望"(简单地说,此即希望找到一切"有形"之上或之后的终极者的欲望)大大超过了世界之柔和地化为世界这一自由活动或者这一"游戏"的简单性(英译本,第179—180页;《选集》,第1180—181页)。我们人类的思想(或者更准确地说,西方所习以为常的形而上学思想方式)习惯于解释事物,而解释就是为事物找到根据。但是,在世界之进入自身成为自身的单纯自由活动面前,这一思想却恰恰因为简单而变得"无能为力"。这意味着,第一,最简单的东西也是最深奥的东西,而此最简单而又最深奥者的专名或本名在海德格尔这里正是"存在"(见其《论人道主义》之信)。第二,但正是在这一简单的深奥和深奥的简单面前,思想需要听从其"本质"的召唤而做出真正的回应。如果世界现在乃是天、地、神、人四者的这一单纯的"合一"活动,一相属相有的自由映照活动,那么这一世界与海德格尔《存在与时间》中随 Dasein 而来的那个"世界"确实已经颇异其趣。在那里,通常意义上的存在物,作为上手之物或在手之物,总是在已经随此在/人而来的"世界"之中被遇到的。

再概括一下海德格尔《物》的思路:物的本质是凝聚。因此,物之真正成为物意味着天、地、神、人被凝聚为一简单的四而一。天、地、神、人的四而一、一而四的自由活动本身就是海德格尔意义上的世界。所以,"世界"意味着成为世界。在世界之成为世界之中,物成为物。反之,在物之成为物之中,世界成为世界。如果世界就是天、地、神、人四者之相通相属相有,就是此四者的简单的四而一,而将此四者先于其他而凝聚在一起而使其相通相属相有者为物，那么物在此实为道，为让天、地、神、人相通之道。由于这一相通，天、地、神、人才能相属相有，并通过此相属相有而进入自身，成为天、地、神、人。所以，在海德格尔这里，归根结底，是这一作为道之物让天、地、神、人成其为天、地、神、人。没有此"让"就没有此"成"。

当王庆节说海德格尔的物乃一"中空"的"东—西"之时（第10页），这一联系东西南北天地神人之"物"的"道性"不是已然呼之欲出了吗？在这种情况下，王庆节随后仍欲在老子那里找可见之"物"，而不循其无象之"道"，就不能不让人想到海德格尔在《物》的后记中所说的"歧途乃道题中应有之义"（英译本，第186页；《选集》，第1187页）的话了。

二、对老子文本的阅读："道之为'物'"？

如前所述，我之难以接受"海德格尔的'四方域'物论"和"老子的自然物论"这样的表述是因为，首先，很难说海德格尔关于何为物或者物之何以及如何为物的讨论乃是一种"（关于）物（的理）论"。其次，即便顺着作者的指点，也很难在《老子》中看到任何"物论"，如果这里"物论"应该被理解为关于物的专题论述亦即关于物的理论的话。照着海德格尔所谈论的"物"在《老子》中寻找，我们可以找到的不是老子的"物"，而是老子的"道"。《老子》中字面上的"物"与海德格尔的"物"似近而实远。所以，罗列《老子》中的"物"字，统计此字出现的频率，并不能真正将老子带近海德格尔，或将海德格尔带近老子。

《老子》，或更准确地说，现存的几组为"老子"这一专名所标记的文本中是否有一个"物论"？这是王庆节文中的基本问题。通过将

《庄子》内篇中的《齐物论》读为"齐—物论",王庆节推出庄子所欲齐者必为先前与当时之诸"物论","否则,庄子何'齐'之有"(第21页)。诚然,如果从语境中孤立出来,"齐物论"确实可以读为"齐—物论",虽然在这一意义上古典作者也许更会用"齐物论论"。但是,回到《庄子》本身的语境,《齐物论》文本主体却显然是齐诸"物"而为一之论,而非齐诸"物论"而为一之论。而且,若诚如王庆节所言,庄子的"齐—物论"真"可视为老子'物论'思想的最早解释和进一步阐发"(第21页,注53),庄子又何"齐"之有?若诚如此,则现存《齐物论》似更应该而且也只可以题为"阐物论"。深知言之不可免但于言则不可不慎的庄子("既已谓之一矣,且得无言乎")于命题行文竟真是如此率尔吗?(当然,这还只是假定内篇《齐物论》包括标题本身确为庄子所为。《齐物论》这一标题也有可能是后来编纂者所加)王庆节在同一注释中还将公孙龙子的《指物论》也作为一种"物论"而提到。此虽一带而过,但却仍是强古人所难,因为公孙龙子此论实为"指(指号,符号,语言)论"而非"物论"(万物皆指而指非指;无指物无以为物)。提到这些细节或者"小节"实仅欲表明,阅读如何可以非常容易地让自己屈服于解释的欲望而对文本施加一些动作细微但影响重大的扭动。于是,这里不是作为海德格尔意义上的物的文本对阅读的召唤以及与之相应的谦恭的顺从和回应,而是一种支配文本产生解释的欲望,支配了经典文本的阅读。

此类似乎无伤大雅的细微扭动还有若干。例如,为了支持其"道之为物"的读法,作者说,老子谈道之为物时常将道与"天地""天下"同用,似乎"天地""天下"也是"物",不过是特别的"物",是"大物""神器"罢了。作者举老子第五章为支持这一读法的例子:

天地不仁,以万物为刍狗。圣人不仁,以百姓为刍狗。

这里，作者的解释是："天地明显和圣人相对，万物与百姓相对。既然圣人与百姓均为人，圣人是'大人'，那末，天地也是物，而且是'大物'，'神器'也就应是一合理的解释了。"（第23页）然而，这里我们所碰到的显然是一个整齐的排比句式。此一排比由两个分句构成。其中每一分句都包含一个对立：天地对万物；圣人对百姓。这两个分句的排比暗示着或者蕴含着一种类似：天地与圣人的类似；万物与百姓的类似。如果"物物者非物"，那么能以"万物"为"刍狗"的天地必非物，而与此相应，能以"百姓"为"刍狗"的圣人亦必非人。"非人"并无贬义。"非人"是超出人而近于"非物（质）"意义上的天地，而这也就是说，近于道。所以，老子的"圣人"并非儒家语言中的"大人"，因为"大人"亦人而已（儒家之"大人"为仁义之人，但老子这里则是"大道废，有仁义"⑭）。所以，也不可能由此"圣人"之为"大人"而推出"天地"之为"大物"。道与圣人之间的某种相似，为无为、事无事、味无味、欲无欲、学不学、无常心而虚怀若谷的"圣人"之超乎人而近于道甚或"同于道"，不正是老子思想中最基本最明确而反复出现不断强调的主题之一？老子的像道一样"生而不有，为而不恃，长而不宰"的圣人乃是真正能够体会道之何以及如何为道者，因此也是真正能够让道之成为道者。如果此处允许我们也做一仓促的比较的话，那么也许就可以说，老子的"圣人"正类似于海德格尔的能够思物之为物，从而让物作为物——作为可以挽留凝聚天、地、神、人之物——而到来的警觉的能死者。

上述初步问题已经在开始质疑作者的问题：老子是否真有一个"物论"？作者这里的阅读中的失之警觉不仅是在于肯定其有，而且更是在于断言，老子的"物"有四层含义，即物之为"大道"，之为"大物"，

---

⑭ 《老子》第十八章。通行本与帛书本在此处的重要不同我们这里无法讨论。

之为"万物"或"众物",以及之为"器物"(我们这里没有篇幅分析这一区分的随意性及其所蕴含者),而道则是其最基本的含义:"尽管我将老子'物'的说法归纳为有四层含义,但并不意味着在老子那里有四种完全不同的物。在老子看来,我们勿宁说,它们都只是同一'物'的不同化育阶段或变化方式而已,老子本人将之称为'万物……自化'(第三十七章)。这大概也是庄子后来'物化'说法的起源。这一'万物自化'或'物化'的过程乃是从'无'到'有'或者是在'有'、'无'之间的化育和变化,老子又称之为'自然'。"(第 24 页)但这里究竟是"在老子看来",还是在作者王庆节看来?首先,作者王庆节在此段中意味着,老子认为,万物皆为一"物"之所化。此原始唯一之"物"即是"恍兮惚兮,惚兮恍兮,无状之状,无物之象"的道(第 24 页)。但是,老子的"万物……自化"指的竟是万物皆从道这原始唯一之"物"中化来吗?让我们回到这一表述由之而出的《老子》第三十七章:"道常无为而无不为(案:帛书甲乙本此句皆为'道恒无名')。侯王若能守之,万物将自化。化而欲作,吾将镇之以无名之朴。"无论从通行本还是帛书本读,这里有一点是确定的:人(即老子所说的"侯王")所需要守住的是道,需要任其或者允其自化的是物。自化是自行变化,亦即依据自身的本性而变化,而完成自己。完成则蕴含着过程,时间。然而,"让"万物"自(行)(变)化"的条件是人之守道。这意味着,在老子这里,物乃有待者。物还有待于进入自身,成为自己。物首先必须被解脱和释放到自身之中,从而才能依据自身的本性而"化"。因此,物之自化取决于人之守道。而人之守道就意味着,将物"解—释"到自身之中。那么,守道又将如何实现这一"解—释"呢?守意味着使之勿失或勿使之失。守道意味着勿使道失。勿使道失意味着勿让道失之为道。就道之在某种意义上为"无",因而不可能被"具体"地守住,甚至不可能被"具体"地看到而言,守道就只能意味着,思道,亦即理解道之为道,理解道之本性。而这在此就意味着,理解道之为"让"万物进入自身而成为万物者,亦即"物物"者。而物物者非物。所以,如果《老子》中似乎也有对道"生"万物的肯定,那么对老子的真正理解也许恰恰就在于不能单纯执着于此"生"的字面含义,而是必须去探究老子这一比喻意义上的"生"实际所欲言者,亦即,探究道究竟如何在"不生而生"或者"生而不生"的意义上让万物"自生","自化",或自行生化。⑮所以,老子的有条件的或者"有(赖于)道"的"万物将自化"之说根本没有道之自一(本源唯一之)物而化为万物之意。而且,此"万物将自化"与庄子的"物化"更是风马牛不相及。这里,除了老子文本中其他有关篇章以外,老子的"万物"之"自化"亦应从《老子》第十六章"夫物芸芸,各复归其根"来了解,亦即,此"自化"意味着万物各自生长变化而复归于无/道的过程。⑯而庄子的"物化",除了直接来自老子的这一物本身"自行变化"之意,主要是在另外两种意义上使用的:物之间的相互转化(例如庄周与蝴蝶之互化,此在庄子这里表示的是物没有确定的内在的"本性"),以及人之化而为物——死。

如果以上所说还嫌不够,此处尚可引《老子》通行本第三十二章:"道常无名。朴虽小,天下莫能臣也。侯王若能守之,万物将自宾。"在帛书本中,同以"道恒无名"句开始的第三十七章和第三十二章的排

---

⑮ 所以老子的道生一、二、三乃至万物之说并不意味着道作为一物最终生出万物。此须专题详尽解读,此处无法展开讨论。王庆节在其文结尾也说,"'道生天地万物'"应理解为"不再是主宰天地万物的'创生',而是'任'天地万物依其本性自己'生成'"(第39页)。惜乎作者此论却与其文中欲将老子之道解释为"最源初最根本"之物的论述方向相反。而且,上引作者之说又与其随后所言者,即"这一'任生'……只是天地万物相互之间的'任'其并因而'尊'其'自性而然'的发生而已"(同上),甚为不合。道之任天地万物自生与天地万物之相互任生其实全然不同,因此应该严格区别开来。参见本篇第三章。

⑯ 参考本书下篇第二章中的有关论述。

比式联系非常明显,所以"自宾"与"自化"这里在某种程度上是互文见义。但"自宾"这一表述则明确地不容许作者希望在道与万物之间建立的这种一物之化为万物的关系。"自宾"意味着,自愿或者主动服从于一主。而此"主"这里则正是"万物归焉而不为主"(第三十四章)之道。正因为道乃不主之主,万物才可以是不宾之宾——自宾。

关于"自化"的理解,此处亦可参考《老子》第五十七章:"故圣人云:我无为而民自化,我好静而民自正。"此民之"自化"与彼物之"自化"相并行,显然不可解为万民皆自圣人一"人"化来。

当然,试解或误解道为一物,似乎亦情有可原。根本问题在于语言,在于我们只能在语言中谈论一切,包括任何本质上即不可谈论者。被语言带上前来的任何被谈论者都无可避免地被这一谈论本身变成某种东西,变成一物。道是老子的主题。老子只能在语言中将道带上前来,带到我们面前。因此,老子需要谈论这一在某种意义上不可谈论的道——道不可道(者)。道则一经谈论就不可能不在某种意义上已经化为一物。物则非道。这正是庄子的"既已为一矣,且得有言乎?既已谓之一矣,且得无言乎"所表达的根本性的两难:不言"一"即无一,言"一"则已失一(因为言与一已经为二而非为一)。不言"一"时一不来,言"一"时一已去。同样,不道(言)"道"即尚无任何道,而道"道"则已无道。在这种情况下,庄子也许欲处乎"言与不言之间",而老子则会明言,"道可道,非常道"。庄子的处于"间"之中的欲望作为欲望当然颇为诱人,但是欲望之结构性地包含其不可满足性乃欲望之本质。所以,这里还是老子的理路更不可抗拒:道亦道,不道亦道;可道者要求道,不可道者亦要求道,因为我们始终都只能在语言中宣布任何不可道者为不可道。所以,老子在道不可道者时可能需要说:"道之为物……",亦即"至于道这个东西……",此亦犹言"天地之为物……""鬼神之为物……"等等,因而很难说是老子在简单地肯定道乃一物。⑰王庆节据此而从《老子》中构造出一"物论",并由此而展开其基本论述,就实有(阅读中)失之毫厘而(阐述中)谬以千里之嫌疑了。

首先,就作者引以证道乃为物的第二十一章而论,老子这里说的是,"道之为物,惟恍惟惚。惚兮恍兮,其中有象;恍兮惚兮,其中有物。"王庆节引此时还特意强调了老子这段话中的两个"物"字(第23页)。然而,两个"物"字这里真的一样吗?即使是并未特意警觉的阅读也可以看到,此二"物"完全不同。惟恍惟惚的道这个"东西"或这一"物"之中所有的"(众)物"并非道本身。相反,称道之中有物恰恰意味着,道,作为其中有物之"物",作为包含(此"包含"首先乃是"合"万物而"成"万物。所以这里我们甚至愿意海德格尔式地说,"聚合/凝聚")万物从而让万物成为万物(进入自身,成为自己)之"物",本身实非一"物"。说道乃惟恍惟惚者,乃其中有象有物者,恰恰是要说道非"(常)物",道乃"非物"。因为,根据中国传统的标准看法,"物也者,天下之所有也"(《公孙龙子》)。有则非恍非惚,确然而可见。所以,"凡有貌像声色者,皆物也"(《列子·黄帝》)。而老子则力言道惟恍惟惚,无象无状,无可闻见。这不恰恰是欲强调,道,即使在不得不将其作为一物而谈论之时,也仍然是与一切物亦即与一切有貌像声色者有别者吗?如果把汉语中的物这一概念任意扩张到无

---

⑰ 王弼注《老子》第十六章"复命曰常,知常曰明;不知常,妄作,凶"诸句中之"常"这一概念时所用的一个表述似乎更能说明问题:"'常'之为物,不偏不彰,无'皦'昧之状,温凉之象,故曰'知常曰明'也。"(高明:《帛书老子校注》第十六章注引,301—302页;楼宇烈:《王弼集校释》,第36页)如果道、天地、鬼神等还不脱"(可)为(一)物"之嫌,那么"常"就几乎根本没有被当作一物的可能,因为"常"不是指事名物的名词,而是表现状态或性质的形容词。王弼在给本章最后一句"没身不殆"所作之注中更有"无之为物"这样的表述:"无之为物,水火不能害,金石不能残。用之于心,则虎兕无所投其爪角,兵戈无所容其锋刃,何危殆之有乎!"(高明:《帛书老子校注》,第304页;楼宇烈:《王弼集校释》,第37页)

边无际，物这一概念本身作为概念还能有任何意义或任何所指吗（确定物作为概念而具有的外延或所指与试图思考物之本性或本质并不相同，但互不相悖）？

由此而言，作者欲言老子之"物论"，却几乎完全不提《老子》中以道究竟为何为主题的第十四章，就实难以我们所能想出的篇幅、结构所限甚至一时疏忽等理由而开脱之了。正是在《老子》第十四章中，老子努力在我们的语言所允许的范围内剥除了道的所有可能的"物（质）性"：

> 视之不见，名曰夷；听之不闻，名曰希；搏之不得，名曰微。此三者不可致诘，故混而为一。（案：帛书本在此有"一者"二字）其上不皦，其下不昧。绳绳不可名。复归于无物。是谓无状之状，无物之象，是谓惚恍。迎之不见其首，随之不见其后。执古之道，以御今之有。能知古始。是谓道纪。

正因为道本身不可视、听、搏，所以不可能像物那样通过感官而被"实在"地把握。不可把握，所以也不可名，因为这一传统的标准一贯都是名以指实。没有一"实"在，所以"名"亦无系。于是，所谓道者，终非一"物"，终归于"无物"。然而，道亦绝非仅仅是空名或虚名，所以我们还需要将其拉回来。所谓"无状之状，无物之象"，所谓"惚恍"，即欲表明道仍然可以作为"无物""非物"而呈现或者"现身"，而为我们以非（对待）物的方式所"把握"。老子说道可执，老子要人"执古之道"。但此"执"在老子这里必然只能是无执之执或执而无执。亦即，我们对道的"把—握"方式必然只能是"把而不把"，"握而无握"。然而，如果我们真能以如此"执而无执"的方式"把—握"了道，就可以之"统御"一切有："执古之道，以御今之有。能知古始。是谓道纪。"（帛书本此处为："执今之道，以御今之有，以知古始。是谓道纪。"）这里，道被称为御有者。此"御"当然也只能是御而不御和不御之御。而能御有者本身则不可能仍是一有。

接着第十四章，再来看作者王庆节押上了其建构老子"物论"的全部论述筹码的第二十五章，我们可以清楚看到，所谓"有物混成"之说，亦只是老子的知其（亦即，道）不可言而强为之言而已。如果老子此处换成说："道者，先天地生……"，则王庆节的断言，即"《老子》第25章无疑应被视为老子'物论'的核心篇章"（第24页），就难有着落了。这里我们看到的究竟是"物论"还是"道论"？王庆节说，"这一核心篇章告诉我们老子的'物论'有至少四个要点。第一，'物'之为道。这也就是说，最源初，最根本的'物'，或者说'物'的最初形态就是'道'本身。物自道始，先天地生，为天下母，寂寥无名，独立不改，周行不殆。第二，道之为'物'的过程乃'道生'或'物化'的过程，亦即'成物之道'。这一过程若强名之，可曰大，曰逝，曰远，曰反。"（第24页）作者的"'物'之为道"究竟何谓？是海德格尔意义上的凡物（当其本质被理解之时）皆以其自身的方式为"道"吗？还是"物"本身的意思就是道？而且，如果道真乃"最源初，最根本的'物'"，作者就将在其后的论述中陷自己于一根本矛盾之中。此容后论。其次，何谓"道之为'物'的过程乃'道生'或'物化'的过程"？"大曰逝，逝曰远，远曰反"在这里描述的是道之化（为）物的过程，还是道"本身"的无状之状，无物之象？而且，"大曰逝，逝曰远，远曰反"这些并非字面上就令人一目了然的表述说的到底是什么？首先，老子这里很清楚，"大"乃是那从根本上即不可名者的一个勉强的称呼。"大"只是道"本身"的一个"勉强之名"。但是老子随即说，"大曰逝"。能以"逝"描写之"大"是何种意义上的大？此"大"何以可曰"逝"？因为，一般意义上的大只是一相对概念，因为大总是相对于小而言之大。这就是说，一般意义上的大只是特定范围内的大，有条件的大。⑱在特定范围内，在特定条件内，大明确而稳定。这一意义上的大不会遽然而逝。然而，这样的大尚非无条件的大，绝对的大。后者必然要超出一切相对的大，而成为大之为大的条件，成为使任何大之为大者。只有这一非相对意义上的大才勉强可以形容道。然而，这样的无条件的、绝对的大当然是不可能"存在"的。绝对的大的"存在"必然会窒息和消灭一切可能的相对的大，一切可能的个别的物。所以，此大必然始终都已悄然而"逝"。此大必须如此全然逝去，从而才能让任何相对的有限的大作为大而到来和开始存在。在让（一切）大（作）为大（而存在）之时，此成就任何大之为大者必然既是离我们最远者（因为我们只看到身边的大），也是离我们最近者（因为无此无形之大即无任何具体的大）。是以"逝曰远，远曰反"。此大无远弗届，但逝而必返，而且逝即其返。因为，一般意义上的远同样是一相对概念。所以，如果我们的思想超出一切远而达到那不能再远者，亦即，达到那使一切远之为远者，那么此一并非相对意义上的远，因而其实也不再可以"远"来称呼的远，也就是通过一切（有限的）远而不断返回到我们这里的最近者。⑲所以，"大曰逝，逝曰远，远曰反"都是道本身的勉强的"形—容"，而不是道从作为一个最源初最根本的物而化为万物之过程的叙述。正因为如此，所以老子随后才可以一转折连接词"故"断论："故道大。"当然，我们知道，此后尚有"天大，地大，王亦大"。此三语由于下文的"四大"之说而普遍被理解为：道、天、地、王（人）

---

⑱ 参较《老子》第六十七章："天下皆谓我道大，似不肖。夫唯大，故似不肖。若肖，久矣其细也夫！"帛书《老子》乙本此处为："天下皆谓我大，大而不肖。夫唯不肖，故能大。若肖，久矣其细也夫！"（高明：《帛书老子校注》，第471页）帛书《老子》甲本此处前二句残，其后诸句为："夫唯〔大〕，故不肖。若肖，细久矣。"（同上，第158页）高明认为当从乙本。但二者在意义上其实相辅相成。大故不肖（像，似），不肖故大。其文意似更加明确，可为我们此处所讨论者作一注解。此处不妨也回想一下《庄子·齐物论》中关于万物大小相对，而道通为一的深刻论点，尽管这一论点仍然有待真正的阅读。

⑲ 我们实可由此而讨论王庆节所讨论的海德格尔《物》中关于近、远、距离的思想。

在老子这里乃并列或相对的"四大"。然而，如果以上分析可以成立的话，则天、地、人之大与道之大显非处于同一层面，显非同一意义的大。"王亦大"之"亦"字就已经隐含地点出了这一"此大非彼大"之意：王（人）在某种意义上当然也大，但王（人）之大又何可以比于道之大。"先天地（而）'生'"的道之大这里乃是使天、地、人之大成为可能者。[20]这当然并不意味着天、地、人就不再大了，但这也绝非意味着人、地、天与道等大。其实，即使没有以上的分析，而仅仅停留在文字表面上，老子不是也已经通过"人法地，地法天，天法道，道法自然"而告诉我们这一点了吗？[21]在这种情况下，还能不加分别地说道、天、地、人是"'道生'、'物化'"中的"四大力量"（第24—25页）吗？

在老子这里，道非物。在此，道与物之间有一非常根本的区别。我们无法忽视这一不同，除非我们像海德格尔一样先将"物"诗化为某种道。这当然不是否认海德格尔关于物的思考的意义，而是欲对比较研究中随处可有的陷阱保持警觉。西方语言翻译理论中有所谓"假交情"（false friend）之说，意为不同语言中的某些词的意义之间其貌似近而其神实远的关系。海德格尔的Ding/Thing与老子文本的"物"即类乎此种情况。而正因为海德格尔的"物"实近于老子的"道"，而彼西方之"物"与此中国之"道"之间又没有一条直接可抄的近"道"（因为只有警觉的阅读和严格的分析才能建立二者之间的真正通道），才致使显然已经明确意识到海德格尔与老子之近的该文作者抄了老子中的"物"这条使人误入歧途的近道。

然而，作者之欲将老子之道解释为物的做法与他后来所提出的论点

---

[20] 道之"先天地生"意味着，天与地亦只在道之中并且就由于道之同一——同/通万物而为一——性而成为相属相有的天地。海德格尔关于天地神人之由于物之凝聚而来的"四而一"的讨论可由此"进入"老子。

[21] 此处关键是要真正读通"道法自然"中之"自然"。详见本篇第三章。

是自相矛盾的。在讨论所谓老子的"自然物论"时，作者明确认为老子的道乃是"最源初、最根本的'物'"或"物的最初形态"（第24页），但在号召将老子的阅读从"传统神学宇宙论的理解框架"中解脱出来，从而不再从"'有生于无'的一元论形上学系统"，而是从"'有无相生'的二元、乃至多元论的形上学系统"理解老子时，作者则认为，在前一系统中，"我们往往容易将'道'视为一在时间空间之外、之上、之先的而又创生万物的、创造主式的实体物"，而在后一系统中，道就可以"不再被视为是实体，而是那天地之间万事万物生长成灭的自然历程和道路"（第38页）。那么，作者这里究竟要我们接受什么呢？道在这里究竟是前者还是后者？作者在讨论所谓老子的"物论"时所解释出来的这个作为"最源初、最根本的'物'"或"物的最初形态"的道，与他现在愿意与之拉开距离的这一"在时间空间之外、之上、之先的而又创生万物的、创造主式的实体物"的道，二者之间的真正区别究竟何在呢？在作者据以建立其老子"物论"的《老子》第二十五章中，这一被作者理解为源初根本之物的道不是明确地被描述为"先天地生"而"可以为天下母"吗？没有对于此章以及老子中其他有关章节的一种全然不同的起码阅读（例如，一种像海德格尔阅读早期希腊思想或德里达阅读柏拉图的"pharmakon"［药］那样的细读），就不可能将作者在《老子》中解释出来的这一作为源初根本之物的道真正区别于这一据说是可以创生万物的实体的道。当然，"周与蝴蝶，则必有分矣。此之谓物化。"但是，这是庄子式的"物化"。老子真愿意让他的道也如此"物化"或"化（为）（一）物"，即使是一"最源初、最根本"的物，并因此而失其不可道之道吗？

所以，这里的问题首先不是要"通—过"海德格尔的"物"而在《老子》中构建一个"自然'物论'"，并由此"物论"中发展出一个"'有无相生'的形上学"，从而以之简单地取代作者在《老子》中看到的那个"'有生于无'的形上学"。这里的问题在于，在老子这里，"有生于无"本身仍然有待于真正的阅读和理解。也许这里才是海德格尔的他山之石可以攻玉之处。试陈如下。

根据作者王庆节的看法，"'有生于无'展现出来的是一种宽泛意义上的神学宇宙论式的，等级高低分明的，'创世纪'式的一元论形上学。在这一形上学的框架里，'无'为'一'，为'本'，为'体'，而'有'为'多'，为'末'，为'用'。'无'具有某种先天的尊贵而'有'则带来一种与生俱来的原罪。于是，从无到有，从一到多，从本到末，从体到用，乃是一逐次下降、沉沦的过程，是一'得道之人'应当克服的过程。反观'有无相生'的模式，我们看到的则是一幅截然不同的图景，这是一种天地自然发生，万物自性平等，二元甚至多元相激互荡，中道平和的形上学。"（第33页）但首先，让我们问，《老子》中真有这样一种"有生于无"的形上学吗？坦率地说，我既不能看到作者此处论点的文本根据，也看不出这一论述的内在逻辑。既已言"无"，何"一"之有？而难道"神学宇宙论的"，或者，如海德格尔所说，本体——神学——逻辑论的（西方）形而上学不是始终都要把一切追究到一绝对的有，一最普遍最终极的有之上吗？"为什么有有而非一无所有"难道不正是所谓形而上学的最基本的问题（海德格尔《形而上学导论》）吗？在这样的"形（而）上学"思路中，无不是从来都既没有过任何"身"份，也没有过任何存"身"之所吗？也正是在这一广泛的西方哲学语境中，海德格尔的关于存在的思想才因其与传统之众不同而引人注目。而他针对整个西方形而上学而发的这一关于存在的思考则不仅可能有非西方的尤其是中国的道家思想的某种"支援"，同时也确实可以反过来促使我们对于老子的"非形而上学"的道乃至中国思想传统中有无之思的重新阅读。㉒当我们"通—过"一个可能受到过老子思想某种启发的("非[难西方传统的]")西方思想而重读老子时,老子的"有生于无"真可以被如此简单地等同于海德格尔所欲解构的西方(一元论的)形而上学吗?我们真已经理解了老子所言之"无"的意义了吗?无究竟是什么?如果无真"是"无,我们还能够不假思索地坦然谈论"无"之为"一"为"本"为"体"吗?㉓如果老子的道真在极其严格的意义上"是"无,而老子的严格意义上的无真"是"道,那么这一作为无之道与这一作为道之无又究竟意味着什么?其与有——万有或者万物——的关系是什么?其与人——与老子的必须为道日损的"圣人",与海德格尔的必须先由(形而上学所规定的)理性生物变成"能死者"的人——的关系又是什么?㉔不考虑这些基本问题,就很难真正有意义地谈论任何一种探讨有与无以及二者之关系的(形而上学或者非形而上学)思想。所以,这里的问题首先在于,必须探究或者重新探究老子的无的真正意义,如果无在某种意义上也可以被说成"有意义"的话(当然,如果严格意义上的无其实乃是使一切物以及一切意义本身成为可能者,那么无本身——假如无真能有一"本身"的话——就不再可能以意义论了。物物者非物。让意义成为意义者"无"意义)。

在我看来,正是在此处,海德格尔在《物》中关于能死者所说的

㉒ 参见本书上篇"从西方的'存在'到中国的'有'"。

㉓ "一"是老子中非常重要的概念,但"本"与"体"则不是。后二者是王弼解老时所经常使用的概念。但一与老子的道与无的关系仍然有待于深入阅读,而王弼是否或究竟在什么意义上将无理解为本或体,本与体在王弼这里是否可以换用的概念,乃至即使以本或体解释无是否即能在中国传统中构成某种"神学宇宙论"的、"'创世纪'式的一元论形上学",都是仍然有待于思考的重要问题。

㉔ 海德格尔写道:"与此相反,形而上学总是把人想成动物,想成生物(活的存在者)。这里,即使是理性渗透动物性时,人的存在/本质依旧是从生命和生命经验来规定的。(所以,)理性生物必须先变成能死者才行。"(英译本,第179页;《选集》,第1179页)

（无为有之所）可与老子互相映照。作者文中虽有专节讨论海德格尔的能死者，可惜却并没有接触这一关键。

题为"会死者、他者和'诗一般的栖居'"的第四节实为对第三节"'四方域'的镜象'圆舞'"所言之"四方"之一的专题讨论。第三节主要讨论的是所谓"四方域"，但是作者却没有试图解释海德格尔的这一重要思想，即何以"天、地、神、人之纯一性的居有者的映射游戏"（《选集》，第1180页）就可以被称为"世界"。陈嘉映坦率而不无诙谐地说，"然而，世界如何由这四大构成，却还不清楚。固然我们被告知，四大镜映游戏。但为什么偏偏是四大游戏而不是五大六大呢？或三大？"但陈嘉映也仅仅将自己限于点到为止式地猜测，"或许，他提出四大，并无意于从理论上构造一种宇宙论，而意在提供一种神话式的世界结构？"㉕如果我们应该相信思想家必定言之有物，那么就应该在专题讨论这一问题的作品中真正触及这一问题。我们至少可以试图开始思考这一问题：为什么是"四大"（说"四大"当然是由老子而来）？其地位平等吗？此点我们前文已略有提及。这里当然还是无法展开这一复杂问题，但有一点似乎是确定的：海德格尔的思考中心还是"人"。关于"人"在天地神人这一四重整体之中的真正地位，海德格尔的《物》中那段有关"会死者"（王庆节译法）或"终有一死者"（《选集》译法）或"凡人"（陈嘉映译法）的文字非常关键。然而，"会死者"或"终有一死者"或"凡人"这些汉语译法似乎均有未达。"终有一死"有无可奈何之义。"凡人"仅相对于"非凡（之）人"而言。而"会死者"在汉语中实可有至少两重不同含义。也许，还是"能死者"最接近海德格尔的意思而又最直截了当。此节是列论"四而一"的最后一部分。前三部分论地、天、神，各由十分整齐的两小段组成，形成优美的排比。但是，论能

㉕ 陈嘉映：《海德格尔哲学概论》，第279页。

死者的第四部分与前三部分相比却不合比例地长。而这里的关键是论死为无之所一节。简单地说，海德格尔这里要说的是，死为无之所，死为有之庇，而人是唯一能死者，所以人乃是存在于有之庇所之中者。而这就是说，能死的人才是唯一庇护存在之为存在者。

海德格尔此节殊难理解。兹先引孙译如下，再参照英译而试加解释。

> 终有一死者（die Sterblichen）乃是人类。人类之所以被叫做终有一死者，是因为他们能赴死。赴死（Sterben）意味着：有能力承担作为死亡的死亡。只有人赴死。动物只是消亡。无论在它之前还是在它之后，动物都不具有作为死亡的死亡。死亡乃是无之圣殿（der Schrein des Nichts）；无在所有角度看都不是某种单纯的存在者，但它依然现身出场，甚至作为存在本身之神秘（Geheimnis）而现身出场。作为无之圣殿，死亡庇护存在之本质现身于自身内。作为无之圣殿，死亡乃是存在的庇所（das Gebirg des Seins）。现在，我们把终有一死者称为终有一死者——并不是因为他们在尘世的生命会结束，而是因为他们有能力承担作为死亡的死亡。终有一死者是其所是，作为终有一死者而现身于存在的庇所中。终有一死者乃是与作为存在的存在的现身着的关系。（《选集》，第1179页；英译本，第178—179页）

作者文中则只引了这一重要段落的开始一小部分：

> 会死者（die Sterblichen）是人。人之所以被叫做会死者，是因为他们能赴死（sterben koennen）。赴死就叫（heisst）：能承担死之为死。只有人会死。动物只有终止（verendet）。（第14页）

海德格尔此段论述的前一部分相对容易理解一些，尽管容易理解并不意味着没有问题。此两译文中的"赴死"似有翻译过头之嫌，因为在汉语中"赴死"有主动趋死之意味。这当然是海德格尔明确否认的：能死并不意味着找死致死。作者在"只有人会死"句中去掉了"赴"字，表明他对此亦有所警觉。海德格尔强调的是，只有人才"能"死。此相对动物而言。动物亦"死"。但动物死而不"能"死，因为动物不知死。人"能"死，因为人知死，亦即，能知死之为死，能理解与先行体验死本身（death as such）。然而，如果动物不能知死（这一点并非完全确定），不能理解死本身，人就真能理解甚至先行体验死本身吗？死难道不正是任何本身之为"本身"的结束，是任何本身之不再可能为一"本身"？德里达正是试图在这一点上切入海德格尔对死的重要论述，并由此而开始"解构"《存在与时间》的整座哲学大厦。㉖当然，解构不是否定，但这不是我们此处可以讨论的问题。海德格尔关于只有人能死的说法在其限度之内仍然非常有力，而我们这里的问题只是，海德格尔此段中完全未为作者王庆节触及的那一关于死、无、存在或有之间的联系的论述与作者所欲讨论的"有生于无"和"有无相生"的关系。

在此，上引汉语译文有些费解，对不熟悉海德格尔的读者更是如此，故试细解之如下。"死亡乃是无之圣殿。"圣殿是神圣者之所。神圣之所因神圣者之居而重要，神圣者亦因居于神圣之所而显其重要。死因其为无之所而重要，无因其居于死之中而重要。所以，言"死"为"无"之圣殿，既同时强调了死之重要与无之重要，亦强调了二者之从根本上的相属。那么，居于死之圣殿的这一神圣的无究竟是什么？"无在所有角度看都不是某种单纯的存在者，但它依然现身出场，甚至作为存在本身之神秘（Geheimnis）而现身出场。"无从哪方面说都不是这么

㉖ 见德里达的 *Aporias,* Thomas Dutoit 译，Stanford, California: Stanford University Press, 1993。

一种东西：它存在就直截了当地存在着，不存在就简单干脆地不存在了。这就是说，无作为无与其他所有存在着的东西都不一样。但是它还是到来，还是"现身出场"：它在而不在，不在而在；它以其不在而在（此），又以其在（此）而不在。所以专注于有的西方形而上学和与此相连的科学才对之无能为力而退避三舍。然而，海德格尔说，具有如此复杂的甚至不合情理的"现身"方式的无不仅确实"现身"，而且甚至还作为存在或者有本身的"神秘"而神秘地现身。无何以竟然是存在或有本身的神秘？只能是这样，亦即，"没—有"此无就根本不能有任何有。这就是说，无本身包含着存在或有的秘密。既然无神圣地居于死之中，所以，是死在自身之内包含着并且庇护着存在或有的到来："作为无之圣殿，死亡庇护存在之本质现身于自身内。作为无之圣殿，死亡乃是存在的庇所（das Gebirg des Seins）。"死与无不可分。能死方能无，能无方能有。所以，存在或有在无中到来/出场/现身，在死中现身和存身。所以，作为无之圣殿，无之专所，死庇护着存在或有。既然只有人才"能"死，因而也才能无，亦即，只有人才能"无之"而让有有，所以，归根结底，只有作为能死者的人才是让存在或有作为存在或有而到来者，只有人这一能死能无者才是存在或有本身的栖身和庇护之所。人作为能死者就存身于这一庇护着存在或有的死之中。人就是让存在或有由之而与自身发生关系者。人就是存在或有与自身的关系本身。

海德格尔这段重要论述意味着什么？至少，第一，在他自己的语境中，这意味着，他所谓的"四重整体"并不是一个四方对峙而合一的整体，是以最好也不以"整体"称之（尽管本章中有时也沿用了《选集》中的这一译法）。相反，能思物之为物，能让物作为物而到来的能死之人仍然是中心。在这一"四而一"结构之中，地载（人之条件），天覆（人之限度），神超越（人之另一者），而人才是能以其警觉让物到来而让世界亦即天、地、神、人四者重合为一体而真正成为世界者。第二，人则从根本上是能死者。而能死意味着能无。而正因为人能无，所以才能让有有，所以也才能有有。当然，这样说在某种意义上已经是让海德格尔进入老子的说法之中了。但这不也正是老子的最明确最一贯的主题？难道老子的"圣人"不正是这一能无——无为，无欲，无己——因而能让有有者？而这一无或能无不正是欲同于无，亦即，同于道？正是在这一点上，我们在《老子》中总是反复看到人之欲同于无同于道，以及道对人之（占/据/拥）有。作为无之道或作为道之无只有"通—过"人才能成为无或道，而人亦只有"通—过"无/道才能真正成为人，成为老子的同于道的圣人。所以，从某种意义上说，"有无相生"其实还只是仍然停留在二元对立思维中的简单命题，实不足以接触"有生于无"之奥秘。而且，即使老子中的"有无相生"也仍然需要另一种阅读。"道者，万物之奥"（第六十二章）。道之为万物之奥不正是因为，道从根本上就是这一让有有——让万有万物到来——之无，并因而也是一存有之无？㉗而此无则绝非一、本、体。此无就是无，就是海德格尔的"壶"的那一能容能予之虚。没有此虚此无，就没有任何实/有可以到来。因为实/有之真正到来首先需要的并非现代"物（理学）（理）论"意义上的"空/间"，而是老子和海德格尔意义上的"虚/无"。虚/无作为虚/无有所给出，有所赠与，而其所给出或赠与者正是有，是天地万物之"有"，或天地万物之"存在"。而只有人，作为能存身于无之中的"能死者"，作为能"体无"（王弼语）和用无的"圣人"，才可以让虚/无以一种"不到而来"和"不出而现"的方式"到来"和"出现"。正是在这一根本之点上，我们才可以开始感到海德格尔与老子或老子与海德格尔之近。二者之真近——真正的近——不在于二者都有某种可以互相比较的"物论"。其实二者谁也没有一个实在意义上的"物论"。

㉗ "存有之无"，亦即，保存有之无，让有有之无。

王庆节之所言在一定程度上并不错：二者之醉翁之意其实都不在"物论"而在"人论"。但是，在"人论"却并不意味着二者之关心只在于"人类在这个宇宙中、世界上的位置及命运，在于人类与其生于斯长于斯的周遭世界和自然的关系"（第26页）。因为，严格地说，如果在海德格尔这里，世界乃是在物之真正成为物时才成为世界，而物之真正成为物则仍然有待于人，亦即有待于能死者的警觉，而如果在老子这里，天地万物（世界）只有通过作为道之无或作为无之道方能成为有，而道/无则只有通过圣人之同于道/无方能成为道/无，那么我们就不再可能继续有意义地谈论人之"在""宇宙中、世界上"了。因为这一"世界"本身其实还始终仍然有待于到来。而这就意味着，始终还有待于人，有待于人从西方形而上学的"理性动物"变成"能死者"，有待于人成为"同于道"而"辅万物之自然而不敢为"者。

最后，我只想重提一下上文中已经说到的一点，即诚如海德格尔所言，而《老子》中也应该不无此意（但此需要一种严格的阅读以出之），道之为道就在于其总有可能成为歧途，总有可能让人误入歧途。无歧途即亦无所谓道。就此而言，我们可以说道就在歧途之中，所以"误入歧途"实乃道的题中应有之义。误入歧途在某种意义上乃舍近而求远，但此远中实亦已经有近。因此，在道——连结老子和海德格尔之道，通东西南北天地神人为一之道——的探求中，误入歧途也是题中应有之义。没有王庆节之欲开通海德格尔于老子之道而使二者互相接近的努力，没有王庆节在这一努力中之似乎在某些地方误入歧途，就没有我这里之试欲在歧途中辨道。而且，作者是在（开）道中入歧途，而我只是在歧途中辨道而已。而我此处所辨者之是否为可行之道，则仍然有待于先行与后来者指正。

初版后记

本书发端于一个欲在汉语中说清海德格尔所论述的"Sein"之意义的冲动。海德格尔的思想即围绕这一在汉语中如今大多被译为"存在"的词展开。德语名词"Sein"或英语中的对应词"Being"分别自德语动词"sein"和英语动词"to be"而来。它们在印欧语中非常基本也非常普通,而作为形而上学的西方哲学在某种意义上可以说即是对于此词之意义的持久追问:"存在是什么?"我说"冲动"可能会引起误解,其实我考虑这一问题的时间已经很长,开始于二十个世纪八十年代末,那时我在英国为写博士论文而读德里达的书。他在《书写与差异》中的《暴力与形而上学》和《哲学之边缘》中的《系词的增补:语言学之前的哲学》两篇论文中关于动词"to be"和名词"Being"的意义问题的讨论引我去读海德格尔对"Sein"的意义的讨论,尤其是他在《形而上学导论》中对"sein"这个词的词源和语法的讨论,以及法国比较语言学家本维尼斯特(Emile Benveniste)关于语言范畴与思想范畴之间的联系的讨论。这些阅读,尤其是德里达的《系词的增补:语言学之前的哲学》,那是一个严格的哲学家对一个试图将哲学问题还原为语言问题的重要语言学家的深刻批评,让我开始意识到,哲学问题既不能被简单地还原为语言问题,但也不能与语言问题相分离。坚持这一困难的"中间"立场非常重要,因为自己的汉语母语背景是有可能让我自觉或不自觉地受到本维尼斯特那种欲将西方形而上学问题还原为特定语言的词汇和语法问题的诱惑的。非常简单地说,本维尼斯特的看法是,非印欧语中没有这个西方形而上学由之发展出来的动词"to be",因而也就没有形而上学,所以自以为是在研究根本哲学问题的西方形而上学其实只是特定语言的特定结构的产物。

所以,如果我们还是能够以某种方式在汉语这一没有与印欧语动词"to be"完全相当的语言中讨论西方形而上学所关心的问题,那就不能简单地接受本维尼斯特的立场,而庆贺汉语之幸而没有这样一个"to be"。但是,海德格尔的那种认为只有某一语言才真正适于思想的看法也必须警惕。虽然海德格尔一方面认为,西方语言每一种都以自身的方式是形而上学思想的语言,所以他不肯定这些语言是否也为思想提供了其他的可能性,亦即,一种非形而上学思想方式的可能性,但是他另一方面却还是宣称,只有他自己的德语和西方哲学开端处的希腊语才是适于哲学或思想的语言。

所以,虽然海德格尔确实有某种我们难以接受的语言优越感(他甚至看不起法语的哲学表达能力),但是他却也并非没有意识到西方形而上学语言的问题。而他的全部思考,如果我们可以这么说的话,也许就是如何将这个印欧语动词"sein"("to be")和由其而来的"Sein"("Being")从西方形而上学中"解放"出来。于是,如何在汉语中不简单化地理解他围绕着作为名词的"Sein"和作为动词的"sein"所展开的思考,就是我们在一个非西方语言中所应该接受下来和承担起来的思想和文化责任。

我在自己的以英语写成的博士论文中对有关"Being"的哲学问题已经有所论及,但是却感到自己当时其实还未能真正把握这一困难而复杂的问题。完成论文并获得博士学位后,我来到新西兰坎特伯雷大学教书,有时间静下心来继续思考围绕这一西方动词"to be"和"Being"的各种问题,觉得应该试着在汉语中说清这一问题。作为出发点,我选了海德格尔《形而上学导论》中那段说没有"Being"这个词所表达的意思就没有语言的话,看我能否在汉语中把它所蕴含的问题讨论清楚。我所说的"冲动"就是指我开始在笔记中写下我关于这段话的讨论的那个时刻。本书中关于海德格尔的"Sein"和关于汉语的"有"与"无"所说的一切,以及关于老子思想的详细分析,都是围绕这段笔记发展起来的。但在当初开始写下(应该说,在计算机前打下)我的想法时,我还根本没有写一本书的打算。当时几乎是信手写来,想到什么就写下什么。如果读者觉得本书的结构不太规范的话,那么此种"不规范"可能即与这一没有事先计划并且没有从应该开始之处开始的做法有关。但是,究竟哪里才是应该开始之处,这其实首先就是需要我们回答的哲学问题。在本书下篇第一章中,结合对于老子的"无名天地之始"的分析,我即尝试探讨了这一问题。如果老子认为"无"是天地本身以及天地之间的万物的开始,那么"始于始"最终就只能意味着"始于无"。我们也许自始——自此无始之始——就已经在无中开始了。

本书主要部分的初稿,即目前的上篇和下篇,其实早在 2000 年即已完成。我是在讨论海德格尔的"Sein"的意义的过程中开始深入思考汉语的"有"之既表"占有"又表"存在"这种双重用法所可能蕴含的哲学意义的。这一重要的现象,就我所知,只有已故英国汉学家葛瑞汉(A. C. Graham)做过比较详细的讨论,但他主要是从语言角度出发,并没有深入哲学问题。国内学者有点到这一问题者,如王太庆、赵敦华和金克木等,但都没有将其作为专题而展开。对于汉语的"有"的这一独特现象的思考推动我去重读《老子》(除了法语的"Il y a"在某些方面与汉语的"有"近似以外,我不知道其他语言中是否还有类似的情况)。结果,本书中最先完成却是对于《老子》第一章和《老子》第十六章的分别重读。前者单独发表于《中国学术》第 4 期(2001 年),后者单独发表于《比较文学与世界文学》第 1 辑(2004 年)。至于讨论海德格尔的"Sein"以及汉语的"有"与"无"的部分,我写好后就一直放在那里,从来没有试图将其单独发表。这一方面是因为这一部分作为文章已经过长,似乎无处可以发表,另一方面是因为(这其实是主要原因)自己觉得还有很多尚需思考之处。这样一放就是四年多,期间也修改过一两次,但却一直没有强烈的发表冲动。直到2004年下半年休学术假时才终于有了将所写成的东西"结构"成一本书的决心,并于2005年初离开北京前将书的一个完整的初稿交给北京大学出版社评审。本年一月底回到新西兰以后,我又对整部书稿做了目前的基本框架所允许范围内的很多修改,尤其是讨论海德格尔的部分。虽然我仍不满意,但是目前似乎就只好如此了,因为否则就只有另起炉灶。既然我对另起炉灶并无把握,而且又自觉书中所论也许还有千虑一得之见,所以就决定让自己的思想就这样带着某些必然的不成熟、某些挣扎的痕迹和某些尚未解决的问题走向读者了。我的希望只是激发更多的思考和引出更多的讨论,而不是给出什么确定的看法和答案。所以,如果能达到这些目的,并因此而推动我自己继续从事这一方向上的研究,我也就满足了。

自我开始考虑这些问题以来,国内已经出版了一些有关论著。最近结集出版的《BEING与西方哲学传统》一书,汇集了讨论"Being"问题的主要汉语论文和一些外语论文的汉语翻译,也许是这一问题领域中迄今最值得注意的著作,有兴趣的读者可以参考。

伍晓明

2005年4月9日

于悉尼

修订版后记

本书此次修订时，我原拟增写一章有关汉语的"是"的讨论，但却发现原书的结构很难容纳这样的扩展，于是只好放弃这一计划。对此问题有兴趣的读者可以参考我译注的列维纳斯《另外于是，或在超过是其所是之处》的译序、译注和译文本身，其中皆有关于为何要以汉语的"是"翻译法语动词兼名词"être"，以汉语"是其所是"翻译列维纳斯用法上的法语"essence"，以及以汉语"是其所是者"翻译法语动名词"étant"的说明和讨论。

修订一本二十年前的旧作，如果想做得彻底，就不亚于重写一本书，因为作者的思想在此期间不可能没有任何发展或变化，即使这样的发展或变化甚至可能以某种"退化"为形式。出于这样的考虑，我在修订时未敢大动干戈，而仅做了小修小补。书中所表述的基本观点和思想皆一仍其旧。

我近年的思想已从原来对于"存在"问题的思考日益转向对于有关"另一者"的问题即伦理问题的关注。但如今为了修订工作而重读旧作，感到我在初版后记中所说的"书中所论也许还有千虑一得之见"仍然成立，而书中的某些不成熟之处、某些挣扎的痕迹以及某些未决的问题也仍然依稀可见，尽管我在此次修订时已经尽力改正或（当我力有未逮时）"掩饰"它们。

因为自以为书中仍有其他论者迄今尚未触及之处，加之汉语学界对中国哲学中的形而上问题又兴趣日浓，新作迭出，所以也不揣冒昧，以旧充新，拿出一个旧作的修订版来躬逢汉语思想界当今之盛。

我保留了本书原先的后记，改题为"初版后记"，因为其中简略讲述了本书的缘起，而我以为这对读者理解一本书的前世今生来说是有意义的。

本书初版是献给我父母的。如今他们已相继过世，我只好以这一迟到的修订版来纪念他们了。愿我的父母安息。

本书初版的责任编辑是谢茂松，我感谢他为初版的编辑付出的辛苦。而为了这一修订版的出版，我必须向我多年的责任编辑吴敏表示我的由衷的感谢。

伍晓明
2023 年 3 月 16 日
于新西兰基督城